唯物史观视域下的当代资本主义新变化研究丛书

唐正东／主编

国家出版基金项目

现代性的元结构基础及其批判

雅克·比岱的
哲学思想研究

王一成／著

江苏人民出版社

图书在版编目(CIP)数据

现代性的元结构基础及其批判：雅克·比岱的哲学
思想研究 / 王一成著. -- 南京：江苏人民出版社，
2022.12
（唯物史观视域下的当代资本主义新变化研究丛书）
ISBN 978 - 7 - 214 - 27580 - 6

Ⅰ. ①现… Ⅱ. ①王… Ⅲ. ①雅克·比岱一哲学思想
一研究 Ⅳ. ①B565.6

中国版本图书馆 CIP 数据核字(2022)第 186145 号

书　　　名	现代性的元结构基础及其批判：雅克·比岱的哲学思想研究
著　　　者	王一成
责 任 编 辑	薛耀华
装 帧 设 计	林　夏
责 任 监 制	王　娟
出 版 发 行	江苏人民出版社
地　　　址	南京市湖南路 1 号 A 楼.邮编:210009
照　　　排	江苏凤凰制版有限公司
印　　　刷	江苏凤凰盐城印刷有限公司
开　　　本	652 毫米×960 毫米　1/16
印　　　张	18.25　插页 6
字　　　数	236 千字
版　　　次	2022 年 12 月第 1 版
印　　　次	2022 年 12 月第 1 次印刷
标 准 书 号	ISBN 978 - 7 - 214 - 27580 - 6
定　　　价	78.00 元(精装)

(江苏人民出版社图书凡印装错误可向承印厂调换)

本丛书系南京大学文科卓越研究计划项目
"世界马克思主义思潮与马克思主义中国化研究"成果

———————

本书系江苏省高校哲学社会科学研究一般项目
"雅克·比岱'另一种马克思主义观'的批判性研究"（2020SJA1337）成果
中国博士后科学基金第 67 批面上资助（2020M671590）
阶段性成果

总　序

　　从学术的角度推进对当代资本主义的研究，准确地把握其出现的各种变化和本质，深化对其发展规律的认识，是当下学界的一项重要任务。它不仅可以使我们从唯物史观的角度更加全面地剖析当代资本主义的本质，而且还可以从当代资本主义所无法摆脱的困境的维度来深化对资本逻辑本身的研究，从而对我们在新的实践语境中来驾驭资本关系提供有益的启示。

　　在当下的语境中，数据化生存已然是一种客观的事实。我们通过数据的中介而被联系在一起，作为平等和共享的数据包的一种要素而相互存在着，这要比当年通过货币的中介而使我们的社会关系不断延伸要来得更具质变性。我们通过数据的中介而使我们的主客体世界无限延长了，这已经不是一种手臂和脚的延长，而是世界本身的延长。这可能会使我们感叹一个新世界来临的可能性，但同时我们也要看到这个数据化的世界同样也有算法歧视、数据的资本化运作等难题。在马克思当年的货币化世界中，古典经济学家面对新出现的这个世界，很高兴地表示这是一个与封建时期的强权化社会秩序不同的、平等的自由交换的新世界，个人对他人的关系也从原先的依附关系变成了自由人之间的共生关系。但马克思却明白地告诉人们，资本主义货币化社会关系的本质不是一般的货币交换关系，而是以资本自我增殖的形式表现出来的特殊的货币关系。因此，它背后隐藏着的是与表面的自由平等关系不同的剥削与统治的关系。对这一点的强调并非为了让我们在当下的语境中照搬马克思当年的观点，而是敦促我们保持明确的方法论自觉。数据化世界的现实社会关系基础是一个很重要的理论维度，在私有制生产关系基础上的数据化世界很难摆脱资本对数据的控制。而要使数据化世界这个新要素能够真正服务于人们对美好生活的需要，就必须把它放在新生产关系的实践语境中。

资本逻辑批判一直是唯物史观视域下资本主义研究的一个重要领域。从资本关系出现的那一刻起，无止境的贫困以及无聊的劳动就一直是左派批判理论家关注的焦点。前者往往从交换或分配关系变革的角度，后者往往从基于人性的自由自觉的劳动的角度，来阐发自己的观点并提出克服上述困境的具体路径。对马克思恩格斯来说，上述阐释路径的最大问题在于拘泥于经济学的角度来谈论资本逻辑的本质。尽管从表面上看来，资本关系的确只是一种经济学上的关系，但如果真的只从经济学视域来探讨资本关系的本质，就很难得出正确的结论。亚当·斯密准确地看到了市场经济条件下商品交换的平等性，但他没看到的是资本主义市场经济条件下商品交换的吊诡性，即资本家在通过交换过程而得到劳动力商品之后，一定会在劳动力商品之使用价值的实现过程即资本主义生产过程中，迫使雇佣劳动生产出超过其自身价值的一个剩余价值。如果不越出资产阶级政治经济学的理论层面，如果不从唯物史观的视角进入生产关系的层面上来谈论资本关系，那是看不到上述这种吊诡性的。约翰·布雷、威廉·汤普逊等空想社会主义理论家之所以无法在克服不公平的分配关系上得出有说服力的结论，其原因正在于此。而在我看来，当代西方左派学界的一些学者尽管有较大的社会影响力，但他们解读资本逻辑的方法论却依然延续了从单纯经济学维度入手的解读思路。于是，资本关系的最大问题仍然是分配关系之不公平的问题，而不是资本主义生产关系的内在矛盾性问题。当我们面对他们所提出的各种诱人的替代方案时，我们要思考的其实不是这些方案是否完美，而是它们是否真能得以实现，是否真能推动现实社会关系的历史发展？

当代资本主义劳动过程的复杂化以及由此而带来的劳动主体、社会矛盾表现形式上的新变化，同样是我们在当代资本主义研究中要面对和重视的问题。劳动产品的形式从物质产品向知识产品的转变，使我们开始接受非物质劳动、生命政治的活动等新概念，并开始对劳动主体的转型问题感兴趣。从经验的层面上看，非物质劳动的确具有物质劳动所不具有的新特点，譬如，它更强调劳动者之间的协作性和共享性。但当有些国外学者说非物质劳动的这种新特点决定了它必然会开辟出人类社会关系的新未来时，我们需要思考的是：这种解读思路在方法论上是否存在着局限性？马克思当年面对机器体系的作用问题时，他感兴趣的不是机器的作用而是机器大工业对劳动过程的改变以及由此而对社会经济形态产生的影响。这不是因为马克思对工业过程有偏好，而是因为他是把机器放在资本主义生产过程的层面上来加以解读的。当我们今天面对当代资本主义的非物质劳动过程时，我们不仅要在生产的技术方式维度上关注非物质劳动的新特点，而且还要在生产的社会关系维度上来关注这种非物质劳动的具体表现形式。在资本主义生产关系条件下，非物质劳动的协作性和共享性到底会以什么样的形式表现出来？它还有可能以单独的形式来推动社会关系的发展吗？从本质上讲，对这一问题的思考，关系到我们能否正确理解唯物史观在方法论上的深刻性。

从现代性维度来剖析资本主义的特征，是学界很早就开启的一种学术努力，有从文化维度切入的，也有从经济学、政治学等维度切入的。从现代性的结构或元结构的角度来深化对这一问题的探讨，不失为一种可喜的理论努力。我们只有真正搞清楚了现代性的结构特征，才可能找到克服现代性之内在矛盾的科学路径。其实，不管是对现代性还是对现代化进程的研究，都有一个审视角度的问题。如果我们只是在文化的维度上把现代性解读为资本逻辑在文化层面的效应，那么，现代性批判的理论路径便只可能沿着文化的维度而展开。同样，如果我们只是从经济学和政治学的角度来谈论现代性问题，那么，现代性的结构当然就会被解读为市场和组织的相加。应该说，这些解读思路从某个角度来看都是有学术价值的，但当我们面对唯物史观对现代性问题的解读思路时，我们才能真正感受到方法论变革在此问题研究中的重要性。对唯物史观来说，社会实践是解读现代性问题的理论和实践基础。因此，那些看似独立的文化要素、经济要素和政治要素，其实都是现实的社会实践活动因其复杂性而展现出来的客观内容。从唯物史观角度来深化对这种复杂现代性的解读，可以让我们更加准确地把握当代资本主义现代性的内在矛盾及外在表现形式，同时也可以帮助我们正确地理解超越这种现代性的现实路径。对当代资本主义新变化的研究还可以从很多其他的角度来切入，在此就不详细展开了。此丛书是我们在这一领域所做的一项学术努力。我们希望通过对当代资本主义新变化研究的唯物史观视域的强调，来凸显一种方法论的自觉，以使我们能够从社会历史过程的角度来推进对此问题的研究。至于我们是否真的做到了这一点，还要请读到此丛书的专家学者们来评判，请大家批评指正。此丛书得到了南京大学文科卓越研究计划项目"世界马克思主义思潮与马克思主义中国化研究"的支持，在此表示感谢！

唐正东

2022 年 3 月 1 日于南京

目 录

雅克·比岱：为马克思主义重新"奠基"

　　雅克·比岱（Jacques Bidet，1935—　　），法国当代著名的马克思主义哲学家和社会理论家，曾任法国巴黎第十大学哲学系教授，《今日马克思》（*Actuel Marx*）杂志主编，"国际马克思大会"主席和荣誉主席。他至今一直活跃于西方左派理论界，自称是位"独立的马克思主义研究者"。

　　比岱在学生时代曾积极参加学生运动。20 世纪 80 年代初，比岱在巴黎第十大学完成了大学三个阶段的学业，其博士论文题为《〈资本论〉中的经济和辩证法》（Economie et dialectique dans Le Capital）。该论文后来于 1985 年在法国国家大学出版社出版，题为《把〈资本论〉当作什么？——马克思〈资本论〉中的哲学、经济学和政治学》（*Que faire du 'Capital'？Philosophie，économie et politique dans le Capital de Marx*），得到路易·阿尔都塞高度肯定①。

　　1983 年，法国马克思主义批评学派的代表人物、时任法国巴黎第十大学哲学系主任的乔治·拉比卡组建了法国"政治、经济和社会

---

① 路易·阿尔都塞在其晚年所作的自传《来日方长》中，引证了雅克·比岱的这本书为自己的论点作支撑。在阿尔都塞看来，传统马克思主义在探讨马克思与黑格尔的关系问题上陷入了简单化的"继承/否定"框架，随着研究与思考的愈发深入，他发现黑格尔哲学对于马克思而言是一种认识论上的"支撑/障碍"作用。在这一点上，阿尔都塞高度肯定了比岱的理论工作，称赞其以全新的文献资料对此"做了严格的论证"。（参见 ［法］路易·阿尔都塞《来日方长：阿尔都塞自传》，蔡鸿滨译，上海：上海人民出版社，2013 年，第 226 页。）

哲学研究中心"。中心在拉比卡的领导下，逐渐发展为一个以研究马克思主义为主题的高级社会科学研究基地，在研究和推介马克思思想的理论活动中做了大量工作，取得了显著成绩，创立并形成了一支独立的研究队伍。中心陆续吸引了一批有实力的中青年学者进入研究圈，雅克·比岱就在其中。[①] 1987 年，比岱与雅克·特谢尔（Jacques Texier，又译雅克·戴克西埃）以"政治、经济和社会哲学研究中心"为名义一起创办和主持《今日马克思》杂志，该杂志发行至今，是饮誉法国国内外的马克思主义批评学派的定期刊物，成了新马克思主义和后马克思主义思潮的前沿阵地。与此同时，比岱还与特谢尔一起，以《今日马克思》杂志的名义发起和组织了多次国际性理论研讨会，其中以"国际马克思大会"最为著名。比岱长期担任"国际马克思大会"的主席与总召集人，该会议作为团结全世界左派知识分子的重要平台，至今已举办六届，在世界范围内有着广泛而深远的影响。

到目前为止，除博士论文以外，比岱在法国国家大学出版社出版的主要著作还有：《现代性理论——兼论马克思与市场》（*Théorie de la modernité；suivi de Marx et le marché*，1990），《自由主义与法治国家》（*Libéralisme et État de droit*，与乔治·拉比卡合编，1992），《世界的新体系》（*Le nouveau système du monde*，与雅克·特谢尔合编，1994），《罗尔斯与〈正义论〉》（*John Rawls et la théorie de la justice*，1995），《哈贝马斯：建立共识政治》（*Habermas，une politique deliberative*，1998），《总体理论：法学、经济学与政治学》（*Théorie générale：Théorie du droit，de l'économie et de la politique*，1999），《当代马克思辞典》（*Dictionnaire Marx contemporain*，与厄斯塔什·库维拉基斯合编，2001），《〈资本论〉的阐释与重建》（*Explication et reconstruction du 'Capital'*，2004），《替代马克思主义：为了另一个世界的另一种马克思主义》（*Altermarxisme：Un autre marxisme pour*

---

① 参见周穗明等《20 世纪末西方新马克思主义》，北京：学习出版社，2008 年，第 203 页。

un autre monde，与热拉尔·迪梅尼尔合著，2007），《世界—国家：全球范围内的自由主义、社会主义和共产主义》（*L'État-monde：libéralisme, socialisme et communisme à l'échelle globale*，2011）。近年来，比岱又有三本新书问世：《福柯与马克思》（2014）、《新自由主义：另一个大叙事》（2016）、《马克思与劳动法：〈资本论〉中的身体生命政治》（2016）。此外，比岱还为阿尔都塞的《论再生产》（*Sur la reproduction*，1995）撰写了"序言"。① 他的一些著作被翻译成多种文字，其中包括英文、意大利文、土耳其文、日文、克罗地亚文以及中文。比岱既以对《资本论》创造性的研究享誉西方思想界，又以"元结构"理论而受到广泛关注，被卡利尼科斯称为"欧洲大陆最重要和最有影响力的左翼政治哲学家之一"②。

一、研究缘起与研究意义

我选择"雅克·比岱的哲学思想研究"为题，主要出于以下四点考虑。

雅克·比岱是"后阿尔都塞时期"法国马克思主义发展变化的代表与缩影

二战后，从萨特"存在主义的马克思主义"到阿尔都塞"结构主

---

① 参见［法］雅克·比岱《请你重读阿尔都塞》，吴子枫译，《国外理论动态》2013 年第 6 期，第 35—40 页。

② Alex Callinicos, *Foreword to the English Translation of Jacques Bidet's Que faire du Capital*, in Jacques Bidet, *Exploring Marx's Capitals*, Leiden · Boston：Koninklijke Brill, 2007, p. IX.

义的马克思主义"，马克思主义在法国思想界可谓"红极一时"①。然而，随着 1968 年"五月风暴"的落潮与工人运动陷入低迷，以阿尔都塞及其学派为主流的法国新马克思主义思潮在 20 世纪 70 年代均归于沉寂。自 70 年代末 80 年代初起，随着英美保守主义政府上台执政，新自由主义经济政策和意识形态向整个西方世界蔓延，法国社会党由于其政策的失败，开始在政治上向新自由主义妥协。在西方传统左翼政党发生新自由主义化转向之时，法国的左派势力和左派活动虽然曾经一度处于边缘状态，但他们并没有放弃自己的理论斗争，"批判的马克思主义""后现代主义的马克思主义""激进左翼思潮"等各种流派应运而生。

　　从比岱的生平与学术活动来看，他既是马克思主义在法国"红极一时"的亲历者，又是新自由主义崛起之后马克思主义归于沉寂的见证者，更是当代法国"批判的马克思主义"的旗帜性人物。如果把雅克·比岱置于当代法国马克思主义的思想史脉络中，那么从某种意义上而言，他代表了后结构主义和解构主义之后，法国马克思主义的一种走向。"存在主义的马克思主义"致力于填补"人学"的空场，突出强调"主体"的自主因素。结构主义的马克思主义则恰恰是看到了"主体"背后制约"主体"自主活动的客观结构。德里达的解构方法虽然并非是针对阿尔都塞的，但是他将马克思的基本理论置于解构对象之中。在当代强调"解构""主体"的哲学大潮中，比岱的"元结构"

---

① 法国的马克思主义研究活动在二战后的西方世界曾经是最为活跃的，其中主要包含三股研究力量：其一是法国共产党主导下以苏联模式的马克思主义为指导的"正统派"；其二是法国社会党主导下企图以民主社会主义思想取代正统马克思主义的"修正派"；其三是以萨特"存在主义的马克思主义"和阿尔都塞"结构主义马克思主义"为代表的西方马克思主义流派。此外，伊波利特对黑格尔的诠释、拉康的精神分析学说都为法国马克思主义各流派打下了深刻的烙印，并对 20 世纪下半叶整个法国的哲学和人文社会科学研究具有持久的影响力。（参见周穗明等《20 世纪末西方新马克思主义》，北京：学习出版社，2008 年，第 200—201 页。）

理论是在现代性视域中对传统马克思主义基础理论的一种重新建构。①
正因如此，我以为，比岱是"后阿尔都塞时期"法国马克思主义发展
变化的代表与缩影。研究他的思想历程与主要观点，不仅可以帮助我
们理解"存在主义马克思主义"与"结构主义马克思主义"之后当代
法国马克思主义发展的基本逻辑，还可以引导我们透析当代欧陆左翼
思想变化的总体趋势。

目前国内外学术界缺少对雅克·比岱哲学思想的
深入分析与系统研究

自 20 世纪末以来，比岱凭借其原创性思想与一系列重要的学术活
动开始为国际学界所熟知，不论是主编《今日马克思》杂志、组织
"国际马克思大会"，还是其著作被翻译成多种文字，比岱都活跃于国
际学术舞台的最前沿。比岱也曾多次到访中国，参与学术研讨，并在
多种期刊上发表了自己的系列观点。然而，不论是在中国国内，还是
在世界范围内，比岱思想研究都呈现出"介绍有余、研究不足"的状
态。对我们而言，比岱依然是一位"熟悉的陌生人"。

在法国学界，比岱的每本著作出版后都会有相关的介绍与书评，
并引起了一定范围内的讨论，但总体而言，仍然缺乏深入的批判性研
究。其中，比较具有代表性的文章有：克里斯蒂安·德拉克洛瓦
（Delacroix Christian）对比岱《现代性理论》的介绍和分析②，安尼·
布瑞森（Anne Bonraisin）对《世界的新体系》的探讨③，以及法国巴

---

① 参见魏小萍《国外马克思主义哲学的发展轨迹和趋势》，《社会科学管理与评论》2005 年第
　2 期，第 70—71 页。
② Delacroix Christian, *Illusion d'optique：Jacques Bidet，Théorie de la Modernité*，In：
　Espaces Temps，49 - 50，1992. Ce qu'agir veut dire. Boltanski, Thévenot, Callon, Latour,
　Pollack, Quéré：une percée en sciences sociales?，pp. 137 - 138.
③ Anne Bonraisin, *Jacques Bidet et Jacques Texier（dir.）. Le nouveau système du monde*，
　Politique étrangère，1995（2），pp. 530 - 531.

黎第十大学学者弗雷德里克·蒙费朗（Frédéric Monferrand）对比岱《世界—国家：全球范围内的自由主义、社会主义和共产主义》一书的介绍①。此外值得提及的是，法国《运动》（*Mouvements*）杂志曾于2002年以"关于《总体理论》的几个声音"为题刊登了几篇探讨雅克·比岱《总体理论》的文章。其中，米歇尔·马里奇（Michel Maric）试图通过关注元结构的概念来揭示比岱提出的"总体理论"的原创性；亨利·马勒（Henri Maler）则是从乌托邦角度入手讨论了比岱对马克思基础理论的重建工作，并从几个层面质疑了其"现代性理论"的合法性基础。②

从世界范围内来看，比岱的哲学思想辐射面甚广，但同样缺少扎实的文本分析与严肃的理论审视。代表性文章或书评有：加拿大渥太华大学政治学系学者吉尔斯·拉贝尔（Gilles Labelle）撰写的对《现代性理论》的探讨③，加拿大蒙特利尔大学地理系学者让-皮埃尔·图雷（Jean-Pierre Thouez）撰写的关于《罗尔斯与〈正义论〉》一书的书评，英国莱斯特大学政治学系荣誉教授约翰·霍夫曼（John Hoffman）撰写的关于《当代马克思辞典》的介绍性研究④，克罗地亚萨格勒布大学哲学系社会学系教授卡图纳里奇（Vjeran Katunarić）撰写的《为什么会有民族国家，而不是世界国家呢？——雅克·比岱现代性理论的贡献》⑤，罗马大学哲学教授史丹弗诺·匹托皮娅尼撰写的《雅克·比岱

---

① Frédéric Monferrand, *Jacques Bidet*, *L'État-monde. Libéralisme*, *socialisme et communisme à l'échelle globale. Refondation du marxisme*, Terrains/Théories [En ligne], 2015 (2).

② 参见 *À plusieurs voix sur Théorie générale*, Mouvements, 2002/2 (n⁰ 20), p. 154 – 162。

③ Gilles Labelle, *Jacques Bidet*, *Théorie de la modernité. Suivi de*: *Marx et le marché*, Paris, PUF (coll.《Questions》), 1990, p. 320. Philosophiques, 23 (2), pp. 449 – 451.

④ John Hoffman, *Critical Companion to Contemporary Marxism by Jacques Bidet and Stathis Kouvelakis*, Science & Society, Vol. 73, No. 3 (Jul., 2009), pp. 411 – 413, Guilford Press.

⑤ Vjeran Katunarić, *Zašto postoje države-nacije*, *a ne svjetska država? Prilog raspravi o teoriji moderne Jacquesa Bideta*, Politička misao, god. 46, br. 2, 2009, str. 81 – 95.

对马克思〈资本论〉的重构》①。

理论意义：马克思资本主义批判理论的
思想史效应与当代价值

　　雅克·比岱对《资本论》的社会政治式阅读具有一定启发意义，这促使我们进一步思考如何对待马克思主义经典作家的理论遗产，以及如何从科学方法论角度捍卫马克思的资本主义批判理论。比岱不仅是一位原创性思想家，同时也是一位《资本论》研究领域的专家。近年来，随着《资本论》研究的持续深入，比岱的理论贡献也越发为学界所关注。在几十年的理论生涯中，比岱始终致力于对马克思《资本论》的解读与重构工作。不论是早年从社会政治维度强调《资本论》所阐述的"具体对象的具体逻辑"②，还是近年来以"元结构"理论重新阐释《资本论》，比岱任何原创性思想的提出都离不开他对马克思主义经典原著的扎实分析。在《把〈资本论〉当作什么？——马克思〈资本论〉中的哲学、经济学和政治学》（1985）与《〈资本论〉的阐释与重建》（2004）中，比岱的系统重建方法就是建立在解读《资本论》三大手稿与三个版本之间逻辑关系的基础上的。他不仅对这些手稿和版本极为精熟，对于像《1844年经济学哲学手稿》《詹姆斯·穆勒〈政治经济学原理〉一书摘要》《德意志意识形态》《哲学的贫困》《哥达纲领批判》等其他著作也甚为熟悉。且不论比岱重构《资本论》的方法是否正确，就说他对马克思主义经典著作的熟悉程度也值得我们学习和肯定。试问在当代西方左派学界，还有多少人能像比岱一样对马克思主义的质疑与"发展"是建立在深入的文本研究和丰富的思想史探

---

① ［意］史丹弗诺·匹托皮娅尼：《雅克·比岱对马克思〈资本论〉的重构》，伍洋译，载《当代国外马克思主义评论（12）》，复旦大学当代国外马克思主义研究中心编，北京：人民出版社，2015年。

② Jacques Bidet, *Exploring Marx's Capital*: *Philosophical*, *Economic and Political Dimensions*, Trans. By David Fernbach, Leiden·Boston: Koninklijke Brill, 2007, p.140.

讨基础上的？

当然，这也并不表示比岱对《资本论》的解释与重构就是合理的。比岱强调，要从哲学、经济学和政治学等多重维度来探讨《资本论》，因为在传统的理解中，人们往往把《资本论》仅仅当作一部经济学著作。比岱继而认为要开启一种全新的社会政治式阅读，因为《资本论》中的核心概念（例如"价值""劳动力"等）都是未完成的概念，这些概念只有在社会强制逻辑和阶级斗争框架中才能得以理解。应当说，比岱对《资本论》的解读方式是独特的，他试图从当代社会的"元结构"出发来思考资本主义批判的逻辑起点问题，强调在"政治"与"经济"的联结中把握当代社会的基本性质与动态趋势。但"政治＋经济"的理解模式与历史唯物主义的科学方法仍然存在着一定距离。从此种意义上来说，比岱对《资本论》的解读既促使我们进一步思考究竟应当如何理解马克思主义经典作家的理论遗产问题，又启发我们以历史辩证法之光透析当代资本主义的发展变化。

现实意义：继承和发展马克思主义的当代语境与方法论途径

雅克·比岱的"元结构"理论与所谓的"另一种马克思主义"值得深入研究和仔细辨析，特别是他对资本主义现代性的洞见。比岱的原创性思想主要在于，他试图以"元结构"视域中的现代性批判理论为马克思主义重新"奠基"，从"元结构—结构—实践"的逻辑演进中分析当代资本主义的结构性矛盾，并在此基础上构想一种不同于经典马克思主义和新马克思主义的"另一种马克思主义"。总的来说，比岱的理论努力是值得肯定的。首先，他构想了分析现代性问题的"元结构"理论，从抽象到具体展开论述，企图恢复马克思历史辩证法的总体性视角。其次，"元结构"理论所揭示出的当代社会的结构性矛盾是一种客观矛盾，此种客观矛盾虽非社会历史层面的本质性矛盾，而是一种中观层面的政治对抗性矛盾，但不管从何种意义上说，客观矛盾的存在有力地回应了各种新自由主义思潮，也在一定意义上告诫西方左翼学者切勿陷入"左派幼稚病"。最后，比岱从"元结构"视域出发提出了"终极现代性"时代的共同行动原则，即广大的基础阶级通过与组织（权力）一极相联合以对抗市场（资本）一极，通过消灭契约中介的阶级元素以达到共产主义理想社会。说实话，此种推论虽然仍带有"乌托邦"色彩，但也不失为一种现实层面的战略选择。

　　然而，更为重要的是，比岱提出的"另一种马克思主义"观有其特定的历史背景与言说语境。我们既不能在没有深入研究的前提之下就加以简单斥责，也不能不顾其特定言说语境就随意"兜售"。从深层次来看，我们必须要对比岱的哲学思想加以全面审视与批判性分析，研究他为马克思主义重新奠基的理论是否合理，他对当代资本主义的洞见是否有理论价值，以及他提出的所谓"另一种马克思主义"的构想是否具有现实意义。这对于我们如何在中国语境中坚持和发展马克思主义，走一条有别于西方文明的中国特色社会主义现代化发展道路有一定的启发性。

二、比岱哲学思想研究的历史与现状

　　法国著名马克思主义哲学家路易·阿尔都塞在 1965 年为《保卫马克思》撰写的序言中曾指出："在马克思的著作中，确确实实有一个'认识论断裂'；据马克思自己说，这个断裂的位置就在他生前没有发表过的、用于批判他过去的哲学（意识形态）信仰的那部著作：《德意志意识形态》。"① 然而在晚年，他修正了自己的观点，认为这一断裂始

---

① ［法］阿尔都塞：《保卫马克思》，北京：商务印书馆，2016 年，第 13 页。

终没有完成，而只是一种倾向。① 促使阿尔都塞转变观点的人，正是当时刚踏入学术舞台的雅克·比岱。当墨西哥哲学家费尔南达·纳瓦罗（Fernanda Navarro）在一次对阿尔都塞的访谈中问及这一问题时，阿尔都塞答道："正如我曾说过的，比岱的研究起到了关键作用；它从全新的角度来理解马克思的著作。比岱接触了大量资料，包括我们在20年前所不知道的未刊手稿；这些资料是令人信服的。"② 阿尔都塞在这里所提到的比岱的工作，就是后者于1985年出版的《把〈资本论〉当作什么？——马克思〈资本论〉中的哲学、经济学和政治学》。在该书中，雅克·比岱以系统重构的方法出色地开展了阿尔都塞及其学派在《读〈资本论〉》中提出但没有完成的工作——哲学地解读《资本论》。不仅如此，比岱还通过细致而富有创造性的分析，为重新理解马克思的思想发展历程提供了一种新范式。

然而遗憾的是，似乎随着阿尔都塞的隐匿与离世，比岱的学术思想也一度消失在左派理论界，不仅没有产生任何重要的影响，甚至连选择性的介绍也寥寥无几。我们要追问的是，一位在20世纪80年代就已经崭露头角、为阿尔都塞所肯定的马克思主义学者，一位思想具有极高辨识度的理论大家，一位被称为"欧洲大陆最重要和最有影响力的左翼政治哲学家"，为何其学术成果在很长一段时间内都得不到足够的重视呢？或许卡利尼科斯在为比岱《马克思〈资本论〉研究》（英文版）所撰写的序言中，为我们提供了相关线索。在卡利尼科斯看来，20世纪六七十年代是探讨马克思《资本论》的"黄金时代"，这一时期不仅诞生了阿尔都塞及其学派对《资本论》的独特阅读，罗斯多尔斯基对马克思《政治经济学批判大纲》③ 的突破性诠释，还产生了德国和

---

① 参见［法］路易·阿尔都塞《来日方长：阿尔都塞自传》，蔡鸿滨译，上海：上海人民出版社，2013年，第370—372页。

② ［法］雅克·比岱、吴猛：《通过组织控制市场，是问题的关键》，《文汇报》2012年11月12日第00A版。

③ 《政治经济学批判大纲》，简称《大纲》，即马克思的《1857—1858年经济学手稿》。

英国的"国家衍生"论争，以及大卫·哈维在《资本论》的引导下发展出的"历史—地理唯物主义"理论，等等。比岱对《资本论》的原创性解读正是在这一背景下登场的。然而令人费解的是，阿尔都塞及其学派所开启的对《资本论》概念结构的探索并没有后续跟进，似乎在后阿尔都塞时期，任何关于《资本论》的分析、任何关于马克思主义的探讨都成为历史的过去式。① 卡利尼科斯指出，在解构主义和后结构主义的大潮冲击之下，在马克思主义逐渐成为攻击的标靶的时期，比岱的理论工作似乎是不合时宜的②。

　　实际上，如果我们从更深层次的社会史和思想史来看，我认为至少存在着三个方面的原因使得比岱的哲学思想一度处于边缘状态。首先，诚如卡利尼科斯所言，20 世纪 80 年代，随着萨特的逝世与阿尔都塞的隐匿，曾经在法国风靡一时的"存在主义马克思主义"和"结构主义马克思主义"在思想领域逐渐衰落，取而代之的是后结构主义和解构主义；与此同时，后二者的兴起在一定程度上也使得马克思主义的缺场成为必然。这一状态就构成了后阿尔都塞时期法国马克思主义研究的基本走向，我们也就不难理解比岱作为"学界新秀"所面对的理论环境。其次，在西方马克思主义理论传统中，重视哲学、轻视政治经济学的倾向由来已久，许多思想家都把马克思主义视为一种哲学理论，或是一种社会政治理论，很少有人从政治经济学的角度拓展马克思主义的丰富内涵。③ 当然，这也并不是说国外学者在马克思主义政治经济学领域毫无建树，只是这些成果在同主流的哲学理论或社会批

---

① 比岱在 2007 年出版的《马克思〈资本论〉研究》"英文版自序"中也指认了这一点。（参见 Jacques Bidet, *Exploring Marx's Capitals*, Leiden·Boston：Koninklijke Brill, 2007. Author's Preface to the English Edition。）

② Alex Callinicos, *Foreword to the English Translation of Jacques Bidet's Que faire du Capital*, in Jacques Bidet, *Exploring Marx's Capitals*, Leiden·Boston：Koninklijke Brill, 2007, p. X.

③ 参见陈学明、王凤才《西方马克思主义前沿问题二十讲》，上海：复旦大学出版社，2008年，第 253 页。

判理论相比时过于局限。就法国马克思主义传统而言，阿尔都塞及其学生们在《读〈资本论〉》中所做的工作是具有开创意义的①，然而他们的"阅读"与其说是一种历史唯物主义的解读，不如说是在法国新认识论基础上进行的一种概念重构。从 20 世纪 70 年代开始，比岱恰恰是受到了阿尔都塞及其学派的启发，走向了对《资本论》及其手稿的社会政治式阅读。他始终强调，要从哲学、经济学和政治学等多重视角来审视马克思《资本论》的总体性意义，然而在强调马克思主义仅仅是一种"哲学"的传统中，比岱的这一理论努力很难得到有力的回应。最后，随着 20 世纪 80 年代新自由主义的崛起，学科分工体系越发呈现出固化的情形，哲学家与经济学家的理论旨趣呈现出两个极端状态：经济学家们需要探讨的是新自由主义如何促进财富的增长；哲学家的理论任务则是揭示出资本的无限霸权以及对人的奴役性。在此种背景下，大多数左派学者都放弃了总体性的视域，转而生产多样化、零散化、平民化的现实体验。由是观之，比岱强调发掘"经济学"的社会政治意义，强调从现代性的"元结构"出发来分析当代资本主义社会，他的思想自然就没有了"市场需求"。

那么这位曾经一度消失在主流话语圈、被学术界所忽视的比岱，缘何自 20 世纪末开始、特别是 21 世纪以来逐渐受到国际学界的关注，并且他的思想也开始在世界范围内发挥重要影响呢？在我看来，有三个方面的原因。

原因之一是以新自由主义为底色的当代资本主义发展产生了诸多方面的负面效应，随之而来的是欧美左翼群体的重新崛起。20 世纪最后十年，随着苏联解体和东欧剧变与美国新自由主义政策的全球推行，

---

① 阿尔都塞认为，继泰勒斯开辟了数学的大陆，伽利略开辟了物理学的大陆，马克思开辟了一块"历史科学"的大陆。但从马克思自身思想发展的过程来看，哲学（辩证唯物主义）落后于科学（历史唯物主义），因此，"我们可以读到马克思真正哲学的地方是他的主要著作《资本论》。"（参见［法］路易·阿尔都塞、艾蒂安·巴里巴尔《读〈资本论〉》，李其庆等译，北京：中央编译出版社，2001 年，第 24 页。）

世界社会主义运动处于低潮。以弗朗西斯·福山为代表的一大批自由主义学者甚至大声欢呼：这是历史的终结，这是意识形态对抗的终结，自由民主制度成为全人类最理想的生存方式①。尽管如此，国外左派运动虽然经历了长时间的阵痛、甚至一度被边缘化，但他们并没有向眼前的幻象妥协，而仍然坚持着对当代资本主义的批判与抵抗。这一时期的国外马克思主义研究呈现出多样化的发展态势：后马克思主义、分析的马克思主义、生态学马克思主义、女性主义马克思主义、"第三世界"理论等等。虽然我们很难把比岱归入其中的某一类思想派别，但是他在此期间同样坚持着自己的思考路径。在 20 世纪末的最后十年中，他批判性地分析了马克思、罗尔斯、布尔迪厄与哈贝马斯等人的理论主张，试图以现代性的"元结构"为马克思主义重新奠基，以此寻求当代社会的结构性矛盾。进入 21 世纪以来，新自由主义在经济、政治、文化等领域的负面效应进一步凸显，这也恰恰从反面印证了欧美左翼群体的存在意义与活动价值。值得提及的是，由 2007 年的美国次贷危机所引发的 2008 年的全球金融危机在极大程度上激活了马克思主义传统及其基础理论研究②，马克思在《资本论》中所阐述的资本主义的内在矛盾与外部危机成了欧美左派乃至全世界人民都关注的学术热点问题。尽管学科背景各有不同、思想路向各有差异，但大多数欧美左翼学者都在批判性地审视马克思的理论资源，思考在新的历史条件下如何使历史唯物主义走向当代。正是在这个节点上，比岱 22 年前的著作《马克思〈资本论〉研究》于 2007 年被翻译成英文，比岱重建马克思主义的理论起点也逐渐为学术界所关注。南京大学唐正东教授也将比岱与奈格里、哈特、克里弗等人一道作为当今国外左派学界对

① 参见弗朗斯西·福山《历史的终结及最后之人》，北京：中国社会科学出版社，2003 年，代序。
② 俞吾金主编：《国外马克思主义研究报告（2009）》，北京：人民出版社，2009 年，第 2 页。

《资本论》政治式阅读的代表人物①。

原因之二是比岱自己 30 多年来为之不懈的学术努力，其中包括三个方面：从学术研究转向思想阐述，创办和主持《今日马克思》杂志，组织以"国际马克思大会"为代表的一系列有影响力的国际学术会议。我们主要分析第一个方面，即比岱自己的学术探索。如上所述，尽管比岱的理论工作在很长一段时间内都未得到有力回应，但他并未放弃自己独特的思考路向。如果说 20 世纪 90 年代之前，比岱是对学术（马克思《资本论》及其手稿）的思想化解读，那么到了 90 年代之后，比岱就转向了对思想（"元结构"理论）的系统化、学术化表达。比岱在其早期著作《把〈资本论〉当作什么？——〈资本论〉中的哲学、经济学和政治学》②（1985）中主要探讨了一个问题：马克思是如何阐释市场与资本之间的关系问题的？比岱认为，马克思最成功的地方在于他开启了对资本主义的科学分析、特别是对市场逻辑与资本逻辑之间关系的阐述，这为我们分析当代社会提供了参照。然而《资本论》的不足在于逻辑方法与历史方法之间的内在张力不够，马克思并没有很好地说明怎么从资本主义过渡到社会主义。他进而批判性地分析了以马克斯·韦伯、罗尔斯、哈贝马斯等人为代表的现代政治哲学和社会哲学，在《现代性理论——兼论马克思与市场》（1990）③ 中首先提出了自己的"元结构"理论，并在《总体理论》④（1999）中对"元结构—结构—体系"进行正面的阐释。进入 21 世纪以来，比岱一方面拓展和深化自己的"元结构"理论，另一方面从"元结构"理论出发构想了"另一种马克

---

① 参见唐正东《深化中国〈资本论〉研究的方法论自觉——国际学界对〈资本论〉的政治式阅读及其评价》，《哲学动态》2017 年第 8 期，第 10 页。

② Jacques Bidet, *Que faire du 'Capital'？Philosophie，économie et politique dans le Capital de Marx*, Presses Universitaires de France（PUF），2000.

③ Jacques Bidet, *Théorie de la modernité；suivi de Marx et le marché*, Presses Universitaires de France（PUF），1990.

④ Jacques Bidet, *Théorie générale：Théorie du droit，de l'économie et de la politique*, Presses universitaires de France（PUF），1999.

思主义"①。以上种种努力既使比岱成为当下"欧洲大陆最重要和最有影响力的左翼政治哲学家"，又构成我们在今天研究其思想转变的文本依据。当然，除了自身的学术探索之外，比岱发起或组织的一系列学术活动也值得我们关注。例如，比岱与雅克·特谢尔一起于1987年创办和主持了《今日马克思》杂志，该杂志发行至今，成为新马克思主义和后马克思主义思潮的前沿阵地，在法国国内外马克思主义研究领域中具有重要地位。② 比岱还与特谢尔一起以《今日马克思》杂志的名义成功地组织了多次国际性学术研讨会，其中最为著名的就是至今成功举办了六届的"国际马克思大会"，比岱一直是该会议的主席和总召集人。另外，比岱还与厄斯塔什·库维拉基斯共同主编了《当代马克思辞典》（2001），这一成果也在国际学术界影响甚广。

　　原因之三是比岱自身哲学思想的发展在某种程度上与当代社会批判理论的发展趋势相吻合。解构主义之后，从革命斗争的角度思考如何将碎片化的"多"凝聚为现实行动的"一"，这成为摆在法国（乃至欧洲）左翼学者面前的重要问题。而恰恰在这一点上，比岱的"元结构"理论为分析现代社会的基本结构提供了某种抽象模型，同时他对"另一种马克思主义"的构想也在一定意义上提出了当代社会的革命主张与"终极现代性"时代的共同行动原则。南京大学蓝江教授在《当代法国马克思主义的逻辑走向》中指出："尽管这些思想家彼此的思路差距极大，甚至极端对立（如朗西埃坚决对立于巴迪欧），但他们都注意到一个问题：仅仅靠碎片化的'真'是无法与庞大的资本主义的体制和机器相对抗的。因此，眼下的问题不再是去解构，而是重新找到

---

① Jacques Bidet & Gérard Duménil, *Altermarxisme*：*Un autre marxisme pour un autre monde*, Presses Universitaires de France (PUF), 2007.
② 参见俞吾金主编《国外马克思主义研究报告（2007）》，北京：人民出版社，2007年，第404页。

凝聚分散化的力量。"① 虽然不同于巴迪欧、朗西埃将政治实践作为理论的先导，比岱仍然是从理论上探讨现代社会的"元结构"，从"元结构—结构—体系"的逻辑推演中发现斗争的可能性问题，但毫无疑问，当代法国思想家已经不再满足于使"真"碎片化，而是致力于寻求后结构主义和解构主义之后的某种重建。魏小萍研究员在分析"国外马克思主义哲学的发展趋势和轨迹"中也同样指认了这一点②。

总体而言，自 20 世纪 90 年代之后，随着比岱一大批著作的逐步问世，其分析现代性的"元结构"思想引起了普遍关注。他的一些著作也被翻译成多种文字，开始产生世界范围内的影响。进入 21 世纪以后，以《马克思〈资本论〉研究》的再版③为起点，比岱的早期理论工作也开始为大家所熟知，并在当下世界范围内的"《资本论》研究热潮"中成为学术界的讨论对象。通过对现有文献进行归类，笔者以"现代性理论与总体理论""世界—国家理论""《资本论》研究"为主题梳理一下国外学者对比岱思想的相关探讨。

1. 作为"总体理论"的现代性批判理论

作为当前法国马克思主义批评学派的领军人物，比岱最具辨识度的原创性思想就是从"元结构"出发在现代性视域中建构的"总体理论"。比岱反复强调，要从"元结构"的三元性总体视角去分析现代性，因此，在一定意义上，比岱的"现代性理论"就是他后来系统化表述的"总体理论"。克里斯托弗·伯特伦认为，比岱致力于构建的"现代性理论"是对马克思、罗尔斯和哈贝马斯三位思想家理论的"综合"。"元结构"，既作为一种分析当代社会的理论前提，又是超越现代

---

① 蓝江：《当代法国马克思主义的逻辑走向》，《中国社会科学报（马克思主义月刊）》，2013年 9 月 25 日 B02 版。

② 参见魏小萍《国外马克思主义哲学的发展轨迹和趋势》，《社会科学管理与评论》2005 年第 2 期，第 70—71 页。

③ 比岱《马克思〈资本论〉研究》的法文版于 2000 年在法国国家大学出版社再版，英文版于 2007 年在荷兰博睿学术出版社（Brill）出版。

性的逻辑框架，它意味着：在同一个社会结构中，官僚体系和市场体系都能在公正的宪法中受到民主的限制。吉尔斯·拉贝尔同样将比岱关于现代性的"总体理论"视为一种"超级整合"①。在他看来，比岱原创性思想的现实起点是对资本主义与社会主义的双重反思。马克思对资本主义的分析建立在市场逻辑的抽象基础上，然而他并没有提供从资本主义到社会主义的实际过渡方案。资本主义的形成和发展本身并不仅仅依靠市场一极，同样也需要有中央性的组织保障，而经典马克思主义只是将之视为由经济基础派生上层建筑，事实上，缺乏中央组织支撑的资本主义与社会主义同样是难以设想的。米歇尔·马里奇在《试图为马克思主义重新奠基》一文中指出，雅克·比岱的理论旨趣是用现代政治哲学的契约论修补马克思分析市场逻辑的抽象框架。在他看来，比岱通过整合不同的思想传统，尤其是马克思主义理论传统与从霍布斯到罗尔斯的现代政治哲学传统重新激活了"人民公约"或"契约精神"②。亨利·马勒赞同上述指认，并进而对比岱的现代性理论提出了两点质疑：其一，怎样理解"元结构"本身，其超越性与历史性之间的关系如何？其二，"元结构"向"结构"的转化为什么只能被认定为是逆转？换言之，"元结构"转化成其对立面在比岱那里是一种"辩证"的矛盾，但我们是否可以理解成矛盾本身就存在于"结构"的内部？③

2."世界—国家"理论

"世界—国家"理论是比岱"元结构"视域中现代社会批判理论的进一步延伸，正是在从抽象基础到具体结构的逻辑推演中，比岱提出了自己独特的、有别于世界体系理论的"世界—国家"理论。在一些国外学

① Gilles Labelle, *Jacques Bidet*, *Théorie de la modernité. Suivi de : Marx et le marché*, Paris, PUF (coll. 《Questions》), 1990, 320 p. . Philosophiques, 23 (2), p. 449.
② *À plusieurs voix sur Théorie générale*, Mouvements, 2002/2 (n⁰ 20), pp. 154 – 155.
③ *À plusieurs voix sur Théorie générale*, Mouvements, 2002/2 (n⁰ 20), pp. 161 – 162.

者看来，比岱的这一理论对于分析当前的国际政治经济格局具有重要的启示意义。法国巴黎第十大学学者弗雷德里克·蒙费朗指出，比岱的"世界—国家"理论得益于其虚设的、作为"现代性的社会本体论"的"元结构"。"'现代性的社会本体论'并非是要分析各种具体的社会形态，而是力图重塑世界地理范围的社会整体性，并对其历史轨迹进行解释。目前全球范围的结构性冲突已经由单一民族国家内部的阶级矛盾以及民族国家之间的利益纠纷转化为'世界—国家'范围内的体系性矛盾。正在增加的危险趋势既是组织一极的危机又是市场一极的危机，这些危机不能采用平衡两极的方法来消除，只能通过互相的联合以求得真正的解放，这也是共产主义的历史趋势所在。"① 克罗地亚萨格勒布大学哲学系教授卡图纳里奇在其文章《为什么会有民族国家，而不是世界国家？》中从现代性理论的运用角度探讨了比岱"世界—国家"理论的贡献。他认为，比岱从现代性的"元结构"出发推论出的世界体系理论"很好地解释了当今民族国家与世界组织交错存在的复杂局面，而当前的这种世界新体系处于一种动态平衡之中，这正是自 20 世纪末开始形成的全球国家新秩序"② 。卡图纳里奇还批判性地综合了马克思的阶级分析方法和比岱的"元结构"理论，试图解释为什么马克思所设想的阶级关系在民族国家与世界体系范围内变得更为复杂。

  3. 比岱对《资本论》的重新解读

　　21 世纪以来，随着比岱早期著作的重版并翻译成多种文字，其对《资本论》的独特理解方式也受到国外学者们的热烈讨论。特别是 2008年爆发了由美国次贷危机所引发的全球性金融危机，重新阅读与探讨马克思的《资本论》成了一种新的时尚。罗马大学哲学教授史丹弗

---

① Frédéric Monferrand, *Jacques Bidet*, *L'État-monde. Libéralisme*, *socialisme et communisme à l'échelle globale. Refondation du marxisme*, Terrains/Théories [En ligne], 2015（2）.

② Vjeran Katunarić, *Zašto postoje države-nacije, a ne svjetska država? Prilog raspravi o teoriji moderne Jacquesa Bideta*, Politička misao, god. 46, br. 2, 2009, str. 81 - 95.

诺·匹托皮娅尼在其文章中批判性地阐述了比岱"元结构"理论与《资本论》的关系，并且就比岱的解读本身提出了相关问题。她指出，比岱"元结构"理论的最初灵感源自他对马克思《资本论》第一篇的重新解读和修正。在传统的理解模式中，《资本论》第一卷的起始部分往往被理解为商品交换和流通，比岱却认为作为马克思"抽象"部分的阐述不应当仅仅被视为交换逻辑，而是市场生产/流通的抽象模型。"从抽象到具体"意味着从市场生产/流通到达以买卖劳动力及其造成的以剥削为特点的资本主义生产/流通，这样一来就能很好地解释劳动价值论与剩余价值理论及剥削理论的关系问题。匹托皮娅尼进一步指出，比岱的创新之处就在于他构想了一种从统治阶级的双极性进行推论的复杂架构，由此出发，阶级斗争就由原来的双方对抗变为三方参与的博弈游戏。在上述分析基础上，匹托皮娅尼也对比岱的重构工作提出了几个问题：（1）"元结构"所包含的自由和平等仅仅作为参照，实际的现实似乎等同于统治；（2）比岱对元结构的分析主要集中在市场和组织这两个阶级因素上，并把司法—政治维度的两极（个人自由和民主自治）留作了背景；（3）对《资本论》的重建没有满足同时地和同等重要地考虑政治维度和经济维度这一必要性；（4）比岱在结构分析中低估了政治的因素，即资本家和精英施加于社会其他人的权力以及被理解为全民平等享有政治权力的政治民主此二者之间的张力。①

　　卡利尼科斯在《马克思是否把资本看作一种主体？》中主要探讨了究竟应当在何种意义上理解马克思的"资本"概念：是把资本理解为一种实体，还是理解为一种对抗性的关系？其中，他花了不少篇幅引证比岱对马克思《资本论》的研究。卡利尼科斯指出，比岱区分了《资本论》中的两重"颠倒"问题。第一重"颠倒"涉及的是《资本

---

① 参见［意］史丹弗诺·匹托皮娅尼《雅克·比岱对马克思〈资本论〉的重构》，伍洋译，载《当代国外马克思主义评论（12）》，复旦大学当代国外马克思主义研究中心编，北京：人民出版社，2015年，第62—69页。

论》第一卷与第三卷的关系问题，它是一种表象和现实之间的颠倒，
这种颠倒的用法是同马克思在《资本论》第三卷中关于意识形态的理
论完全一致的。第二重"颠倒"是《1861—1863 年经济学手稿》中所
提及的工人和资本、主体和客体之间的颠倒，而此处的意识形态颠倒
只是结构中的颠倒自身的表现。卡利尼科斯进而认为，比岱正确地看
到了马克思把意识形态表象附加给在资本主义生产关系中占据特定位
置的主体的视角。① 在为比岱《马克思〈资本论〉研究》（英文版）所
撰写的序言中，卡利尼科斯不仅介绍了该书出场的历史语境，还指出
了比岱对《资本论》解读的两大特点：（1）比岱对《资本论》的解读是
基于对马克思经济学手稿的全面评估基础上的，他反对以《大纲》的
逻辑来理解《资本论》的叙述方法；（2）比岱认为，黑格尔哲学在马克
思的理论建构中起着认识论上的"支撑/障碍"作用。②

4. 基本评价

通过上述分析，我们可以归纳至今为止学界关于雅克·比岱哲学
思想研究的一些基本观点。

首先，关于雅克·比岱的基本定位。国内外学界都认可的评价是，
他是法国"结构主义马克思主义"之后"马克思主义批评学派"的代
表人物，是当前"欧洲大陆最重要和最有影响力的左翼政治哲学家之
一"。在当前法国"马克思主义批评学派"内部，他既不同于拉卡比开
创的"准马克思主义正统派"，又区别于以巴里巴尔为代表的阿尔都塞
主义派，而是较为独立的"马克思主义重建派"。

其次，关于雅克·比岱的思想渊源。在国外一些学者看来，比岱

---

① 参见［英］阿列克思·卡里尼克斯《马克思是否把资本看作一种主体?》，许振旭译，载
《当代国外马克思主义评论（12）》，复旦大学当代国外马克思主义研究中心编，北京：人
民出版社，2015 年，第 39—40 页。
② 参见 Alex Callinicos, *Foreword to the English Translation of Jacques Bidet's Que faire du Capital*, in Jacques Bidet, *Exploring Marx's Capitals*, Leiden·Boston：Koninklijke Brill, 2007, p. XII.

的作为"总体理论"的现代社会批判理论是对马克思、罗尔斯和哈贝马斯三者思想的一种"超级整合"，他试图以"马克思＋韦伯"的方式为分析现代社会的本质依据与原则纲要找到理论基础。国内学者大多赞同这一判断，并指出比岱的"元结构"概念可以追溯至列斐伏尔的"元哲学"思想，他在结构主义思潮中汲取了充足的养分，并在早期对《资本论》阐述逻辑的批判性解读中逐步形成了自己的原创性思想。

再次，关于雅克·比岱对《资本论》的社会政治式阅读。国外学者大都肯定其"元结构"式解读路径的启发意义，但与此同时也从契约关系的视角出发质疑其理论构想的政治实用性。在他们看来，比岱解读《资本论》的最突出贡献是，较为清晰地阐释了黑格尔哲学在马克思构想《资本论》表述逻辑中的作用。与之不同，国内学者将雅克·比岱同奈格里、克里弗等人一起作为国际学界政治式阅读《资本论》的代表人物，他们侧重于从马克思历史辩证法视角出发批判比岱"元结构"式解读路径的逻辑薄弱环节。

最后，关于雅克·比岱哲学思想的学术局限性分析以及对"另一种马克思主义"的质疑。比岱以"元结构"理论为基础，从抽象到具体构建出一整套关于"元结构—结构—实践"的总体理论。然而在自己的理论阐述中，比岱仍然没有阐明一些关键性问题。譬如，"元结构"本身的超越性与历史性应如何理解？"元结构—结构—实践"这三者之间的关系为什么呈现出"辩证"的过程，而非矛盾冲突就存在于"结构"的内部、"体系"的内部？以"自由—平等—理性"作为诉求的基础阶级何以联合组织一极来对抗资本一极呢？

三、本书的目标、方法与创新之处

从学术与思想的关系角度看，比岱身上集中体现着法国学者的典型特质：学术与思想密不可分。如同其前辈阿尔都塞那样，我们难以区分《保卫马克思》与《读〈资本论〉》究竟是严格的学术研究著作，还是阿尔都塞借以重新阐释马克思理论的契机表述自己的思想主张。当然，学术传承与思想创新总是紧密联结在一起的，任何的创造性阅读必定是一种新思想的阅读。如果说 20 世纪 90 年代之前，比岱是对学术（《资本论》及其手稿）的思想化解读，那么到了 90 年代之后，比岱就转向了对思想（"元结构"理论）的系统化、学术化表达。由此出发，我们可以从理论逻辑的深化与研究视域的转换角度将比岱哲学思想的发展分为三个时期加以讨论：（1）早期阶段（20 世纪 80 年代），对《资本论》及其手稿的社会政治式阅读，核心文本为《马克思〈资本论〉研究》；（2）中期阶段（20 世纪 90 年代至 2007 年之前），重建作为"总体理论"的现代社会批判理论，代表性文本为《现代性理论》《总体理论》；（3）后期阶段（2007 年之后），从"元结构"视域出发构想"另一种马克思主义"，代表性文本为《替代马克思主义：为了另一个世界的另一种马克思主义》（与迪梅尼尔合著）。[①] 为此，本书的核心

[①] 2007 年 11 月，在英国伦敦大学召开的历史唯物主义研讨会上，比岱向大会提交了旨在回顾自己研究历程的学术报告。他以《马克思〈资本论〉研究》《总体理论》《〈资本论〉的阐释与重建》《替代马克思主义》这四本专著为节点，将自己的学术生涯划分为四个阶段：第一个阶段是重新阅读马克思的《资本论》及其手稿，以此发现马克思在《资本论》中对市场逻辑与资本逻辑二者关系的独特阐释方法；第二个阶段是批判性审视以罗尔斯、哈贝马斯、布尔迪厄等人为代表的现代政治哲学和社会哲学，试图围绕"元结构"提出一种用以分析现代性的"总体理论"；第三个阶段是从"元结构"理论出发重新阐释《资本论》，以此为马克思主义重新"奠基"；第四个阶段是在继承前面几个阶段理论成果的基础上，从"元结构—结构—实践"的逻辑演进中构想"另一种马克思主义"。（参见 Jacques Bidet, *A reconstruction project of the Marxian theory*：*from Exploring Marx's Capital* (1985) *to Altermarxisme* (2007), *via Théorie Générale* (1999) *and Explication et reconstruction du Capital* (2004), http：//jacques. bidet. pagesperso-orange. fr/indexar. htm.）需要说明的是，本书关于雅克·比岱哲学思想的学术分期参考了比岱自己的说明，但没有完全按照上述"思想小传"中提及的四阶段划分。我以为，研究任何一位思想家的学术历程，最重要的是从方法论立场出发透视其思想发展的内在逻辑进程，因为只有深层次的核心方法的改变，才真正表明思想家世界观与方法论的转变。退而求其次的才是研究领域的变化。纵观比岱的学术生涯，真正的核心思想，即"元结构"【转下页】

任务在于，以文本学解读方法为基础，遵循历史与逻辑相统一的原则，清晰梳理比岱哲学思想的变化历程与内在逻辑，批判性解读其每一个思想阶段的理论主张。

在写作的指导思想上，本书坚持以下三个原则。

首先，强调文本解读的历史性原则，即反对从同一性立场出发将比岱哲学思想当成一个同质化的解读对象。[①] 应当说，这一点不论是对于经典马克思主义研究而言，还是对于国外马克思主义研究而言，都尤为重要。就比岱研究这一个案而言，从历史性文本学方法出发剖析比岱哲学思想的发展历程，既可以帮助我们从宏观上对比岱哲学的总体轮廓做一个大体勾勒，又可以促使我们深入分析其每一个思想阶段理论主张的提问方式与逻辑转换。

其次，坚持在思想史视野与比较的方法中看待比岱哲学思想的理论贡献与局限。我们知道，任何创造性思想的提出都有赖于特定的社会历史背景以及前辈大师所开辟的道路。纵观比岱的学术生涯，他正是在兼收并蓄、批判性继承多种异质思想资源的基础上，才提出颇具原创性的"元结构"理论以及"另一种马克思主义"观。因此，只有结合马克思主义发展史（包括国外马克思主义发展史）、现代西方政治哲学与社会哲学等思想史背景，我们才能对比岱哲学思想的理论特质与原创内容做出准确的判断。

最后，必须强调从马克思主义的基本立场与科学方法出发对比岱

（接上页）理论，自诞生之后，比岱就一以贯之。因此，本书以比岱的学术旨趣"为马克思主义重新奠基"为主轴、以比岱标志性的思想"元结构"理论为基点，将比岱的学术生涯划分为三个阶段。其中，对《资本论》及其手稿的社会政治式阅读，以及由此出发在现代性视域中建构的"元结构"理论是其哲学思想的基础部分，亦即为马克思主义重新奠基的"基石"所在；从元结构到结构、再从结构到体系的转化，即对以资本主义为特征的现代社会的矛盾性分析是其理论面对现实的中介环节；"另一种马克思主义"、即强调"终极现代性"时代的共同行动原则是他面对新的历史情境提出的一种革命战略选择。

① 参见张一兵等《当代国外马克思主义研究》，北京：北京师范大学出版社，2017 年，第 4 页。

哲学思想进行总体评价。从根本上说，开展国外马克思主义研究的目的，一方面在于积极了解国外马克思主义理论界取得的最新研究成果，借以及时把握当代资本主义呈现出的新变化与新趋势；另一方面也是为了进一步推进经典马克思主义研究与 21 世纪马克思主义的发展，深化对资本主义内在发展规律的认知。[①] 我们既不能在还没有认真研究比岱哲学思想的前提下就简单地对其定性、贴标签，也不能站在某种价值中立的立场上仅仅把比岱哲学思想研究当作一个纯粹的学术问题。

由此出发，相较于国内外学界既有的研究成果，本书的创新之处主要体现在以下三个方面。第一，清晰梳理雅克·比岱哲学思想的变化历程，并分析不同阶段思想之间的内在逻辑，旨在全面、系统地阐述前后思想方法转化之间的社会历史原因。第二，批判性解读雅克·比岱每一时期的主要理论观点，主要包括三个阶段，即比岱早期对《资本论》及其手稿的社会政治式阅读，中期从"元结构"视域出发重建作为"总体理论"的现代社会批判理论，以及后期在上述两者基础上提出的"另一种马克思主义"观。第三，以马克思的历史辩证法为基础，从哲学方法论角度总体评价雅克·比岱思想的贡献与局限。

具体而言，在结构编排上，除导论之外，本书主体部分共分为三章。

第一章"早期'奠基'之路：对《资本论》及其手稿的社会政治式阅读"重点考察了作为比岱哲学思想起点的《马克思〈资本论〉研究》。解读《资本论》之所以会成为比岱哲学思想的起点，并指出主要有两个方面的原因：一方面是外部的原因，20 世纪 60 年代兴起的《资本论》研究热潮以及由此引发的相关讨论成为比岱介入这场论争的思想史背景；另一方面是内部的原因，即比岱自身对马克思主义当代命

[①] 参见《深刻认识马克思主义时代意义和现实意义，继续推进马克思主义中国化时代化大众化》，《人民日报》2017 年 9 月 30 日。

运的反思。在他看来，马克思的历史理论要想真正介入当代社会生活并且形成对现时代的变革性干预，必须从一开始就阐明自己的任务与对象，即考察《资本论》中诸多范畴的合法条件和理论界限①。为此，本章第一节主要梳理了比岱阅读《资本论》的思想史背景、出场路径与主要指向。其中，阿尔都塞马克思主义哲学观的影响以及罗斯多尔斯对《资本论》及其手稿的历史研究是重点研究部分。本章接下来的三节分别考察了比岱在《马克思〈资本论〉研究》中主要涉及的三个问题，即马克思的劳动价值论、生产劳动学说以及《资本论》的科学方法与阐述逻辑。比岱的基本观点是：（1）《资本论》中所阐述的"价值"与"劳动力"等概念不仅仅是经济学概念，而且是社会政治概念，只有在特定的社会生产中考察价值的形成与劳动力的耗费，赋予经济概念以社会形式，才能真正理解市场逻辑和资本逻辑之间的内在关联。（2）马克思生产劳动学说之所以重要，是因为它不仅阐明了由剩余价值的生产所主导的资本增殖结构，而且还在生产力与特定生产关系的矛盾运动中进一步揭示出资本主义发展的历史趋势，这是分析当代资本主义社会阶级构成的理论基石。马克思批判理论的伟大意义在于其揭示了资本主义社会的基本矛盾和发展趋势，但这并不能证明资本主义发展的历史趋势必然产生无产阶级革命。趋势的复杂性与多样性促使多元重组成为可能，工人阶级在此意义上是政治革命的"战略"范畴。（3）通过《大纲》来理解《资本论》的阐述方式实际上是退回到黑格尔的历史理性与历史目的论，《资本论》超越《大纲》的地方恰恰在于提供了一种分析式的"概念的非连续性"。从《大纲》到《资本论》，黑格尔哲学在马克思深化政治经济学批判的过程中构成"认识论

---

① Jacques Bidet, *Exploring Marx's Capital*：*Philosophical*, *Economic and Political Dimensions*, Trans. By David Fernbach, Leiden·Boston：Koninklijke Brill, 2007, p. 2.

上的支撑/障碍"①。

第二章"重建作为'总体理论'的现代社会批判理论"主要梳理了比岱具有较高辨识度的原创性思想——"元结构"视域中的现代性批判理论，文本依据为《现代性理论》和《总体理论》。如果说比岱早期试图回应的是来自马克思主义内部的危机的话，那么到了20世纪90年代初，比岱则认为马克思主义面临的外部环境更为恶劣，主要的社会历史背景是国际共产主义运动的危机与新自由主义的崛起。与唱衰马克思主义的资产阶级论调不同，在比岱这位欧洲左翼学者看来，两极格局结束之后所出现的新型"全球历史"不能证明"历史的终结"与马克思主义的失败，摆在马克思主义者面前的紧迫任务是要重新审视马克思的理论遗产以及现代文化的其他优质资源。第一节"马克思主义与现代性"主要的分析对象是《现代性理论》。在这里，比岱通过吸收20世纪其他的精神文化资源，特别是以韦伯、罗尔斯、哈贝马斯等人为代表的现代西方政治哲学和社会哲学思想，用形式逻辑演绎法改造马克思的历史辩证法，从而得出"元结构"的三项规定，并提出了以"元结构"方法对马克思主义科学方法进行重组的五个步骤或方法论原则。第二节到第五节的主要分析对象是《总体理论》。如果说《现代性理论》基本展示了比岱哲学思想的基本方法论原则的话，那么《总体理论》则是他正面阐述自己的全部理论构想的著作。比岱指出，"元结构"视域中的现代批判性理论揭示的是现代社会的总体性逻辑，即现代社会的本质依据与运行逻辑，他是从《资本论》的科学方法出发寻求作为当代社会抽象基础的"元结构"的，以期在"元结构—结构—实践"的动态关联中把握现代性的发展趋势与解放途径。

首先，比岱明确把由言语所表征的主体间交往关系作为理论出发

---

① Jacques Bidet, *Exploring Marx's Capital*：*Philosophical*，*Economic and Political Dimensions*，Trans. By David Fernbach, Leiden · Boston：Koninklijke Brill, 2007, p. 4.

点，通过契约关系的中介将三者融合在一起。在这里，作为出发点的言语，以及由言语与契约关系所构成的"元结构"不能被理解为自然的社会法则，它们在始源性意义上归属于一种共同的自由意志。比岱强调，此种共同意志既是导向不同契约形式的普遍性原则，同时又是在更高层次上审视现代契约关系的仲裁原则①。由此出发，比岱对历史唯物主义的重新奠基就成为从普遍原则出发揭示社会基本结构之动态运转的政治哲学阐释。进一步而言，从言语的直接性到契约中介，作为自由平等理性的现代宣言在其自身展开的过程中具有两种面相，即政治契约关系与经济理性关系。与前者表现为个体间契约与中央契约相对应，后者同样由两极构成：市场与组织（计划）。② 比岱始终坚持在经济与政治的相互联结中去理解现代社会结构及其运行法则，反对经济基础与上层建筑的二元对立模式，此时的他将政治契约关系与经济理性关系视作现代宣言在其自身展开过程中的两种面相，它们的相互依存性就在两极的对应关系中表现出来。

其次，现代社会的构建，或从元结构到结构的辩证转化不是从市场逻辑到资本逻辑的简单过渡，而是指把元结构与结构联系在一起的过程，或"元/结构"过程③。总体而言，它包含三重意义：其一，正是现代社会的"结构"提出了"元结构"的普遍要求，后者指的是"现代社会所公开宣称的形式，是现代国家所认可的契约与理性合作之正式关系产生所必要的虚构"④；其二，"元/结构"导致现代社会阶级关系的形成，直接的言语合作关系由于其自身的有限性必然产生契约中介的形式，而现代社会双重契约所蕴含的潜在统治力使得其自身走向反面；其三，元结构向结构的转化具有可逆性，这是因为由直接性

---

① ［法］雅克·比岱：《总体理论》，陈原译，北京：东方出版社，2010 年，第 19 页。
② 参见 ［法］雅克·比岱《总体理论》，陈原译，北京：东方出版社，2010 年，第 14 页。
③ ［法］雅克·比岱：《总体理论》，陈原译，北京：东方出版社，2010 年，第 173 页。
④ ［法］雅克·比岱：《总体理论》，陈原译，北京：东方出版社，2010 年，第 3 页。

的言语和契约中介所构成的元结构是批判和审视社会基本结构动态运转的根本法则，现代社会的辩证运动过程就存在于结构与元结构、统治形式和共同宣言的历史循环之中。实际上，比岱是以阶级斗争的线索来理解现代性的历史的，阶级斗争被视为理想性契约关系与现实统治关系之间内在张力的动力机制。根据"元/结构"理论，从元结构向结构的转化意味着理想性的契约关系过渡到统治剥削的阶级关系，现代社会的阶级结构正是由双重契约中介所蕴含的潜在统治力催生出来的。

最后，"元/结构"理论不仅适用于现代民族国家内部，而且可以对当下的全球资本主义时代进行说明。比岱认为，"元结构"的分析框架为当代世界体系提供了终极视角，当代世界处于一个世界体系与"世界—国家"相交融的时代。后者指的是一种与世界体系的发展性质完全不同的历史趋势，即现代世界朝着一种由"元结构"宣称所支配的世界性国家而展开。[①] 比岱不否认由帝国主义霸权占主导的世界体系依然是我们今天所处时代的显著特征，但他力图引入"元结构"的分析方法旨在说明：一方面，新自由主义全球化设想只是一种"现代性神话"，现代世界体系中的组织关系受到生产力发展的影响，在"元结构"宣言的支配下正在不断生成新的形式、开辟新的联合空间，从而导致世界性国家的出现；另一方面，当代世界范围的主要矛盾是帝国主义世界体系的中央性与"世界—国家"中央性之间的矛盾，即"元结构"的现实形式与普遍要求之间的矛盾，而构成世界范围内阶级斗争的思考应当由此展开。

第三章"构想'另一种马克思主义'"以《替代马克思主义：为了另一个世界的另一种马克思主义》为基础详细分析了比岱（包括迪梅尼尔）从"元结构"视域出发正面阐述"终极现代性"时代革命实践

---

① 参见 ［法］雅克·比岱《总体理论》，陈原译，北京：东方出版社，2010年，第320页。

的理论主张。"另一种马克思主义"是比岱用自己原创性的"元/结构"方法在剖析全球资本主义时代内在冲突的基础上提出的具体革命战略，它标志着为马克思主义重新"奠基"工作的完成。具体而言，比岱主要从三个方面出发阐述了他的"另一种马克思主义"观。第一，他在马克思主义发展史视域中梳理了"另一种马克思主义"同经典马克思主义、新马克思主义的关系，分别指明了它们各自面对的独特理论问题，并着重强调三者之间的继承与发展关系。第二，比岱重点考察了20世纪新马克思主义对组织范畴的重视，指明有组织的资本主义与现实社会主义都体现出组织权力因素之于现代社会的重要意义，因而强调要从资本与组织的双极性出发把握现代社会的阶级结构与阶级斗争。第三，他基于对当代"世界—国家"范围内结构性矛盾的分析提出了"另一种马克思主义"的阶级斗争理论，即"终极现代性"时代基础阶级进行革命斗争的战略选择与具体措施。

第一章

早期"奠基"之路：
对《资本论》及其手稿的社会政治式阅读

我公开承认我是这位大思想家的学生……辩证法在黑格尔手中神秘化了，但这决没有妨碍他第一个全面地有意识地叙述了辩证法的一般运动形式。

——马克思《资本论》

在马克思经济理论的所有问题中，最被人忽视的是他的方法，一般的以及特别是体现在同黑格尔的关系上的。

——罗曼·罗斯多尔斯基《马克思〈资本论〉的形成》

黑格尔辩证法在帮助马克思突破古典经济学意识形态的同时，也在他构建自己的理论表述过程中构成"认识论的障碍"。

——雅克·比岱《马克思〈资本论〉研究》

　　《资本论》无疑是凝结着马克思毕生心血的著作，它一度被奉为工人阶级为解放自身而进行斗争的"圣经"。自20世纪70年代以来，围绕《资本论》的多重视域解读已成为国际左翼理论界一项重要的议题，而其中最为时髦的当属从政治维度重新阐发《资本论》的核心内容与精神实质。① 比岱的《马克思〈资本论〉研究》（1985）② 与《〈资本论〉的阐释与重建》（2004）就是其中的重要代表。通过梳理比岱的主要文献，我们不难发现，他几乎所有的讨论都围绕着《资本论》及相关文本。尽管自20世纪90年代以后，比岱已经不再专门研究文献学问题，但他从"元结构"视域出发构建的现代社会批判理论依然围绕着《资本论》的阐述逻辑以及马克思对资本主义历史趋势的判断。在为《马克思〈资本论〉研究》英译本撰写的"导言"（2007）中，比岱坚持认为自己的这本专著在当代的思想论争中仍然具有启发意义，尽管那时的他还没有像后来那样明确地从"元结构"理论来重构《资本论》的阐述逻辑，但是他所提出的重新认知《大纲》与《资本论》的关系以及与此相关联的辩证法问题，都构成了他随后思想发展的基本质点。③ 马克思曾在《1844年经济学哲学手稿》中指认《精神现象学》是黑格尔哲学的"真正诞生地和秘密"④，如果套用这个比喻的话，

① 参见唐正东《深化中国〈资本论〉研究的方法论自觉——国际学界对〈资本论〉的政治式阅读及其评价》，《哲学动态》2017年第8期。
② 《马克思〈资本论〉研究》主要依托于比岱在1983年向法国巴黎第十大学提交的博士论文《〈资本论〉中的经济和辩证法》（*Economie et dialectique dans Le Capital*），随后于1985年首次由法国国家大学出版社出版，题为《把〈资本论〉当作什么？——马克思〈资本论〉中的哲学、经济学和政治学》（*Que faire du 'Capital'? Philosophie, économie et politique dans le Capital de Marx*）。2007年出版该书的英译本，题为《马克思〈资本论〉研究：哲学、经济与政治维度》（*Exploring Marx's Capital: Philosophical, Economic and Political Dimensions*）。为了论述的清晰与行文的一致，以下统一称为《马克思〈资本论〉研究》。
③ 参见 Jacques Bidet, *Exploring Marx's Capital: Philosophical, Economic and Political Dimensions*, Trans. By David Fernbach, Leiden · Boston: Koninklijke Brill, 2007, Author's Preface to the English Edition, p. xvii.
④ ［德］马克思：《1844年经济学哲学手稿》，北京：人民出版社，2000年，第97页。

那么我们也可以说，《马克思〈资本论〉研究》是比岱哲学思想的"真正诞生地和秘密"所在。

一、阅读《资本论》的思想史背景、出场路径与主要指向

解读《资本论》之所以会成为比岱哲学思想的起点，主要有两个方面的原因。一方面是外部的原因，20 世纪 60 年代兴起的《资本论》研究热潮以及由此引发的相关讨论成为比岱介入这场论争的思想史背景。另一方面是内部的原因，即比岱自身对马克思主义当代命运的反思。

比岱认为，自己的理论旨趣与苏联官方的"马克思主义哲学"无关，他致力于对马克思主义的历史理论进行哲学考察[1]。正是在《资本论》中，马克思以唯物史观科学地分析了资本主义的社会经济结构，并在此基础上提出了对资本主义历史发展趋势的判断，因此，《资本论》代表着马克思历史理论的"最高峰"。然而，马克思的历史理论在当代却遭遇来自内部的三重威胁。第一种是将马克思主义理解为人道主义。这种观点认为，马克思的哲学话语之所以具有现实力量是因为它继承了古典人文主义传统，在无产阶级的阶级主体性上看到了超越资本主义、实现普遍人类解放的可能性。第二种是以历史目的论来解读历史唯物主义，即把马克思对资本主义具体的、历史的批判简化为机械的神学目的论。在历史目的论视域中，资本主义的自我消解似乎可以被看作是一个自然的历史过程，如果套用西方马克思主义早期代表人物布洛赫的比喻，我们只要坐上一辆驶向共产主义的列车，共产

---

① Jacques Bidet, *Exploring Marx's Capital*: *Philosophical*, *Economic and Political Dimensions*, Trans. By David Fernbach, Leiden · Boston: Koninklijke Brill, 2007, p. 1.

主义就会自然到来。第三种是将马克思主义理解为剖析资本主义的"经济—社会—政治"理论框架，因为马克思在《资本论》中曾明确表述自己的研究对象是资本主义生产方式及其运动规律。然而问题在于，当代资本主义社会所采取的更为复杂的形式以及全球化时代的到来已经使得此种分析框架受到了挑战。[①]相较而言，在上述三种解释模式中，比岱显然更倾向于第三种模式，即把马克思的资本主义批判理论理解为一种科学的分析理论。但在他看来，马克思的历史理论要想真正介入当代社会生活并且形成对现时代的变革性干预，就必须从一开始就阐明自己的任务与对象，即考察《资本论》中诸多范畴的合法条件和理论界限。

　　《马克思〈资本论〉研究》就是这一思考的产物。比岱在这里主要提出了两个基本观点。其一，《资本论》中所阐述的"价值"与"劳动力"等概念不仅仅是经济学概念，而且是社会政治概念，只有在特定的社会生产中考察价值的形成与劳动力的耗费，赋予经济概念以社会形式，才能真正理解市场逻辑和资本逻辑之间的内在关联。其二，通过《大纲》来理解《资本论》的阐述方式实际上是退回到黑格尔的历史理性与历史目的论，《资本论》超越《大纲》的地方恰恰在于其提供了一种分析式的"概念的非连续性"。从《大纲》到《资本论》，黑格尔哲学在马克思深化政治经济学批判的过程中构成"认识论上的支撑/障碍"[②]。

阿尔都塞的马克思主义观及其影响

　　从思想史传承与发展的角度看，任何一种严肃的具有创造性的思

[①] 参见 Jacques Bidet, *Exploring Marx's Capital*：*Philosophical*，*Economic and Political Dimensions*，Trans. By David Fernbach, Leiden·Boston：Koninklijke Brill, 2007, p. 2。

[②] Jacques Bidet, *Exploring Marx's Capital*：*Philosophical*，*Economic and Political Dimensions*，Trans. By David Fernbach, Leiden·Boston：Koninklijke Brill, 2007, p. 4.

想都站立在前辈大师所开启的道路上。然而，当我们具体分析这种创造性思想同其理论来源之间的关系时，并不能简单地还原为直接性的攫取与拼接，而是要放回特定的文本语境中细致地分析其内在的逻辑脉络。① 在比岱的所有理论资源中，影响最大的无疑是三份思想遗产：马克思的资本主义批判理论、阿尔都塞的结构主义马克思主义以及法兰克福学派的社会批判理论。② 如果说法兰克福学派的"启蒙辩证法"是在 20 世纪 90 年代以后成为比岱构建作为"总体理论"的现代社会理论的重要支撑点，那么在此之前，特别是在作为其思想孕育起点的《马克思〈资本论〉研究》中则集中体现着阿尔都塞的马克思主义观对他的影响。比岱自己坦言："阅读阿尔都塞对我的理论发展来说是决定性的，这是因为，在此之前我将马克思主义理解为一种虽比当代其他人道主义优越但与后者性质相同的人道主义。阿尔都塞对马克思的阅读使得其对马克思主义提出了'科学'的问题，并要求其对概念的性质进行考察。"③

　　一般认为，阿尔都塞是西方马克思主义哲学流派中"科学主义马克思主义"的旗帜性人物，在他之前，"人本主义马克思主义"在西方马克思主义理论界占据着绝对的主导地位。譬如说在法国思想界，当时最具影响力的莫过于以萨特为代表的"存在主义马克思主义"，即突

---

① 正如马克思的历史唯物主义那样，尽管可以确定德国古典哲学、英国古典经济学与英法空想社会主义是其三大思想来源，但它们在马克思思想发展的不同阶段所扮演的角色不尽相同。研究比岱的哲学思想同样如此。不难发现，比岱思想中存在着多种异质性的理论资源，譬如斯宾诺莎的唯物主义一元论、黑格尔的体系哲学、马克思的历史唯物主义、韦伯对现代社会官僚科层制的探讨、巴什拉的法国新认识论、阿尔都塞的科学主义马克思主义、法兰克福学派的社会批判理论、布尔迪厄的文化资本理论、罗尔斯的正义理论、哈贝马斯后期的商谈伦理学等等。它们之间确有关联，但其基础显然是不同的哲学方法论。我们确实可以说，比岱以"元结构"为起点构建的现代社会理论是所有上述思想家理论的"集合"，但此种分析使得我们无法把握比岱在思想史上的实质贡献与独特意义。
② 参见吴猛《当代法国哲学语境中的元结构理论——雅克·比岱访谈录》，载《国外马克思主义研究报告（2012）》，北京：人民出版社，2012 年，第 477—478 页。
③ 吴猛：《当代法国哲学语境中的元结构理论——雅克·比岱访谈录》，载《国外马克思主义研究报告（2012）》，北京：人民出版社，2012 年，第 481 页。

出个体自由和人的主体性、从人道主义的角度来理解马克思主义的性质和特征。这种倾向随着"苏共二十大"对斯大林的全面批判达到顶峰。在阿尔都塞看来，斯大林教条主义固然有其历史局限性，走出哲学研究的教条主义阴影有助于我们真正开展理论工作，但更为重要的是，摆脱教条主义并不意味着走向人本主义。人本主义本质上是一种资产阶级意识形态，以人的本质与个体主体性来解读马克思主义哲学恰恰是逻辑上的倒退。因此，以《保卫马克思》与《读〈资本论〉》为代表，他提出了一种从科学认识论角度理解马克思主义哲学性质的独特方法，有力地推动了从科学角度捍卫马克思主义的思想潮流。[1] 阿尔都塞的马克思主义观对西方马克思主义哲学逻辑的整体走向具有颠覆性的意义，他的阐释方式也在当时年轻一辈的法国学者中产生了巨大的影响。可以说，比岱就是在阿尔都塞所开辟的"科学主义马克思主义"的理论氛围中成长起来的。由于本书并非是对阿尔都塞哲学思想的研究，因此在这里主要论述同比岱思想有着重要联系的、特别是在他哲学思想的起点上发挥着关键性作用的理论观点。

首先，阿尔都塞认为，马克思在自身思想转变的过程中存在着思想"总问题"的转换与"认识论的断裂"，马克思哲学革命的伟大之处在于他有意抛弃了人本主义意识形态，而转入历史科学的探讨领域。在传统的解释中，历史唯物主义被理解为费尔巴哈唯物主义与黑格尔辩证法的简单叠加，但在阿尔都塞看来，无论是"折中主义"抑或"头足倒置"都无法说明马克思哲学与传统哲学世界观的根本不同。通过借用雅克·马丁的"总问题"概念以及加斯东·巴什拉的"认识论断裂"的思想，阿尔都塞重新对马克思的哲学历程进行分析，并指出以 1845 年《德意志意识形态》为节点，马克思思想发生了"认识论的

---

[1] 参见 ［美］马克·波斯特《战后法国的存在主义马克思主义：从萨特到阿尔都塞》，张金鹏等译，南京：南京大学出版社，2015 年，第 325 页。

断裂"。断裂前后的两种思想"总问题"涉及两种不同的理论学科，在创立历史科学（历史唯物主义）的同时，马克思同自己以前的人本主义意识形态相决裂，并创立了一种全新的哲学（辩证唯物主义）。①对于阿尔都塞而言，"人本主义马克思主义"所强调的青年马克思的异化批判理论恰恰是属于断裂之前的意识形态阶段，从人的普遍本质出发强调个体自主因素的主体哲学在其理论基础上与资产阶级意识形态话语别无二致。从《关于费尔巴哈的提纲》开始，到《德意志意识形态》中基本确立，马克思以"历史科学"破除了原先作为历史本体的大写主体，从特定社会形态的生产方式出发而非从外在假定的人的本质出发实现了对自己原来哲学信仰的根本清算。因此，马克思主义是"理论上的反人道主义"②。

　　排除了主体作为历史的本质地位与推动因素，很自然的一个结论是"历史是一个无主体的过程"。在阿尔都塞看来，正是借助于黑格尔的唯心主义辩证法，马克思才摆脱了对历史本质的主体性理解，"历史科学"的出发点不是先验假设的主体，而是"现实的人"及其物质生产生活过程。在黑格尔哲学的总体逻辑中，历史是被作为绝对理念自身展开的环节而予以思考，不存在作为异化过程的特殊主体，而只有基于目的本身的辩证运动过程。换言之，如果说黑格尔哲学中有"主体"的话，这种"主体"只能是它的目的论过程本身。当然，马克思的唯物主义历史科学拒斥任何历史目的，它更加彻底地将"大写主体"排除在外。在历史唯物主义视域中，现实历史既没有先验的逻辑强制，也没有本真的哲学主体，具体存在的"现实的人"只是社会经济结构中特定生产关系的具体承担者。阿尔都塞反复援引马克思在《资本论》第一版序言中所阐述的观点来证明自己的理解："这里涉及的人，只是

---

① [法]阿尔都塞：《保卫马克思》，顾良译，北京：商务印书馆，2016年，第13—14页。
② [法]阿尔都塞：《保卫马克思》，顾良译，北京：商务印书馆，2016年，第197页。

经济范畴的人格化，是一定的阶级关系和利益的承担者。我的观点是把经济的社会形态的发展理解为一种自然史过程。不管个人在主观上怎样超脱各种关系，他在社会意义上总是这些关系的产物。"① 从上述两方面的分析可以看出，阿尔都塞视域中的马克思主义既反人本主义又反历史主义，因为二者都是在传统哲学的基础上思考问题的，为了捍卫马克思主义的科学性，就必须要用马克思自己的方式去面对他的历史科学。

但问题是，怎样才能以马克思自己的方式来面对他的历史科学呢？阿尔都塞进而认为，这就需要重新阐释哲学与科学的关系以及马克思主义哲学的基本性质。教条主义与人本主义将马克思早期的意识形态话语当作真正的哲学理论，虽然马克思在《关于费尔巴哈的提纲》和《德意志意识形态》中宣告了 "哲学的死亡"，但马克思主义不是没有哲学，而只是 "以实践状态存在于《资本论》和马克思的其他理论著作之中"②。也就是说，马克思主义理论包含着科学（历史唯物主义）与哲学（辩证唯物主义），不过后者并没有直接正面阐述出来，而只是以具体的方式隐含在《资本论》等相关文本中。这一判断也是符合实情的。马克思曾经几度想专门撰写一本探讨辩证法的专著，但由于繁重的理论工作与革命实践，他并未付诸行动，由此导致我们想要理解马克思的科学方法，就必须从他对资本主义生产方式的规律探寻中，抑或对各国无产阶级具体政治斗争的指导中去提炼他的历史辩证法思想。于是阿尔都塞认为，当代理论家的工作就是通过理论实践用唯物辩证法将以实践状态存在着的马克思主义哲学上升为科学理论。因此，与西方人本主义马克思主义强调马克思的早期著作不同，阿尔都塞将大量的精力投入《资本论》的解读中，在他看来，"历史唯物主义的理

---

① 《马克思恩格斯全集》第 44 卷，人民出版社，2001 年，第 10 页。
② [法] 阿尔都塞：《保卫马克思》，顾良译，北京：商务印书馆，2016 年，第 145 页。

论前景在今天还有待于辩证唯物主义的深化，而辩证唯物主义的深化本身又取决于对《资本论》的严格的批判性研究"①。

阿尔都塞解读《资本论》的一个突出特点是，他明确指出自己的阅读是一种哲学的阅读，即认识论和方法论的阅读，既不同于把《资本论》当作分析资本主义经济运动规律的经济学阅读，也不同于从某种专门的领域（例如历史学、社会学、逻辑学）分析《资本论》所内含的特定理论空间，而是"对《资本论》与它的对象的关系问题以及它的对象的特殊性问题进行研究"②。为此他提出了"症候阅读法"，其关键在于，找出《资本论》中起支配作用的理论原则以及所包含理论之间的逻辑结构。此种方法的前提假设有两点：其一，马克思哲学革命的实质不在于回答的改变而在于"论述场所的转换与理论体系的变更"③，因此，阅读《资本论》的目的不是去寻找马克思得出的既定结论，而是要分析他的思想总问题所在；其二，《资本论》并非是一个可以直接阅读的经验文本，其中同样存在着概念的空白与缺失，只有在唯物辩证法的指引下"症候阅读"《资本论》与它阐述对象的特殊性关系问题，我们才能在理论实践中揭示出以具体方式存在于《资本论》中的马克思主义哲学。

进一步而言，阿尔都塞对马克思主义科学性的"捍卫"不仅仅体现在他所表述的一系列理论原则与解读方法上，他还提出了基于"多元决定"矛盾观的结构辩证法思想。他指出，历史唯物主义是由生产力、生产关系、经济基础与上层建筑等科学概念所构成的独特话语体系，而其中占主导地位的是"生产方式"概念。"生产方式"意味着生

---

① [法]路易·阿尔都塞、[法]艾蒂安·巴里巴尔：《读〈资本论〉》（第二版），李其庆等译，北京：中央编译出版社，2017年，第81页。
② [法]路易·阿尔都塞、[法]艾蒂安·巴里巴尔：《读〈资本论〉》（第二版），李其庆等译，北京：中央编译出版社，2017年，第3页。
③ [法]路易·阿尔都塞、[法]艾蒂安·巴里巴尔：《读〈资本论〉》（第二版），李其庆等译，北京：中央编译出版社，2017年，第19页。

产力与生产关系的统一、经济基础与上层建筑的联结，它构成了作为政治经济学对象的"总结构"。马克思不是在同质性的平面空间中思考结构各组成要素以及它们之间的关系，而是坚持在生产方式的整体结构中分析结构各组成要素的性质与特点。因此，马克思的历史科学就不是一种简单的线性因果观，多元且不平衡的社会矛盾不在具体的社会结构之外发挥作用，客观社会历史的发展恰恰是一种由主导结构决定的复杂整体的运动。在阿尔都塞看来，马克思超越黑格尔之处就在于用"多元决定"的矛盾观取代了原先目的论式的一元决定论。黑格尔辩证法虽然表面上存在着诸多矛盾，但这些矛盾总是可以还原为绝对理念在自身展开过程中局部的运动环节。由此，社会历史的发展也就被解释为由统一的理念所支配的线性历史过程。马克思则不同，他所强调的是作为复杂结构整体的多元矛盾，而此种多元矛盾必然决定了事物的发展不是一元决定的，而是由在复杂结构中居于主导地位的矛盾多元决定的。"'矛盾'是同整个社会机体的机构不可分割的，是同该结构的存在条件和制约领域不可分割的；'矛盾'在其内部受到各种不同矛盾的影响，它在同一项运动中既规定着社会形态的各方面和各领域，同时又被它们所规定。"① 譬如说，马克思在《资本论》中所分析的劳资矛盾，这显然不是一对可以被还原为历史本质的简单矛盾，它必须要在其所处的具体社会形式和复杂历史环境中予以思考②。

　　总的来看，阿尔都塞的马克思主义观作为对人本主义西方马克思主义哲学思潮的直接回应，不仅开辟了一条从科学认识论角度反思马克思主义哲学根本性质的道路，而且在年轻一代左翼批判理论家身上产生了巨大的思想影响。从某种意义上说，比岱对马克思主义的接受与早期理解都源于阿尔都塞的理论贡献。可以肯定，比岱的《马克思

---

① ［法］阿尔都塞：《保卫马克思》，顾良译，北京：商务印书馆，2016 年，第 78 页。
② ［法］阿尔都塞：《保卫马克思》，顾良译，北京：商务印书馆，2016 年，第 83 页。

〈资本论〉研究》承接着阿尔都塞所开启的理论工作。如果说阿尔都塞强调的是在青年马克思与成熟马克思之间存在着"认识论的断裂",并且致力于以理论实践的方式将《资本论》的哲学勾画出来,那么比岱着手处理的则是作为《资本论》第一个草稿的《大纲》与作为最终完成版的《资本论》之间的关系问题[①]。比岱试图把马克思后期从事政治经济学研究的过程理解为一个不断深入的过程,恰恰是《资本论》而非《大纲》代表着马克思对资本主义社会经济结构最科学且深入的理解与剖析。在比岱看来,阿尔都塞开辟的道路无疑是正确的,但他从科学方法论角度阅读《资本论》的成果仍然主要局限于认识论领域,并没有真正地对《资本论》进行"理论的"研究,即未能对那些基础性概念进行重新解读。[②] 这正是比岱自身学术研究与思想孕育的起点。

值得注意的是,尽管结构主义马克思主义对比岱思想的影响是直接的且具有决定性的,但不意味着比岱自然就接受了结构主义马克思主义的方法论立场,并将自己的理论工作置于这一思潮的影响下。比岱认为,阿尔都塞的理论贡献在于他通过强调马克思主义是"理论上的反人道主义",反对以主体哲学理解历史过程,恢复了"社会结构"(作为经济基础与上层建筑之链接纽带)的核心地位。但他在处理"结构"与"主体"的关系问题上陷入了另一个极端,即把历史理解为"无主体的过程"。在黑格尔和马克思那里,结构自身的内在矛盾推动结构本身的生产、再生产与解体,而结构主义所设定的"社会结构"却缺乏这种内生性动力。由此出发,结构主义就无法思考"政治斗争

---

① Jacques Bidet, *A reconstruction project of the Marxian theory*: *from Exploring Marx's Capital* (1985) *to Altermarxisme* (2007), *via Théorie Générale* (1999) *and Explication et reconstruction du Capital* (2004). http://jacques. bidet. pagesperso-orange. fr/ indexar. htm.

② 参见吴猛《当代法国哲学语境中的元结构理论——雅克·比岱访谈录》,载《国外马克思主义研究报告(2012)》,北京:人民出版社,2012 年,第 481 页。

的实质影响以及历史过程中主体性形式的出现与隐含"①。由此引出的问题便是，如何弥合"主体"与"结构"之间的二元分裂？这构成了比岱早期解读《资本论》的思考路径，也是其后来提出"元结构"理论的主要目标。

罗斯多尔斯基对《资本论》及其手稿的历史研究

20 世纪 60 年代以来，随着马克思为创作《资本论》而准备的大量经济学手稿相继被翻译成西方主要文字，西方理论学界兴起了重新阅读《资本论》的研究热潮。其中，曼德尔《卡尔·马克思经济思想的形成》、罗斯多尔斯基《马克思〈资本论〉的形成》、吕贝尔《马克思〈经济学〉历史》、马丁·尼古拉斯为《大纲》英译本撰写的长篇序言等都为后来的理论研究奠定了坚实的基础。② 相较于直接阐发《资本论》的研究主题与哲学意义，这一时期的学者们更加关注《资本论》的形成史及其与手稿的关系问题，通过分析马克思政治经济学批判过程中写作计划的调整与分篇结构的变化，以此揭示《资本论》的科学方法与阐述逻辑。如果说阿尔都塞的马克思主义观对比岱早期思想的形成更多侧重于方法论层面，那么从实际内容与问题意识来看，比岱撰写《马克思〈资本论〉研究》在某种意义上是对以罗斯多尔斯基③为代表的从《大纲》来解读《资本论》思潮的直接回应。

在比岱看来，阿尔都塞以"认识论的断裂"清晰地表明了"青年

---

① 吴猛：《当代法国哲学语境中的元结构理论——雅克·比岱访谈录》，载《国外马克思主义研究报告（2012）》，北京：人民出版社，2012 年，第 480 页。
② 参见顾海良、张雷声《20 世纪国外马克思主义经济思想史》，北京：经济科学出版社，2006 年，第 417—425 页。
③ 罗曼·罗斯多尔斯基（1898—1967），旅美乌克兰裔马克思主义经济学家。《马克思〈资本论〉的形成》于 1968 年在法兰克福和维也纳用德文出版，出版后很快被翻译成多种文字，在国际理论界产生了广泛的影响。该书是研究马克思《大纲》的专著，并从《资本论》形成史的角度对《大纲》与《资本论》的关系问题做出了创造性的阐释。（参见顾海良、张雷声《20 世纪国外马克思主义经济思想史》，北京：经济科学出版社，2006 年，第 419—422 页。）

马克思"与"成熟马克思"之间的差别，然而一旦涉及唯物史观形成之后马克思政治经济学批判的深入过程，问题似乎就没这么简单了。这是因为，如果说 1845 年马克思在创立唯物史观的同时清算了自己原有的哲学信仰，即费尔巴哈的人本学唯物主义与黑格尔的绝对理念辩证法，那为何在《资本论》第二版跋中马克思又公开宣称自己是黑格尔的学生，在关于价值理论一章中甚至卖弄起黑格尔特有的表达方式？① 换言之，黑格尔辩证法在马克思政治经济学批判中起到了什么样的作用，马克思的辩证法同黑格尔的辩证法究竟是怎样一种关系？

　　针对这一问题，通行的解释存在两种不同的倾向。一种观点认为，黑格尔对马克思的影响仅仅停留于唯物史观创立的维度上，政治经济学批判是唯物辩证法的具体运用。也就是说，黑格尔辩证法作为马克思哲学革命的思想源头之一在 1845 年之后就退场了，《资本论》及其手稿中并不存在黑格尔哲学的直接影响。譬如，苏联和东欧的大多数理论家都持有此观点，他们默认作为哲学方法论的唯物辩证法在创立之初就已经成熟，剩余价值理论只不过是唯物辩证法在经济学领域的推演和运用。相反，另一种观点则认为，黑格尔哲学对马克思的影响并非仅仅停留于 1845 年，而是持续性的，甚至是终身性的。撇开黑格尔辩证法的直接后果，就是退回实证主义立场来理解《资本论》的基本观点和阐述逻辑。从《大纲》到《资本论》，马克思恰恰是基于黑格尔的辩证法并加以唯物主义的改造，才找到了正确剖析资本主义经济运动规律的科学方法。这种观点鲜明体现在罗斯多尔斯基《马克思〈资本论〉的形成》一书中，成为有力反击传统阐释的主流观点，对西方理论界影响深远。

　　《马克思〈资本论〉的形成》最为重要的主题是，对长期以来那些忽视《资本论》科学方法的经济学观点及传统阐释进行批判，试图通

---

① 参见《马克思恩格斯全集》第 44 卷，人民出版社，2001 年，第 22 页。

过分析马克思写作计划的调整、比较《大纲》与《资本论》的关系以此揭示辩证法在政治经济学批判中的重要地位。罗斯多尔斯基指出："在马克思经济理论的所有问题中，最被人忽视的是他的方法，一般的以及特别是体现在同黑格尔的关系上的。近来的著作大部分是重复马克思本人的词句的老生常谈，暴露出作者们自身'对素材的拙劣的著述'以及对马克思的方法的漠不关心。"① 尽管列宁曾在《哲学笔记》中高度肯定黑格尔的思想史地位，强调黑格尔的逻辑学与辩证法对于理解马克思《资本论》的重要意义②，但似乎半个世纪以来，除了卢卡奇的研究，其他学者并未深化黑格尔与马克思关系问题的认识，仅仅将黑格尔的逻辑学看作是马克思为方便整理经济学材料而使用的表达工具。在罗斯多尔斯基看来，《大纲》的重新出版为扭转这一局面提供了契机。如果说在作为最终完成版的《资本论》中，我们只能在少数地方甚至是脚注中发现黑格尔对马克思的些许影响，那么《大纲》的创作则清晰地体现出黑格尔哲学方法论的印记。③ 由此出发，他主要考察了三个方面的内容：其一，《大纲》"六册结构计划"所体现的"从抽象上升到具体"的科学方法；其二，从《大纲》到《资本论》的演化历程，即《资本论》分篇结构的调整过程；其三，何以确定科学的开端，也即马克思怎样在政治经济学批判的深化过程中找到剖析资本主义经济运动规律的逻辑起点。

针对第一个问题，罗斯多尔斯基反对传统阐释中仅仅将"六册结构"视为经验主义材料堆积的观点，在他看来，《大纲》制定的写作计

---

① ［联邦德国］罗曼·罗斯多尔斯基：《马克思〈资本论〉的形成》，魏埙等译，济南：山东人民出版社，1992 年，第 2 页。

② 通过研究黑格尔的《逻辑学》，列宁指出："不钻研和不理解黑格尔的全部逻辑学，就不能完全理解马克思的《资本论》，特别是它的第 1 章。因此，半个世纪以来，没有一个马克思主义者是理解马克思的！"（《列宁全集》第 55 卷，北京：人民出版社，1990 年，第 151 页。）

③ 参见 ［联邦德国］罗曼·罗斯多尔斯基《马克思〈资本论〉的形成》，魏埙等译，济南：山东人民出版社，1992 年，第 4 页。

划与表述顺序是马克思唯物辩证法的鲜明体现。按照马克思在《〈政治经济学批判〉导言》中提出的"从抽象上升到具体"的科学方法,"六册结构"的逻辑进程就是以最一般、最抽象的概念为起点,通过资本主义生产方式的内部结构展开分析,最后达到在国家形式上对资产阶级社会的综合。马克思指出:"资本是资产阶级社会的支配一切的经济权力,它必须成为起点又成为终点。"① 土地所有制尽管出现于资本主义生产方式之前,但现代土地所有权只是资本的产物,在资本的支配下,土地所有制获得了不同于以前的新的规定性,因此只有说明了资本的本质才能洞悉现代地租的性质。雇佣劳动虽然表现为资本主义生产过程的基本条件,但是雇佣劳动的充分发展却要以资本主义生产已经成为社会关系的总体,并以自然经济的解体与农村劳动力转化为雇佣工人为前提。因此前三册的排列顺序就呈现为"资本"、"土地所有制"与"雇佣劳动"。然而,这还不是"思维具体"的最后阶段。对国内经济而言,它还必须在同其他国家的外部联系中加以深化,这样一来国内经济就成了包含所有国家在内的总体的一个部分。到那时,对国内经济的分析就有必要上升为关于对外贸易和世界市场的总体理解。这样看来,马克思"六册结构"的安排决不是随意的,似乎在外观上与资产阶级经济学"三位一体公式"没有区别,恰恰相反,它是马克思研究资本主义生产方式的内在本质的结果。虽然"六册计划"在此之后一直被修改和完善,但这并不妨碍《大纲》的方法论意义。

罗斯多尔斯基进而对比了《大纲》中提出的"六册结构"与《资本论》最终呈现的"四卷结构"之间的演化关系。他认为:"在这期间,马克思一直在实验和探索与题材相适应的一种表达方式。同时,逐步压缩了最初的大纲,以扩大保留部分的内容。"② 也就是说,从

---

① 《马克思恩格斯全集》第30卷,北京:人民出版社,1995年,第49页。
② [联邦德国] 罗曼·罗斯多尔斯基:《马克思〈资本论〉的形成》,魏埙等译,济南:山东人民出版社,1992年,第12页。

"六册结构"到"四卷结构"，马克思一方面缩减了研究范围，将一些扩大的形式遗留到以后的计划中，另一方面就特定的论述对象（即"资本"）不断地调整表述逻辑。在《大纲》中，马克思原初的意图是将整部著作分为六个分册：资本、土地所有制、雇佣劳动、国家、对外贸易、世界市场和危机。在此之前，可以加上为一切社会形式所共有的一般的、抽象的特点。然而不久之后，最开始的抽象部分就被放弃了，因为马克思逐渐意识到，资本主义生产方式的根本规定性就在于资本本身，脱离了具体的社会历史情境是无法说明任何社会结构的一般基础的。对"六册结构"的第一个重要调整体现为对后三册的暂时搁置，马克思在1864—1865年间所写的《资本论》手稿中，仅仅把后三册看作是《资本论》的"可能的续篇"。① 第二个重要调整涉及第二册"土地所有制"和第三册"雇佣劳动"，虽然没有明确的资料证明马克思是何时放弃这两册计划的，但是从最终结果看，马克思的确将它们一并归入了第一册"资本"——第二册"土地所有制"被揉进了《资本论》第三卷，而第三册"雇佣劳动"则成了《资本论》第一卷第六篇"工资"。② 与传统马克思主义经济学家将《大纲》的分篇计划看作是基于经验主义的传统经济学分类方法相比，罗斯多尔斯基的观点是，《大纲》的"六册结构"体现着"从抽象上升到具体"的辩证逻辑。通过最初"六册结构"的制定，我们可以更好地理解《资本论》的阐述逻辑。

与此同时，原先"六册结构"中的第一册"资本"也得到了调整和丰富。根据《大纲》的最初计划，"资本"册被分为四篇，即"资本一般"、"竞争"、"信用制度"和"股份资本"。而《大纲》和《1861—

① ［联邦德国］罗曼·罗斯多尔斯基：《马克思〈资本论〉的形成》，魏埙等译，济南：山东人民出版社，1992年，第59页。
② ［联邦德国］罗曼·罗斯多尔斯基：《马克思〈资本论〉的形成》，魏埙等译，济南：山东人民出版社，1992年，第60—61页。

1863 年经济学手稿》本质上都只局限于论述"资本一般",没有包括资本的竞争和信用。① 罗斯多尔斯基十分重视"资本一般"这个范畴,在他看来,这不仅对理解《资本论》结构的变化是有重要意义的,而且可以帮助我们把握马克思的政治经济学方法论,即通过"综合的思维过程"把握具体自身从最简单、最抽象的规定一步一步逐渐上升为具体的再现。也就是说,为了理解表面的形式必须要考察决定这些形式的内在本质,只有先对竞争及其相伴随的特征加以抽象,从"资本一般"开始才能够探索资本的内在运动规律。② 与"单个资本"或"资本的具体形式"不同,"资本一般"揭示的是所有资本的共同特征与本质内涵,马克思从资产阶级社会的经济基础中抽象出"资本一般"范畴,目的就是考察资本在其经历的各个阶段上的生活过程和运行机制。随着马克思研究的进一步深入,他逐渐放弃了单独论述"资本"册后三篇的打算,而是将其作为背景内容补充进了"资本一般"篇,最终将《资本论》三册结构确定为:(1)资本的生产过程;(2)资本的流通过程;(3)资本主义生产的总过程。这是因为,"资本一般"在本质上是与资本的生活过程结合在一起的,脱离了具体的运动形态,"资本一般"仍然是一个抽象的概念。

可以发现,不论是分析《资本论》的形成史与结构演化过程,还是强调作为政治经济学批判起点范畴的"资本一般"的重要意义,罗斯多尔斯基看似是在探讨枯燥的文献学问题,实际上却有着明确的中心意图,即强调黑格尔哲学对马克思政治经济学批判的重要影响,更确切地说,《大纲》与《资本论》中的辩证方法。在他看来,《大纲》这一文本构成了由黑格尔辩证法到《资本论》独特阐述逻辑的理论过

---

① [联邦德国] 罗曼·罗斯多尔斯基:《马克思〈资本论〉的形成》,魏埙等译,济南:山东人民出版社,1992 年,第 14 页。
② [联邦德国] 罗曼·罗斯多尔斯基:《评马克思〈资本论〉的方法及其对当代马克思主义研究的重要意义》,张开译,《教学与研究》2014 年第 4 期,第 18 页。

渡，要想清晰地呈现唯物辩证法，不能从实证的立场出发直面《资本论》的经济学观点，更为有效的方式是通过《大纲》这一中介环节来还原唯物辩证法的思想精髓。① 尽管罗斯多尔斯基在研究过程中有过分抬高《大纲》思想史地位的嫌疑，但撇开历史和理论的局限性不谈，他对《大纲》的突破性诠释以及对《资本论》科学方法的强调具有开创性意义。他的观点也得到了其他学者的回应。譬如，马丁·尼古拉斯在为《大纲》英译本所撰写的长篇"序言"中同样强调了唯物辩证法之于理解《资本论》及其手稿的重要意义，在他看来，从"六册结构"到"四卷结构"的变化恰恰是马克思运用唯物辩证法研究资本主义生产方式内部结构的必然结果。《资本论》内部结构的调整重要的不在于章节目录的改变或个别经济观点的呈现，而在于论证的内部结构，即整体上的内在逻辑和方法。这一点上，《大纲》与《资本论》是一致的。只不过马克思在写作《大纲》时，此种结构还浮现在表面上，唯物辩证法的运用还是显现的，就像建筑物中的脚手架一样；而在《资本论》中，为了更加符合表述的需要，结构则是内在的，似乎是故意地、有意识地隐藏了起来。②

比岱的观点与之相反。尽管比岱高度肯定罗斯多尔斯基的思想史地位，但在他眼中，"从《大纲》来理解《资本论》实际上同从《1844年经济学哲学手稿》来理解《资本论》别无二致，两者都意味着革命人道主义的形而上学解释路径"③。他想要阐明的观点是，《大纲》所呈现的黑格尔式历史辩证法同《资本论》的分析框架本质上是不同的，如果说黑格尔辩证法在帮助马克思破除古典经济学意识形态的过程中

① 参见［联邦德国］罗曼·罗斯多尔斯基《马克思〈资本论〉的形成》，魏埙等译，济南：山东人民出版社，1992年，第4页。
② 参见顾海良、张雷声《20世纪国外马克思主义经济思想史》，北京：经济科学出版社，2006年，第424—425页。
③ Jacques Bidet, *Exploring Marx's Capital*：*Philosophical*，*Economic and Political Dimensions*，Trans. By David Fernbach, Leiden·Boston：Koninklijke Brill, 2007, p. 8.

起到了积极的作用，那么在马克思着手剖析资本主义生产方式的内部结构时，这种诉诸历史主义的话语也在某种意义上构成了"认识论障碍"①。因此，他所要做的理论工作就是通过重新分析《大纲》与《资本论》的关系以及《资本论》的独特话语体系，试图指出马克思的科学方法究竟在何种意义上超越了黑格尔辩证法。

系统重建的视角：市场逻辑与资本逻辑的联结

在正式展开对《资本论》的分析之前，比岱首先阐明了自己的解读方法，他称之为"系统重建的视角"②，即基于《资本论》的最终完成版考察其特定概念和理论内容的修改和完善过程。"系统重建"意味着不是从历史辩证法而是从政治与经济内在联结的视角解读《资本论》。他指出，《资本论》作为马克思对资本主义生产方式的最终审判，是一部科学严谨的著作。从 1857 年至 1875 年，马克思相继写作并出版了三大手稿与三个版本③，这表明马克思在政治经济学批判深化过程中不断调整自己的思路与表述。我们不能以同质性的观点来审视这一过程，预先假定黑格尔辩证法对马克思的影响是一成不变的，《大纲》与《资本论》的内部结构与逻辑展开都是基于对黑格尔历史辩证法的唯物主义改造。相反，正确的做法是以马克思亲自修订并加以补充的《资本论》法文版为基础，将其视为最为成熟的作品，以此分析马克思

---

① Jacques Bidet, *Exploring Marx's Capital*：*Philosophical*，*Economic and Political Dimensions*，Trans. By David Fernbach, Leiden · Boston：Koninklijke Brill, 2007, p. 9.

② Jacques Bidet, *Exploring Marx's Capital*：*Philosophical*，*Economic and Political Dimensions*，Trans. By David Fernbach, Leiden · Boston：Koninklijke Brill, 2007, p. 9.

③ 比岱列举并加以分析的《资本论》的三大手稿与三个版本分别是：《1857—1858 年经济学手稿》《1861—1863 年经济学手稿》《1863—1865 年经济学手稿》；《资本论》德文第一版（1867）、《资本论》德文第二版（1873）以及《资本论》法文版（1872—1875）。随后的版本由恩格斯整理出版，德文第四版成为目前公认的"规范性文本"。

在不同手稿和不同版本中自我纠正的原因与意义。① 由此出发，比岱主要通过以下四个方面问题的论述，试图证明《大纲》与《资本论》阐述逻辑的不同。

第一，市场逻辑与资本逻辑的关系。比岱认为，马克思在《资本论》及其手稿中皆是从市场逻辑和资本逻辑两种不同的视角对资本主义经济过程展开分析，此二重视角既相互对立，又彼此"联结"②。一方面，资本主义并非如同它表面上所呈现的那样，是以市场交换与使用价值的生产为目标的自由平等的经济制度，而是以剩余价值的生产为根本特征的剥削经济。资本的特性决定了它以抽象的财富积累为宗旨，对它而言，无论是自然还是劳动者，都只是其攫取利润的对象和手段。但另一方面，在现代社会中，资本与市场彼此内在联结：市场逻辑的存在必然导致资本逻辑的发展，反过来，资本逻辑的充分发展也使得市场逻辑愈发完善。因此，取消资本逻辑的市场制度只能是一种幻想。

在《大纲》中，马克思通过构建一种辩证运动的方式来揭示从市场逻辑到资本逻辑的过渡，即从 C—M—C 到 M—C—M，再到 M—C—M′。在这里，马克思关注的并非是二者的历史次序，而是概念模式的逻辑结构，即市场形式包含的内在矛盾推动着其自身向资本形式转化。于是，资本逻辑就成了对市场逻辑的否定性超越。与之相反，

---

① 参见 Jacques Bidet, *Exploring Marx's Capital*：*Philosophical*, *Economic and Political Dimensions*, Trans. By David Fernbach, Leiden·Boston：Koninklijke Brill, 2007, p. 9。

② "联结"一词是比岱从索绪尔语言学中借用的概念，这同样体现出结构主义方法论对比岱早期思想的影响。在索绪尔那里，"联结"意指语言符号之所指与能指的联结，比岱借用此概念用来描述市场逻辑与资本逻辑之间的关系，在他看来，现代社会就是由市场逻辑和资本逻辑的双重联结构成的。然而，概念的借用只是暂时性的，稍晚些时候他将"现代性"定义为"元结构/结构"。（参见吴猛《当代法国哲学语境中的元结构理论——雅克·比岱访谈录》，载《国外马克思主义研究报告（2012）》，北京：人民出版社，2012 年，第 480 页。）

到了《资本论》中，马克思提供了一种"分析式的而非辩证的阐述方案"①。比岱指出，《资本论》在具体分析资本主义生产过程之前，首先探讨了普遍自由的市场生产与交换，劳动价值论在此处构成了市场逻辑的基础。在市场生产与交换中，所有人依据的法则是自由、平等与理性。只是到了第二部分"货币转化为资本"，马克思通过分析"资本总公式的矛盾"，才发现资本的自我增殖既不能从简单商品流通中产生，也不能发生在货币形式身上，而只能来源于与资本相交换的特殊商品——劳动力商品。马克思指出："要从商品的消费中取得价值，我们的货币占有者就必须幸运地在流通领域内即在市场上发现这样一种商品，它的使用价值本身具有成为价值源泉的独特属性，因此，它的实际消费本身就是劳动的对象化，从而是价值的创造。"② 换言之，在市场占支配地位的社会中，只有一种商品能够产生比自身的价值更多的商品，这就是失去了客观生产条件而不得不出卖自身的雇佣劳动③。正是通过这种特殊商品的引入，马克思揭示了剩余价值的秘密。雇佣劳动取得的"工资"必然是劳资不平等交换的产物，它与市场逻辑所预设的"平等"价值相对立；同样，由于资本和雇佣劳动的地位不同，"工资"的支配权必然不取决于自由工人，相反由资本主导，这也和市场逻辑的"自由"观背道而驰。但是，资本逻辑不能被视为对市场逻辑的否定，假如现实社会结构中不存在自由平等的市场关系，资本主义生产关系也就不复存在。

　　基于上述分析，比岱的结论是，《资本论》对市场逻辑与资本逻辑的论证尽管是前后一致的，但两者的关系不是辩证逻辑中的否定性超

---

① Jacques Bidet, *Exploring Marx's Capital*：*Philosophical*，*Economic and Political Dimensions*，Trans. By David Fernbach, Leiden·Boston：Koninklijke Brill, 2007, p. 156.
②《马克思恩格斯全集》第 44 卷，北京：人民出版社，2001 年，第 194—195 页。
③ Jacques Bidet, *Exploring Marx's Capital*：*Philosophical*，*Economic and Political Dimensions*，Trans. By David Fernbach, Leiden·Boston：Koninklijke Brill, 2007, p. 161.

越，后者已经远远超出了前者的前提预设。换言之，剩余价值理论固然以劳动价值论为基础，但两者并非处于内生性的辩证过程之中，事实上，剩余价值理论在整体框架上已经溢出了劳动价值论的范围。比岱进而认为，马克思通过分析的方式将预设的市场逻辑与实际的资本逻辑联结在一起，揭示出普遍自由的市场逻辑如何包含着奴役与压迫，这是对现代社会真实运行机制的本质抽象。然而，此种方式固然可以揭示剩余价值的真正来源以满足经济学上的解释需求，它仍然存在着解释力上的不足。一方面，它无法说明为何自由平等的市场逻辑会蕴含在资本主义剥削关系之中并走向它的反面；更为重要的是，它也不能在理论逻辑上论证这种基于对自由平等的诉求如何引发工人阶级的阶级斗争与政治革命。按照阿尔都塞的理解，马克思唯物辩证法的本质是阶级对立与政治斗争，如果说《资本论》中有辩证法的话，那它只能存在于劳资对立之中，存在于工人阶级的政治诉求与革命斗争之中。

第二，价值概念的经济特征与社会政治特征。在比岱看来，以斯密为代表的古典经济学家尽管致力于构建政治经济学体系，但他们对资本主义经济关系的分析主要还是在纯粹的数量计算维度上。在他们那里，政治维度或是作为外在的思考背景，或是仅局限在产品的分配领域，因此从根本上说他们的理论没有超越传统经济学的范围。马克思的重要贡献在于，他将经济关系纳入具体社会形态的探讨之中，通过建立经济维度与社会政治维度的内在联结，他提供了一种既是经济的又是社会政治的概念体系和理论框架。其中，最典型的例子就是价值概念。不论处于市场逻辑还是资本逻辑之中，"价值兼具经济特征与社会政治特征，以劳动耗费为基础的价值形成过程必然受到社会政治条件的制约"①。

---

① Jacques Bidet, *Exploring Marx's Capital*: *Philosophical*, *Economic and Political Dimensions*, Trans. By David Fernbach, Leiden · Boston: Koninklijke Brill, 2007, p. 37.

在资本逻辑中，这一点很好说明，因为资本根据"社会物理学"消费劳动力商品，所以剩余价值的生产一定处于劳资对立的阶级关系之中，处于资本主义生产的普遍强制之中，这是资本主义生产方式最基本的社会政治条件①。同样的，在由劳动价值论规定的市场逻辑中，价值的形成看似是自然的或技术的劳动耗费，实际上衡量价值的社会必要劳动时间不能脱离所谓的"市场规律"与"市场法则"而存在。马克思强调，衡量价值的尺度不是以个人劳动时间的长短为依据，而是以由社会过程决定的必要劳动时间为基础。在比岱看来，这也就意味着这种内含于市场逻辑之中的隐性社会组织关系是现代阶级关系的基础，它构成了资本逻辑之中劳资双方阶级斗争的前提。资本逻辑的过渡作用决定其并不破坏市场关系，雇佣工人将自己劳动力商品的使用权让渡给资本家，但他在终极意义上仍受市场关系的支配。也就是说，作为马克思剩余价值理论基础的劳动价值论不仅是劳动的经济数量计算论，而且是劳动的社会政治关系论。

第三，使用价值与价值的矛盾应当如何理解？按照历史辩证法的阐释，马克思正是通过内含于"商品"概念的二重要素——使用价值与价值的矛盾，科学地确定了政治经济学批判的表述起点，才开辟出一条剖析资本主义生产方式内在规律的道路。使用价值与价值虽然是一对简单矛盾，但在这对简单矛盾中却蕴含着资本主义社会各个层次、各个阶段的复杂矛盾。从最初内含于商品中的最简单、最一般的矛盾发展为呈现在资本主义社会表面的复杂矛盾，这是通过一系列从抽象到具体的上升运动实现的。商品交换的充分发展必然产生货币，因为"商品的交换过程包含着矛盾的和互相排斥的关系，商品的发展并没有扬弃这些矛盾，而是创造这些矛盾能在其中运动的形式"②。货币具有

---

① Jacques Bidet, *Exploring Marx's Capital*：*Philosophical*，*Economic and Political Dimensions*，Trans. By David Fernbach, Leiden · Boston：Koninklijke Brill, 2007, p. 70.
②《马克思恩格斯全集》第 44 卷，北京：人民出版社，2001 年，第 124 页。

比商品更加丰富的内容与规定，也正是货币的出现，才使得商品交换和流通在更大程度上发展起来。作为价值自行增殖的资本是一定量的货币积累与特殊商品（劳动力商品）相交换的产物，作为资本的货币让渡其交换价值，而劳动力商品让渡其使用价值，由此资本的生产过程就表现为资本消费劳动力商品创造剩余价值的过程。[①]

比岱并不赞成这种观点，他认为这是目的论的推演方式。历史辩证法假定了使用价值与价值这对基本矛盾在其运动中是逐渐发展的，只不过不同阶段表现不同。在他看来，事实却是社会结构的各个层次有着自己相对独立的矛盾形式，马克思论述的市场逻辑与资本逻辑虽彼此联结，但本质上分属不同层次。因此，市场逻辑的矛盾与资本逻辑的矛盾是不同的。在《资本论》第一章第三部分，马克思通过"价值形式"的探讨将货币视为社会生产合理性的有效条件。货币作为普遍的使用价值能够使其占有者获得市场范围内的全部特定使用价值，于是商品内含的使用价值与价值的矛盾在此处就被取消了。另外，具有特殊使用价值的劳动力商品在此处并未得到考察，它本质上也不属于市场逻辑的内容，因此使用价值与价值的矛盾不应归因于市场逻辑，换句话说，描述市场生产实质合理性的劳动价值论不以二者的矛盾为基础。只是到了资本逻辑中，劳动力商品的特殊使用价值才与货币的交换价值构成矛盾，成为资本追求抽象财富生产的基础。

实际上，这一点同第一点在结论上是一致的，并且比岱找到了更为明确的切入点。他提出的重要问题在于，劳动力商品究竟是市场逻辑所内在蕴含的，还是只有到资本逻辑阶段才发挥独特作用的？换言之，劳动价值论与剩余价值理论究竟是一种什么样的动态关系？

第四，《资本论》中的主体性与意识形态问题。如前文所述，"主体"与"结构"的关系问题始终是西方马克思主义讨论的核心问题。

[①] 参见《马克思恩格斯全集》第 44 卷，北京：人民出版社，2001 年，第 204 页。

比岱在写作《马克思〈资本论〉研究》时主要面临着两种阐释方向：一方面，存在主义马克思主义致力于从批判资产阶级意识形态的角度强调革命主体的地位与主观意识的生成；另一方面，结构主义马克思主义把对主体的理解纳入到客观的社会结构之中，强调社会整体结构的复杂性与各层次的相对独立性，从而将历史视为"无主体的过程"。阿尔都塞影响下的比岱显然更愿意接受后一种解释路径，但他依然指出，结构主义方法论由于其内在的缺陷并没有很好地处理主体性的出现与隐含问题。①

比岱认为，《资本论》中不是没有主体与意识形态，马克思只是"试图在科学分析的意义上为它们找到一种结构性的而非结构主义的解释，为此，他遵从的是从抽象到具体的顺序"②。作为整体复杂结构的资本主义生产方式，在其结构性布展的每一个层面上都会出现一些特殊形式的主体，这些主体以不同的方式表达着自己的诉求。表面上看，这些主体无处不在，但却无处可见，他们之间缺乏内在联系，因而不具有统一性。德里达或许会说，主体性总是偏向的、不同的、分散的，但实际上，他们都为市场的生产逻辑以及资本的剥削逻辑所支配，为现代社会的政治条件所制约。具体而言，在市场逻辑中，不同主体之间以自由、平等和理性的生产与交换结合在一起；在资本逻辑中，由于各个主体在整体结构中占据不同的地位且受到现实条件的影响，他们之间的关系就表现为阶级关系。通过市场逻辑与资本逻辑的双重联结，市场关系中的个体主体与资本关系中的阶级主体也就自然地结合在一起。但这里还是存在一个问题，即马克思没有表明原先自由平等的主体关系为何会走向剥削压迫的阶级关系。

---

① 参见吴猛《当代法国哲学语境中的元结构理论——雅克·比岱访谈录》，载《国外马克思主义研究报告（2012）》，北京：人民出版社，2012年，第480页。

② Jacques Bidet, *Exploring Marx's Capital*：*Philosophical*，*Economic and Political Dimensions*，Trans. By David Fernbach，Leiden·Boston：Koninklijke Brill，2007，p. 173.

综上所述，比岱主要围绕上述四个问题探讨了《资本论》的科学方法与理论内容。他明确反对罗斯多尔斯基那种以《大纲》注释《资本论》的做法，并表明只有在结构性的分析中《资本论》更为广阔的社会政治内涵才能得以显现。不论是从《资本论》的思想史意义，还是从对比岱自身哲学思想发展的影响来看，第一个问题即市场逻辑与资本逻辑的关系问题尤为重要，其他问题都与此相关。市场逻辑与资本逻辑既相互对立又彼此连接，这意味着：其一，马克思在其论述的开端之处、在还没有进入资本本身的生产过程之前，就设想一种关于市场生产与交换的分析，它为之后的资本逻辑提供了抽象基础；其二，资本逻辑的充分发展使得市场逻辑走向自己的反面，自由平等理性的生产关系倒置为追求抽象财富积累的统治剥削关系。此时的比岱通过独特的解读方法发现了这一问题，尽管他还没有很好的解决思路，但我们依然可以做出判断，对市场逻辑与资本逻辑的关系问题的思考在极大程度上促使他后来形成自己的原创性思想，即现代性视域中的"元结构"理论。用他后来的话说，作为《资本论》抽象部分的市场逻辑隐约指涉了现代社会的"元结构"①。

二、价值概念的双重维度及其方法论意义

在经济学说史上，劳动价值论诞生于古典经济学，为马克思批判性改造，构成其"第二个伟大发现"——剩余价值理论的基石。不论是在《大纲》中马克思明确指认在"货币章"和"资本章"之前还必

---

① Jacques Bidet, *Exploring Marx's Capital*：*Philosophical*, *Economic and Political Dimensions*, Trans. By David Fernbach, Leiden · Boston：Koninklijke Brill, 2007, Author's Preface to the English Edition, p. xxi.

须引入"价值章"①，还是在《资本论》中马克思从内含于商品中的二重属性使用价值与价值出发分析资本主义生产方式的内在运动规律，价值理论始终是马克思分析资本主义商品经济的主要立足点。在比岱看来，马克思的劳动价值论是数量维度与社会政治（sociopolitical）维度的辩证统一，恰恰是后者，即将价值衡量与测算放置于特定的社会形式中，才使得马克思超越了基于纯粹价值量分析的古典经济学劳动价值论。当代围绕马克思劳动价值论与剩余价值理论的种种责难，皆是将数量维度与社会政治维度对立起来，或是从实证角度质疑价值与剩余价值的不可测算性，将其视为经济学中的"形而上学残余"，或是把对《资本论》的阐释分割为"关于数量的经济学话语和关于社会关系的社会学话语"②，以此否定剩余价值理论的科学性。因此，他首先要做的工作就是考察马克思劳动价值论的双重维度及其与古典经济学的关系问题。

劳动价值论：从古典经济学到马克思

比岱认为，从数量维度探讨商品得以交换的抽象基础尽管源自古典经济学，但它同样是《资本论》不可回避的问题。"作为解剖资本主义经济规律的科学著作，《资本论》一开始就引入了考察对象及其衡量的计算关系，即'价值实体与价值量'，这是因为只有同时满足定性与定量两个方面的要求，科学分析才是可能的。"③ 在比岱看来，马克思

---

① 《大纲》实际上是从"货币章"的论述出发的，但马克思反复指出在论述商品交换与流通之前，必须要补入作为商品交换何以可能的抽象部分，即"交换价值"。（参见《马克思恩格斯全集》第 30 卷，北京：人民出版社，1995 年，第 144、155 页。）货币问题作为揭示价值问题的突破口，马克思逐渐形成了商品二重性理论，因此他在《大纲》的末尾部分补入了"价值章"，即将商品理解为使用价值与交换价值的统一。

② Jacques Bidet, *Exploring Marx's Capital*：*Philosophical*，*Economic and Political Dimensions*，Trans. By David Fernbach, Leiden・Boston：Koninklijke Brill, 2007, p. 37.

③ Jacques Bidet, *Exploring Marx's Capital*：*Philosophical*，*Economic and Political Dimensions*，Trans. By David Fernbach, Leiden・Boston：Koninklijke Brill, 2007, p. 12.

劳动价值论超越古典经济学的地方在于，它将价值的衡量完全立足于作为特殊商品的劳动力，而并没有像斯密、李嘉图那样把价值量的最终决定权交还于市场交换中劳动力价值的货币表现（工资）。对于马克思而言，在劳资交换关系中工人出卖的不是劳动，而是他的劳动力，"劳动是价值的实体和内在尺度，但是它本身没有价值"①。当古典经济学家由于考虑到"艰辛""天赋"或"技能"的不同导致劳动数量的衡量需要交给市场和习惯裁决时，马克思将上述这些"质"的因素都包含在劳动力商品本身的丰富内容之中，由此他构筑起了能够进行数量测算的"同质性经济空间"②。

　　商品的价值何以衡量，换言之，商品经济条件下不同商品之间得以交换的抽象基础是什么？这个问题在很长一段时期内困扰着人们。暂且不论古希腊思想家亚里士多德以商品价值的货币表现作为商品交换的等同性依据，即使是近代古典经济学也仅仅是从交换的角度混同了价值与交换价值，未能从商品的交换价值中抽象出价值概念。亚当·斯密第一个明确指认一般社会劳动是价值形成的基础，他一方面批判了重商主义所持的财富来源于交换的错误观点，另一方面又纠正了重农主义认为的只有农业劳动才是创造价值的唯一源泉，主张"劳动是一切商品交换价值的真实尺度"③。然而他不加区分地使用"生产商品耗费的劳动"和"可以购买或支配的劳动"来规定价值，并且认为在资本积累和土地私有之后，商品的交换价值除了偿付劳动工资之外，还要支付利润和地租④。这样一来，他就在二元框架中提出了"三

①《马克思恩格斯全集》第 44 卷，北京：人民出版社，2001 年，第 615 页。
② Jacques Bidet, *Exploring Marx's Capital*：*Philosophical*，*Economic and Political Dimensions*，Trans. By David Fernbach, Leiden · Boston：Koninklijke Brill, 2007, p. 14.
③ [英] 亚当·斯密：《国富论》，郭大力、王亚南译，上海：上海三联书店，2009 年，第 23 页。
④ [英] 亚当·斯密：《国富论》，郭大力、王亚南译，上海：上海三联书店，2009 年，第 37—38 页。

种收入价值论"，把劳动的交换价值或工资当作商品的价值尺度。

　　与斯密相比，李嘉图在坚持劳动价值论方面更为彻底。在《政治经济学及赋税原理》的第一章"价值论"部分，他公开批评了斯密关于商品价值规定性问题的二元论倾向，认为"生产商品耗费的劳动"和"购买或支配的劳动"不能混同：前者往往能够指示他物价值的变动，是一个不变的标准；后者却是可变的，不能测定他物价值的变动①。他坚持认为交换价值决定于前者，即生产商品所耗费的劳动量，并且将价值规律推进到对资本主义社会的分析之中。然而，由于李嘉图同样是从数量交换的角度理解劳动价值论的，对创造价值的劳动缺乏社会历史性的分析，这使得他不能理解具有等同性的一般人类劳动是由资本主义社会过程决定的，因此他对商品价值量的分析与说明并没有超越斯密。

　　实际上，关于价值的实质及其衡量问题，马克思自己也经历了一个不断探索的过程。早在《哲学的贫困》时期，一方面由于对政治经济学研究的不足，另一方面也是出于批判蒲鲁东的需要，马克思高度肯定了李嘉图价值理论的贡献，并站在其立场上指认说价值量决定于劳动时间。这样一来，他就遵循李嘉图把不同性质的劳动转化为可以衡量的简单劳动与复杂劳动。但问题是，此时的马克思还没有意识到资本主义条件下劳资交换的特殊性质与价值规律的转型问题，实际上还是从交换关系和分配关系的视域来探讨个体劳动的数量，并没有意识到"必要劳动时间"必须置于现实社会生产过程中的社会劳动层面才能发挥作用。经过"伦敦笔记"的思想过渡，马克思突破了古典经济学仅仅在数量维度上展开劳动价值论的局限性，清楚地认识到资本主义生产过程中的劳资交换不是两种一般商品之间的交换，而是具有

---

① ［英］大卫·李嘉图：《政治经济学及赋税原理》，郭大力、王亚南译，南京：译林出版社，2014 年，第 3 页。

特殊历史性内容的交换，是劳动者由于失去其生产的客观条件而不得不让渡劳动产品所有权的结果。因此在《大纲》中，当马克思从交换价值的分析逐渐探索到商品二重性理论与劳动二重性理论后，他就在分析劳资交换的特殊性质时指出了衡量价值的"抽象劳动"概念的具体内涵："劳动作为同表现为资本的货币相对立的使用价值，不是这种或那种劳动，而是劳动本身，抽象劳动；同自己的特殊规定性决不相干，但是可以有任何一种规定性。"① 更进一步而言，这种"抽象劳动"的全面布展也是随着资本主义生产方式的不断发展、特别是在劳动实际上从属于资本之后才获得其普遍的意义。②

　　继而到了《资本论》第一卷，马克思通过逐步剥离内含于商品中的二重要素，以三个步骤清晰地展现了价值的实质及其衡量问题：首先，如果撇开商品的使用价值，作为劳动产品的商品就只剩下价值这一"幽灵般的对象性"；如果进一步撇开生产活动的特定性质或劳动的具体形式，各种劳动化为相同的人类劳动，形成价值实体的是无差别的人类劳动；最后，商品价值体现的是人类劳动本身，是一般人类劳动的耗费，因此商品的价值量由社会必要劳动时间所决定。③ 马克思在此处驳斥了古典经济学家将价值量的测算交由市场习惯来决定，并指出他们之所以陷入误区是因为他们仅仅从个体劳动和交换关系的维度探讨劳动价值论，而看不到"各种劳动转化为当作它们的计量单位的简单劳动的不同比例，是在生产者背后由社会过程决定的"④。实际上，"简单劳动"与"复杂劳动"概念、"复杂劳动"作为多倍的或自乘的"简单劳动"的论断都是在"抽象劳动"基础上的进一步延伸，只有在人类劳动取得等同性的现代社会，不同性质的劳动才能转化为衡量价

---

① 《马克思恩格斯全集》第 30 卷，北京：人民出版社，1995 年，第 254 页。
② 参见《马克思恩格斯全集》第 30 卷，北京：人民出版社，1995 年，第 255 页。
③ 参见《马克思恩格斯全集》第 44 卷，北京：人民出版社，2001 年，第 50—52 页。
④ 《马克思恩格斯全集》第 44 卷，北京：人民出版社，2001 年，第 58 页。

值量的"抽象劳动"。

比岱尽管高度肯定了马克思以"抽象劳动"将不同劳动的"质"转化为可以运算的"量"以此构建起"同质化经济空间"的做法，但在他看来，不论是在马克思本人的论述中，还是在传统的阐释中，都存在着含混之处和不可回避的问题。

第一，不同性质的劳动真的能够取得同一性吗？当马克思在价值理论部分以简单劳动和复杂劳动来衡量劳动数量时，他似乎直接将"抽象劳动同化为简单劳动"[1]。第二，马克思已经考虑到不同劳动价值量的衡量必须放在动态的社会过程之中，但问题是有关资本主义生产方式的内在趋势分析只是到了后面的章节才展开，而此处仅仅涉及起始表述的确定，因此在这里就将复杂劳动还原为简单劳动的想法没有解决价值量计算的实质问题。比岱指认说："可以理解的是，复杂劳动'减少'到简单劳动的问题在这里并没有减少到一个可计算的转变，而且尝试和提出它的'一般规则'是徒劳的（因为获得的收益取决于或多或少的技术创新的生产特性，而不遵循任何明确原则）。马克思在这里阐述了一个动态对象的概念，即资本主义积累的过程。他定义了一个历史决定的结构，即具有内在趋势的生产方式。因此，我们可以理解作为数量的价值定义是什么，因为它位于社会关系及其动态（在矛盾已经达到顶点的地方）的定义中，不能将其包含在测量的积极性中。"[2] 第三，在撇开具体的资本主义生产过程之后，能否说劳动力的训练成本越高，其价值量就越大，进而所生产的商品价值量就越大？或者说，"熟练劳动力在同一时间内创造更多的价值?"[3] 实际上，在

[1] Jacques Bidet, *Exploring Marx's Capital*：*Philosophical*，*Economic and Political Dimensions*，Trans. By David Fernbach, Leiden · Boston：Koninklijke Brill, 2007, p.19.

[2] Jacques Bidet, *Exploring Marx's Capital*：*Philosophical*，*Economic and Political Dimensions*，Trans. By David Fernbach, Leiden · Boston：Koninklijke Brill, 2007, p.21.

[3] Jacques Bidet, *Exploring Marx's Capital*：*Philosophical*，*Economic and Political Dimensions*，Trans. By David Fernbach, Leiden · Boston：Koninklijke Brill, 2007, p.28.

《资本论》后来的论述中，不变资本转移价值，可变资本创造价值，劳动力商品为资本所消费创造的价值量同劳动力商品本身包含的价值量并没有直接联系，此种谬误的根源在于"视可变资本为不变资本"①。

基于上述质疑，比岱给出了自己的观点："不同于奈格里在超越定量的意义上直接把劳动价值论引申为阶级斗争理论，'劳动力价值'范畴远非《资本论》科学阐释的试金石。"② 在他看来，不同性质的劳动只有在资本关系的动态趋势中才有转化为人类一般劳动的可能，社会必要劳动时间也离不开特殊资本主义生产方式的确立与发展。也就是说，作为《资本论》抽象部分的劳动价值论仅仅起到了制定表述起点的作用，只是到了资本的生产过程中、特别是在论述了劳动对资本的从属关系由形式从属发展为实际从属后，马克思才在真正意义上展现了基于社会劳动的价值量衡量问题。这体现在《资本论》第五篇"绝对剩余价值和相对剩余价值的生产"中。在此处，马克思以"工作日长度/劳动强度/劳动生产力"三个因素作为衡量剩余价值的相对量，取代了原先价值理论部分规定的"劳动者技能/劳动强度/劳动生产力"这三个变量，其结果是，"劳动者技能"、不同劳动的"质"消失了③。这是因为，资本主义条件下资本消费劳动力商品创造剩余价值，个体劳动已经转化为社会劳动，劳动的社会生产力表现为资本的生产力。特别是随着特殊资本主义生产方式的出现，劳动的技术过程和社会组织发生彻底的革命，单个工人的劳动技能在剩余价值生产过程中已经不再具有决定性意义，价值增殖主要依靠总体工人即结合劳动力。

比岱指出，只有当马克思把劳动价值论推进至此，即在价值理论

---

① Jacques Bidet, *Exploring Marx's Capital*：*Philosophical*, *Economic and Political Dimensions*, Trans. By David Fernbach, Leiden·Boston：Koninklijke Brill, 2007, p. 26.

② Jacques Bidet, *Exploring Marx's Capital*：*Philosophical*, *Economic and Political Dimensions*, Trans. By David Fernbach, Leiden·Boston：Koninklijke Brill, 2007, p. 12.

③ Jacques Bidet, *Exploring Marx's Capital*：*Philosophical*, *Economic and Political Dimensions*, Trans. By David Fernbach, Leiden·Boston：Koninklijke Brill, 2007, p. 29.

与剩余价值理论的内在联结中，以"抽象劳动"衡量价值的思考才是完整的。马克思对古典经济学劳动价值论的超越体现在他严格区分了"劳动力"与"劳动力的价格"、"劳动力价值"与"价值生产"的不同，将李嘉图等人诉诸"工资"的讨论还原为劳动力商品本身，进而在资本主义生产过程中考察劳动力商品的特殊作用①。从更深的层次来看，古典经济学虽然也涉及"政治"，但这种"政治"只是外在维度上的政治分配关系，其主体思路仍然是从个体劳动与数量交换出发讨论价值的实质及衡量；马克思的贡献在于，他将价值理论严格地推进到了政治与经济相联结的社会领域，从社会劳动层面展开自己的理论分析，由此实现了政治与经济的内在统一。正因如此，《资本论》中的价值概念不仅仅是经济学概念，更是社会政治概念。

价值概念的社会政治内涵

我们看到，比岱通过指明仅仅在经济学维度上理解价值理论的局限性，并强调特定的社会生产逻辑之于价值概念的重要性，从而打开了马克思劳动价值论的社会政治维度。然而，光是提出质疑与摆明自己的观点是不够的，严肃的分析还必须从《资本论》的文本内容与内在逻辑出发，为阐明的观点提供理论支撑。在比岱看来，《资本论》第一卷的阐述对象大体上可以分为两个部分，即抽象的市场生产环境与具体的资本生产过程。强调后者为社会政治关系是不足为奇的，关键的问题是为什么作为前者基础的价值理论必须要在后者的内在趋势中予以实现？两者之间的内在联系是什么？一旦割裂了两者之间的联系，"关于马克思劳动价值论与剩余价值理论的解释又会退回到经济学话语

---

① Jacques Bidet, *Exploring Marx's Capital*: *Philosophical*, *Economic and Political Dimensions*, Trans. By David Fernbach, Leiden · Boston: Koninklijke Brill, 2007, p. 30.

与社会关系话语的相互割裂"①。因此，他的想法是，必须要在市场逻辑与资本逻辑的相互关系中考察劳动价值论。比岱指出，马克思在《资本论》中沿着"劳动力价值/货币/资本"这一中轴线构筑起了资本主义生产过程的具体脉络，恰恰是在这一脉络中，价值概念获得了社会化的性质。为此，他主要从以下两个方面展开对价值概念社会政治内涵的论述。

第一，商品经济条件下作为价值实体的一般人类劳动不仅仅是自然生理支出，还受到市场规律的约束。换句话说，社会必要劳动时间衡量价值大小，意味着凝结在商品中的劳动耗费是强制性社会对抗的产物。比岱指认说："劳动时间不是物理时间：强度使得持续时间发生了质变。市场规定社会必要时间决定了劳动支出是强制性社会对抗下的产物。因此，抽象劳动对价值的定义不仅打开了同质性的经济空间，易于定量分析，它也同时打开了阶级斗争的空间。"②

上面的分析中已经提及，尽管劳动价值论源自古典经济学家，但他们对此理解并不彻底。斯密在《国富论》第五章考察"商品交换价值的真实尺度"时，一方面指认了劳动是商品得以交换的基础与交换价值的尺度，另一方面又因为不同性质劳动之间交换比例难以衡量，最终将交换价值的决定权还给市场。在这里，他引入了"艰辛""天赋"等概念，实际上就是在社会分工的大前提下从具体劳动角度考察不同性质的劳动。但是，由于斯密未能从"交换价值"中抽象出"价值"，他也就不能像马克思那样撇开"具体劳动"的特殊性质进入"抽象劳动"的视域，而只能把价值量的衡量置于外部的市场习惯。③ 李嘉

---

① Jacques Bidet, *Exploring Marx's Capital*：*Philosophical*，*Economic and Political Dimensions*，Trans. By David Fernbach, Leiden · Boston：Koninklijke Brill, 2007, p. 37.

② Jacques Bidet, *Exploring Marx's Capital*：*Philosophical*，*Economic and Political Dimensions*，Trans. By David Fernbach, Leiden · Boston：Koninklijke Brill, 2007, pp. 70－71.

③ 参见［英］亚当·斯密《国富论》，郭大力、王亚南译，上海：上海三联书店，2009年，第24页。

图在批判斯密劳动价值论二元性的基础上往前进了一步。在 1823 年《绝对价值和交换价值》手稿中，他提出了一个非常重要的方法论假设：任何商品除了交换价值外，都存在着一个不变的自然标准，即劳动。李嘉图尽管在经济学的实际操作中也像斯密那样将"价值"交由外部的市场价格决定，但他倾向于把劳动理解为价值的客观基础，并在相对价值的浮动中寻求不变的东西。在《政治经济学及赋税原理》的第一章中，李嘉图指出："决定诸商品相对价值的，是劳动所能生产的商品量的大小，不是报酬劳动的商品量大小。"[1] 这样一来，他就在坚持价值决定于劳动时间理论上做出了比前人更为彻底的分析。然而，李嘉图最为根本的缺陷是把资本主义生产方式看作是天然的、合理的、永恒的，由此导致他脱离具体的社会历史阶段去分析资本主义各经济范畴的内在规定，从而把劳动创造价值、劳动衡量价值也视为天然的和永恒的。

在比岱看来，马克思在价值理论上突破古典经济学的重要支点，就是他把资本主义生产方式看作是一种具有特殊规定性的社会形态，从而将与资本主义社会形态相适应的各经济范畴置于实际的资本主义社会规范之中。他指出："从李嘉图肯定人们拥有力量，到马克思分析这种力量的耗费，这两者之间的细微差别虽然不易察觉，但却具有决定性意义。正因如此，劳动力的行使不仅是自然的而且是社会的。"[2]如果说在《大纲》的一些段落中，马克思还把形成价值实体的积极创造性活动与"牺牲"相对立，那么《资本论》则严格建立起了以一般人类劳动耗费为基础的"抽象劳动"与作为有用劳动生产使用价值的"具体劳动"相统一的劳动二重性理论，将构成价值实体的劳动耗费视

---

[1] ［英］大卫·李嘉图：《政治经济学及赋税原理》，郭大力、王亚南译，南京：译林出版社，2014 年，第 4 页。

[2] Jacques Bidet, *Exploring Marx's Capital*：*Philosophical*，*Economic and Political Dimensions*，Trans. By David Fernbach, Leiden·Boston：Koninklijke Brill, 2007, p. 43.

为积极因素①。从《大纲》到《资本论》的这一转变，或者说把"牺牲"从抽象劳动的意义中驱逐出去，实际上代表着马克思理论思路的转变——从个体劳动转向社会劳动。比岱进而分析说："价值和抽象劳动还没有确立起任何明确的阶级关系，但是强度问题已经使持续时间和劳动发生了质变，'社会必要时间'只能是社会调节下的一种支出。这使我们回归任何社会具体的社会支出调节原则，换句话说就是阶级关系。因为支出问题立即引起了社会对支出的强迫。"②

　　比岱想要阐明的意思是，《资本论》中的价值概念不是一个形而上学的抽象范畴，它是商品经济的产物，更确切地说，只有当人类劳动在现代资本主义生产方式中取得等同性后，它才从商品的交换关系中浮现出来。作为衡量价值的社会必要劳动时间体现着特定社会生产方式的规范和原则，一旦涉及劳动耗费问题，社会劳动生产力马上就会发挥强制的影响。因此，比岱指认说，马克思以"抽象劳动"为基础给价值下定义的这一做法"不仅打开了便于价值量测算的经济学空间，它同时也标明了政治维度上特定的社会关系空间"③。进一步而言，恰恰是后者的存在，即特定的社会阶级关系才使得前者的经济学测算获得了合法性基础。如果具体到资本主义社会，那么此种社会关系的主要表征就是以劳资对抗为基础的阶级关系。

　　值得注意的是，比岱虽然指认说作为《资本论》抽象基础的市场生产逻辑蕴含着阶级斗争的内容，但在他看来，马克思的用意不在于从简单到复杂、从抽象到具体解决阐述方式的问题，而是为我们提供了阶级斗争的双重阐释路径，这是在对《资本论》的传统阐释中被忽

---

① Jacques Bidet, *Exploring Marx's Capital*：*Philosophical*, *Economic and Political Dimensions*, Trans. By David Fernbach, Leiden · Boston：Koninklijke Brill, 2007, p. 40.

② Jacques Bidet, *Exploring Marx's Capital*：*Philosophical*, *Economic and Political Dimensions*, Trans. By David Fernbach, Leiden · Boston：Koninklijke Brill, 2007, pp. 43 – 44.

③ Jacques Bidet, *Exploring Marx's Capital*：*Philosophical*, *Economic and Political Dimensions*, Trans. By David Fernbach, Leiden · Boston：Koninklijke Brill, 2007, p. 45.

略的。比岱认为，在《资本论》第一卷的整体框架中，价值理论主要论述的是商品经济的合理性与商品交换者之间的平衡问题，与价值相关的是一般人类劳动耗费，而不是劳动力商品在资本逻辑中的整体运动过程，没有涉及劳动力的生产与再生产。它不是在描述前资本主义社会的商品关系，也不是在具体的资本主义生产过程中论述劳资矛盾的阶级关系，而是在一般的社会劳动层面指认价值生产的社会政治基础。

第二，"劳动耗费"转化为"劳动力消费"是"货币转化为资本"的一个重要方面。资本吸收劳动力商品生产剩余价值，个体劳动者的一般劳动过程由此转化为雇佣工人的雇佣劳动过程，这体现着资本主义生产方式的典型特点，即强制生产与阶级统治。因此，"雇佣劳动是马克思经济理论中的政治范畴，它蕴含着特定资本主义生产方式的社会政治关系。"[1]

在价值理论部分，比岱将"劳动耗费"视作核心术语，并认为可以通过它将价值的经济学维度与社会政治决定结合在一起。然而，这还仅仅停留于市场生产逻辑的论述，并未涉及具体的资本主义生产过程。在资本主义条件下，"劳动耗费"是与特定的资本主义生产方式结合在一起的，脱离了雇佣劳动关系，价值生产（剩余价值生产）仍然处在思维抽象的层次。比岱进而指出，事实上，当马克思在论述"货币转化为资本"时，他有意识地将"劳动耗费"推进为"劳动力消费"[2]，从而在具体的资本逻辑中证明了价值生产必须依赖劳资关系的阶级基础。换言之，是资本主义雇佣劳动关系的强制性决定了劳动力商品或雇佣工人必须以如此的方式生产剩余价值。由此出发，作为资

---

[1] Jacques Bidet, *Exploring Marx's Capital*：*Philosophical*，*Economic and Political Dimensions*，Trans. By David Fernbach, Leiden · Boston：Koninklijke Brill, 2007, p. 49.

[2] Jacques Bidet, *Exploring Marx's Capital*：*Philosophical*，*Economic and Political Dimensions*，Trans. By David Fernbach, Leiden · Boston：Koninklijke Brill, 2007, p. 45.

本主义生产方式根本特征的剩余价值生产不仅仅是经济学意义上的价值增殖过程，还是为具体的劳资关系所决定的阶级斗争空间。

在比岱看来，李嘉图虽然提及价值量决定于耗费的劳动时间，并且在地租理论的考察中隐约探求到"必要劳动量"，但他主要还是在交换领域或分配关系领域言说"劳动价值"问题，未能推进到生产领域。换言之，生产语境中作为强制性因素的雇佣关系在李嘉图的理论体系中是缺席的，当他沉迷于价值量大小的分析时，没有考虑到"劳动耗费"在资本主义条件下的特殊规定性，从而也看不到价值规律转型以及剩余价值的产生原因。对于李嘉图而言，关于资本主义生产方式天然合理性的认定使得他在某种意义上将"经济"视为具体社会对抗之外的中立领域，他不懂得资本主义生产方式的剥削性质恰恰隐藏于看似自由平等的劳资交换中、隐藏在资本消费劳动力商品的生产过程中。与之不同，马克思将劳动价值论严格地推进到了生产领域，他从资本主义生产过程的角度厘定了劳动价值论的基本内涵及其在劳资交换关系中的特殊表现，以此阐明剩余价值生产是资本主义生产方式的固有特征。因此，比岱指认说："从《大纲》到《资本论》，马克思使用'经济'这个术语指称'特定生产方式的社会关系内容'，在这里，作为资本主义社会关系基础的劳资对抗关系是历史唯物主义的主要研究对象，它创造了一种前所未有的新话语，从而实现了政治与经济的真正联结。"①

比岱还提及，在古典经济学与马克思政治经济学批判之间起承前启后作用的是黑格尔哲学。一方面，黑格尔将经济学、伦理学、政治学等原先并不关联的话语体系融合在自己包罗万象的哲学体系中，其目的是以绝对观念的历史演进走向普遍的世界历史，他的哲学方法论

---

① Jacques Bidet, *Exploring Marx's Capital：Philosophical，Economic and Political Dimensions*, Trans. By David Fernbach, Leiden · Boston：Koninklijke Brill, 2007, p. 47.

给马克思以极大的启示；另一方面，就论述劳资交换关系而言，黑格尔也在某种意义上比古典经济学往前进了一步。① 在《法哲学原理》第 67 节中，黑格尔在卢梭对"奴役契约"批判的前提下，指认了雇佣关系中劳动力与其所有权之间的关系，他说："我可以把我身体和精神的特殊技能以及活动能力的个别产品让与他人，也可以把这种能力在一定时间上的使用让与他人，因为这种能力由于一定限制，对我的整体和普遍性保持着一种外在关系。"② 黑格尔在这里其实隐约指涉到资本主义条件下劳资交换的特殊性质，虽然他没有"劳动力商品"概念，但已经超越了古典经济学仅仅在交换关系维度上探讨劳动数量的努力。然而，黑格尔的局限性是，他仅仅把劳动力的使用与劳动力本身的分离看作是"外在的联系"，从而把雇佣劳动视为超越奴役契约的自由劳动形式，根本原因在于他同李嘉图一样，不了解资本主义交换关系与生产过程的实质内容。

我们看到，强调把经济过程置于特定的社会政治形式中加以思考是比岱解读思路的突出方面。这一政治式的解读思路，即强调资本主义生产以及一般商品生产都蕴含政治内容的观点，也为比岱日后从"元结构"视域出发剖析现代性问题奠定了思想基础。但这里有必要说明的是，比岱所谓的价值概念的社会政治内涵以及剩余价值概念的社会政治内涵究竟有何不同，以及资本主义生产到底是如何实现对雇佣劳动的支配和统治的。

实际上，在《大纲》论述劳资交换的特殊性时，马克思就已经清楚地区分了交换过程与生产过程，他指出："在资本和劳动的交换中第一个行为是交换，它完全属于普通的流通范畴；第二个行为是在质上

---

① 参见 Jacques Bidet, *Exploring Marx's Capital：Philosophical，Economic and Political Dimensions*, Trans. By David Fernbach, Leiden · Boston：Koninklijke Brill, 2007, p. 48。

② Jacques Bidet, *Exploring Marx's Capital：Philosophical，Economic and Political Dimensions*, Trans. By David Fernbach, Leiden · Boston：Koninklijke Brill, 2007, pp. 47 - 48. 译文参考 [德] 黑格尔《法哲学原理》，范扬、张企泰译，北京：商务印书馆，2013 年，第 75 页。

与交换不同的过程，只是由于滥用字眼，它才会被称为某种交换。"①
也就是说，劳资交换不仅仅是一般商品之间的简单交换关系，而且具
有自身独特的丰富内容。当考察的视域从交换领域延伸到生产过程之
后，它的特殊性质即剩余价值生产的本性立即会显露出来。在《资本
论》中，马克思说价值增殖的秘密"必须在流通领域中，又必须不在
流通领域中"②，导致这一结果的原因恰恰是劳资交换的特殊性与劳动
力商品的使用价值。资本与劳动力商品交换的前提是，对于劳动力商
品而言，它由于失去客观的生产条件而不得不出卖一定的劳动时间；
对于资本而言，劳动力商品具有特殊的使用价值即成为价值增殖的手
段。如果说在交换关系领域，工人作为劳动力商品的占有者对自身的
劳动能力还有所有权，那么一旦从交换过程转入生产过程，即资本消
费劳动力商品、指挥雇佣劳动生产剩余价值的过程，工人就将自己劳
动力的所有权与支配权交由资本占有。因而清楚的是，价值概念的政
治内涵不同于剩余价值概念的政治内涵，是特定的资本主义生产关系
决定了资本具有对雇佣劳动的支配权。

劳动力价值与国家形式

比岱尽管不是以历史辩证法来理解《资本论》的内在阐述逻辑，
但他同样认为在价值衡量与价值生产这二者之间存在着内在联系，它
们都反映资本主义的社会政治基础。在市场生产逻辑中，马克思基于
抽象劳动形成的基础性社会结构强调普遍市场法则，这使得价值概念
获得了社会政治内涵；在资本的生产逻辑中，马克思从劳资交换的特
殊性出发考察了交换过程与生产过程的转化关系，由此在后者中揭示
出资本对劳动力商品的指挥权与支配权。在比岱看来，马克思正是通

①《马克思恩格斯全集》第30卷，北京：人民出版社，1995年，第233页。
②《马克思恩格斯全集》第44卷，北京：人民出版社，2001年，第194页。

过将社会政治维度引入对特定生产方式的思考，从一般商品交换关系推进到资本主义生产过程，才超越古典经济学揭示出资本主义生产方式的本质特征。因此，社会政治关系是《资本论》各经济范畴的内在维度，这也使得我们可以在生产关系内部思考"国家形式"①。

比岱进而指出，马克思从来没有撇开社会政治关系单独研究资本主义生产方式，即使是在唯物史观创立之前，他的思考主题也是"政治异化"。当然，不同时期马克思对社会关系深层内涵的理解是不尽相同的，这既取决于他的政治经济学研究水平，又关系到"总问题"即哲学方法论的变革。早在《詹姆斯·穆勒〈政治经济学原理〉一书摘要》（以下简称《穆勒评注》）中，由于彼时马克思初涉政治经济学，他在主体思路上还是跟随着古典经济学以一般商品交换关系理解资本主义生产过程，但当他从对象化劳动出发批判现实资本主义条件下工人劳动的异化性质时，实际上已经将社会关系的线索引入自己的思考中。从《神圣家族》到《哲学的贫困》，尽管马克思还没有制定科学的价值理论与剩余价值理论，但他始终在社会关系的层面理解交换价值的本质，对蒲鲁东的批判就是最好的说明。到了《资本论》及其手稿中，马克思以唯物史观考察特定生产方式的运动规律，从而在一般商品生产与资本主义生产两个层次上揭示了价值规定的社会性与剩余价值生产的阶级对抗性。

然而，值得提及的是，比岱视域中的《大纲》与《资本论》虽然都把对资本主义经济规律的分析置于社会政治关系之中，但它们的论证方式有所区别。在他看来："《大纲》的抽象基础不是《资本论》所确立的'抽象劳动与具体劳动'这对范畴，而是《穆勒评注》，即物

① Jacques Bidet, *Exploring Marx's Capital*: *Philosophical*, *Economic and Political Dimensions*, Trans. By David Fernbach, Leiden · Boston: Koninklijke Brill, 2007, p. 67.

化。"① 如此一来，《大纲》就将具体的劳资对抗关系置于市场逻辑部分加以阐发，从货币的抽象性中直接引申出资本的自我增殖性，这属于目的论的秩序范畴。比岱指认说："我仅限于一点：《大纲》'货币章'所发展的'政治'范畴在《资本论》中被划归为特定的资本主义关系，其带来的影响是商品关系（第一部分）成了严格的'技术'阐述对象。"②《资本论》则相反，它建立起一般商品生产与具体资本生产两套严格的话语体系。在前者的逻辑中，个人劳动只有化为社会劳动的具体单位才能发挥作用，但还不涉及具体的劳资对抗关系；只有到了后者中，当劳动力商品成为资本家的消费对象，阶级对抗与政治统治关系才真正确立起来。"这种矛盾只是作为特殊商品的劳动力的引入而发展起来的：属于劳动的具体目标以及属于资本结构的剩余价值的抽象目标之间。是'生产方式'决定了矛盾的发展原则。商品生产的抽象社会环境不是一种生产方式。"③

由此便带来一个问题：市场逻辑的社会强制与资本逻辑的阶级统治，与之相对应的，价值衡量的劳动耗费与价值生产的劳动力消费，这两者之间的内在联系究竟是什么？进一步而言，作为政治权力集中表现形式的"国家"在其中扮演着什么样的角色？比岱指认说："通过揭示价值概念的社会政治内涵可以使我们从生产关系内部去思考国家的作用，而不是像传统马克思主义那样在经济基础与上层建筑的二元框架中割裂经济与政治的关系。"④ 在他看来，当前关于"国家衍生"问题的争论已经触及上述内容，并试图从两个方向上推进"国家"与

① Jacques Bidet, *Exploring Marx's Capital*：*Philosophical*，*Economic and Political Dimensions*，Trans. By David Fernbach, Leiden · Boston：Koninklijke Brill, 2007, p. 59.
② Jacques Bidet, *Exploring Marx's Capital*：*Philosophical*，*Economic and Political Dimensions*，Trans. By David Fernbach, Leiden · Boston：Koninklijke Brill, 2007, p. 60.
③ Jacques Bidet, *Exploring Marx's Capital*：*Philosophical*，*Economic and Political Dimensions*，Trans. By David Fernbach, Leiden · Boston：Koninklijke Brill, 2007, p. 61.
④ Jacques Bidet, *Exploring Marx's Capital*：*Philosophical*，*Economic and Political Dimensions*，Trans. By David Fernbach, Leiden · Boston：Koninklijke Brill, 2007, pp. 67 - 68.

"资本"关系问题的思考："其一，将国家定义为资本家阶级的统治场所，它的存在或是为了和解不同利益集团间的冲突以达成国家层面的统一，或是为了实现大资本家的垄断统治，或是为了应对不同阶段上出现的危机、矛盾与问题。其二，将国家视为不同阶级之间既对抗又取得暂时性平衡的政治形式，之所以能够平衡，是因为资产阶级的统治需要取得工人阶级的认同，但从根本上说，国家形式中蕴含着特定社会的决定性矛盾。"① 比岱显然赞成后一种观点。因为在他看来，前者仍然把政治仅仅理解为经济的表现，从而把国家当作经济的外部因素，而没有在《资本论》更为复杂的论述对象与阐述方式中发现国家的实质作用。

他的观点是，国家并非不同阶级之间利益调解的场所，恰恰相反，它是"妥协"的场所，以"雇佣劳动"为特征的劳资关系构成了国家统治介入经济过程的基础②。马克思之所以要在论述具体的资本生产过程之前引入一般商品生产的市场逻辑，其目的是阐明资本主义生产方式赖以存在的抽象生产原则，即普遍的社会强制。这里占主导地位的是"妥协"，即个体劳动者默许或不得不接受市场法则作用于自身，它成为资本主义具体生产过程的前提。一旦"劳动耗费"在劳资交换条件下转化为"劳动力消费"，资本家便取得了对劳动力商品的使用权与支配权，从而确立起阶级统治。与市场逻辑的情况相同，劳资交换、进而资本消费劳动本身同样需要工人阶级的认可，此种认可必定不是发生在个体劳动者身上，而是建立在以"雇佣劳动"为特征的国家形式中。一句话，在比岱看来，社会政治关系及国家理论构成了马克思劳动价值论与剩余价值理论的深层言说背景，正是在从抽象到具体的

① Jacques Bidet, *Exploring Marx's Capital*：*Philosophical*，*Economic and Political Dimensions*，Trans. By David Fernbach, Leiden · Boston：Koninklijke Brill, 2007, p. 68.
② Jacques Bidet, *Exploring Marx's Capital*：*Philosophical*，*Economic and Political Dimensions*，Trans. By David Fernbach, Leiden · Boston：Koninklijke Brill, 2007, p. 70.

论述环节中，《资本论》展现出它自身固有的"政治经济学"。

论述至此，我们有必要对比岱的上述观点做一个简短的评价。针对当时西方一些学者仅仅从数量计算维度展开对马克思劳动价值论的种种非难，比岱通过强调"价值"概念双重维度的内在统一对此进行了有力的回击。更为重要的是，他以价值衡量与价值生产的内在联系（从"劳动耗费"转化为"劳动力消费"）为基础揭示出马克思正是由一般生产过程推进至资本主义生产过程才阐明了资本主义条件下劳资交换的特殊性质与价值规律转型问题，这是极为深刻的。他试图阐明，"价值""资本"等范畴在《资本论》中获得了不同于古典经济学的全新内涵，它们是历史唯物主义创造的新话语。如果仅仅站在传统经济学的语境中理解这些概念，那它们只能作为"半概念"①。事实上，当阿尔都塞提出以"症候阅读法"开启《资本论》的哲学解读时，他表达的也是这种意思，"概念已经存在于著作中，但是它是以完全不同于概念形式的形式出现的"②。关键的问题是，要以马克思的"总问题"考察这些概念的新内容以发现《资本论》的真正论述域。

当然，在比岱的具体论述中也存在着一些细节问题。譬如说，当他专注于从数量维度出发分析马克思价值理论的所谓缺陷时，他实际上混同了"商品"、"价值"与"交换价值"等概念。马克思是从价值与使用价值相统一的角度来论述其起始概念"商品"范畴的。为了分析价值，马克思撇开了商品的使用价值，从价值的表现形式即交换价值中抽象出作为相同人类劳动的价值③。比岱不清楚，作为"幽灵般对象性"的价值在现实资本主义经济生活中无法独立存在，它必须以交

---

① Jacques Bidet, *Exploring Marx's Capital*：*Philosophical*，*Economic and Political Dimensions*，Trans. By David Fernbach, Leiden · Boston：Koninklijke Brill, 2007, p.56.

② [法]路易·阿尔都塞、[法]艾蒂安·巴里巴尔：《读〈资本论〉》（第二版），李其庆等译，北京：中央编译出版社，2017年，第48—49页。

③《马克思恩格斯全集》第44卷，北京：人民出版社，2001年，第50—51页。

换价值的形式表现出来，在商品与商品之间的交换关系中表现出来。①
与此相关联的是，他也分不清"抽象劳动与具体劳动""简单劳动与复
杂劳动"。这两对范畴不处于同一个话语体系中，简单劳动和复杂劳动
实际上都是在抽象劳动基础上的延伸。然而，仅仅停留于指认细节问
题是不够的，比岱最根本的问题是解读方法的问题，即他不是从历史
辩证法来理解《资本论》的。他无法清楚地阐明他所谓的"市场逻辑"
与"资本逻辑"之间究竟是以何种方式构成内在的联系，资本主义生
产过程的内在规律究竟是怎样从抽象发展为具体的，他仅仅是将抽象
当作具体的前提做一个外部的论证。我们可以在下面其他问题的论述
中进一步发现比岱的上述特点，并做出相关回应。但无论如何，他的
创造性误读也为他日后从"元结构/结构"出发探讨现代性问题奠定了
思想基础。

三、阶级关系与具体的资本主义生产关系

在当代政治式解读《资本论》的思潮中，通过某种核心要素（商
品形式或货币形式）来彰显《资本论》的革命主体性与阶级斗争维度
是较为普遍的。② 但是，比岱并未由此入手展开相关分析，而是始终结
合《资本论》对具体资本主义生产过程的阐述来思考工人革命斗争的
理论依据。既然比岱认定《资本论》的主要概念不仅仅是经济学概念，
而且是社会政治概念，其论述对象不仅仅是资本自我增殖的经济运动
过程，而且是内含劳资关系与阶级斗争的具体政治情境，那么他接下
来的任务就要阐明此种阶级对抗的逻辑基础与发展趋势。为此，劳动

---

① 参见《马克思恩格斯全集》第 44 卷，北京：人民出版社，2001 年，第 61 页。
② 参见唐正东《深化中国〈资本论〉研究的方法论自觉——国际学界对〈资本论〉的政治式
   阅读及其评价》，《哲学动态》2017 年第 8 期。

力价格理论和生产劳动学说就成为比岱分析的侧重点。比岱认为，劳资交换关系不同于一般商品交换关系，劳动力市场也不是一般性竞争市场，它们都是阶级关系的负载物，因而劳动力的价值与价格不处于本质与现象的辩证关系中，后者是特定历史情境的阶级斗争话语。与此同时，马克思生产劳动学说之所以重要，是因为它不仅阐明了由剩余价值的生产所主导的资本增殖结构，而且还在生产力与特定生产关系的矛盾运动中进一步揭示出资本主义发展的历史趋势，这是分析当代资本主义社会阶级构成的理论基石。在比岱看来，马克思批判理论的伟大意义在于其揭示了资本主义社会的基本矛盾和发展趋势，但这并不能证明资本主义的历史趋势必然产生无产阶级革命。趋势的复杂性与多样性促使多元重组成为可能，工人阶级在此意义上是政治革命的战略范畴。

劳动力价格或工资：阶级斗争的话语

按照罗斯多尔斯基的解释，马克思写作《资本论》从原先的"六册计划"转变为最终呈现的"四卷结构"，其中很重要的一个修正在于他将"土地所有制"与"雇佣劳动"两个分册并入了"资本"篇，其中"雇佣劳动"部分的内容转化为《资本论》第一卷的"工资篇"，而关于"土地所有制"的论述则被揉进了《资本论》第三卷"资本主义生产总过程"。① 这体现了马克思对资本主义生产方式的认识深化过程，由此他从抽象上升到具体再现了资本的内在运动规律。土地所有制尽管出现于资本主义生产方式之前，但现代地租却只是后者的产物，是资本主义生产方式的社会历史性赋予了土地所有制全新的内容。因此，只有说明了资本的内在本质才能分析现代地租的性质。同样，"雇佣劳

---

① 参见［联邦德国］罗曼·罗斯多尔斯基《马克思〈资本论〉的形成》，魏埙等译，济南：山东人民出版社，1992年，第60—61页。

动"是资本内在运动过程中不可分割的部分，剩余价值的生产与再生产、资本关系的生产与再生产都离不开资本与雇佣劳动的相互作用与内在联系。于是在《资本论》第一卷中，当马克思清晰阐明劳资交换的特殊性质以及剩余价值生产的实质过程后，他就能够为我们揭示出"工资"的本质：工资不过是劳动力价值或价格的转化形式，它掩盖了工人作为消费的劳动力商品在雇佣劳动中为资本家创造剩余价值这一事实①。

　　比岱的观点与之不同，在他看来，马克思写作计划的调整代表着他理论思路的根本性转变，这尤其体现在劳动力的价值与价格问题上。就原先计划将"资本"与"雇佣劳动"单独分篇而言，马克思实际上提供了两种不同的"工资"话语体系：在"资本"篇中，马克思假定劳动力是按其实际价值出售的，撇开了市场因素的外部影响；而到了"雇佣劳动"篇中，他则会进一步考察劳动力市场上"工资"的实际运动情况。"这一构思既遵循了黑格尔逻辑学中关于本质与现象的区分，即基于劳动力价值之本质进而考察劳动力价格之现象，也反映了马克思对'最低工资'的判断。"② 比岱认为，在《1863—1865 年经济学手稿》之前，马克思都倾向于把"工资"定位为"最低工资"，劳动力价值的下降导致其价格的降低，进而在劳动力市场的竞争中表现为"工资"的最低限度。《资本论》阐述结构的最终呈现与放弃这一判断紧密联系在一起，因为马克思不再把劳动力的价值与价格置于本质与现象的逻辑中，而是在劳资关系与阶级斗争的具体社会过程中思考两者的关系。换言之，以雇佣劳动为特征的资本主义生产过程不是资本家单方面的阶级剥削与统治过程，而是工人与资本家之间的阶级斗争过

---

① 参见《马克思恩格斯全集》第 44 卷，北京：人民出版社，2001 年，第 619 页。
② Jacques Bidet, *Exploring Marx's Capital*：*Philosophical*，*Economic and Political Dimensions*，Trans. By David Fernbach, Leiden・Boston：Koninklijke Brill, 2007, p. 76.

程。① 为此，比岱主要从以下三个方面展开论述。

首先，劳资交换关系不同于一般商品交换关系，它是阶级关系，因此劳动力的价值与价格必须置于阶级斗争的语境中加以考察。比岱认为，马克思在《资本论》中突破了"最低工资"范畴，从正常值（normal，以 N 表示）和最低值（minimum，以 M 表示）两个基点出发考察劳动力价值的变化。M 表示劳动力商品再生产自身所需要的生活资料的最低限度，而 N 代表着雇佣工人维持和再生产自身的"绝对必要"。但是，"所谓必不可少的需要的范围，和满足这些需要的方式一样，本身是历史的产物，因此多半取决于一个国家的文化水平……和其他商品不同，劳动力的价值规定包含着一个历史的和道德的要素"②。也就是说，N 是超越了最低限度意义上相对自主的因素，它不是纯粹资本关系生产与再生产的附带产物，而是阶级对抗关系的历史结果，其直接反映就是工人阶级为要求正常工作日进行的斗争。③ 在这里，比岱援引了马克思的原话为自己的观点证明："权利同权利相对抗，而这两种权利都同样是商品交换规律承认的。在平等的权利之间，力量就起决定作用。所以，在资本主义生产的历史上，工作日的正常化过程表现为规定工作日界限的斗争，这是全体资本家即资本家阶级和全体工人即工人阶级之间的斗争。"④ 在他看来，由相对剩余价值生产所主导的劳动力价值下降不能直接对应于劳动力价格的减少，马克

---

① Jacques Bidet, *Exploring Marx's Capital：Philosophical, Economic and Political Dimensions*, Trans. By David Fernbach, Leiden・Boston：Koninklijke Brill, 2007, p. 76.

② Jacques Bidet, *Exploring Marx's Capital：Philosophical, Economic and Political Dimensions*, Trans. By David Fernbach, Leiden・Boston：Koninklijke Brill, 2007, p. 78. 引文参考《马克思恩格斯全集》第 44 卷，北京：人民出版社，2001 年，第 199 页。

③ 参见 Jacques Bidet, *Exploring Marx's Capital：Philosophical, Economic and Political Dimensions*, Trans. By David Fernbach, Leiden・Boston：Koninklijke Brill, 2007, pp. 79 - 80。

④ Jacques Bidet, *Exploring Marx's Capital：Philosophical, Economic and Political Dimensions*, Trans. By David Fernbach, Leiden・Boston：Koninklijke Brill, 2007, p. 180. 引文参考《马克思恩格斯全集》第 44 卷，北京：人民出版社，2001 年，第 272 页。

思在《资本论》第一卷中对劳动力价值与价格的分析始终建立在特定的劳资矛盾基础上，是工人与资本家在不同阶段上的力量对比关系决定了劳动力价格和工资的具体情况。

其次，劳动力市场不是一般性竞争市场，其本身就是阶级关系的负载物。如果按照本质与现象的辩证关系来理解劳动力价值与价格这对范畴，那么自然会把前者作为基础，后者围绕前者在市场供求影响下上下波动。但问题是，劳动力商品与一般商品不同，不同阶级的关系问题就隐藏在"价格"之中。《资本论》第三卷关于"生产价格"的论述只是涉及剩余价值在资本家阶级中的再分配问题，而劳动力价格却有着更为丰富的内容，它需要考虑直接生产过程中工人与资本家之间的分配。比岱指出："劳动力市场是一种特殊的类型，在其中劳动力商品不仅受市场供需条件的影响，而且受到其组织自身成为一个相对统一力量的限制，即将自己构成为一个阶级，这就是为什么市场关系成为阶级关系。"[1] 由此出发，他分析了劳动力的价值和价格在"正式贬值"和"实际贬值"中的状况。由于社会劳动生产力的提高，在相对剩余价值生产过程中劳动力价值必然下降，但其价格却未必，因为这有赖于特定阶段劳资关系的力量对比。退一步而言，即使劳动力价格低于其价值，雇佣工人克服自身竞争状况的可能性也取决于他们对抗资本家阶级的团结能力，即是否能够作为统一的阶级力量克服市场发展所定义的"雾化"状态[2]。更为重要的是，劳动力价格的变化总是在现实中影响劳动力价值的实现以及剩余价值的生产，因此，比岱强调说"劳动力价值与价格这对范畴不是本质与现象的关系，而是作为阶级话语的后者修正了前者，价值建立在由劳动力价格所定义的阶级

---

[1] Jacques Bidet, *Exploring Marx's Capital*：*Philosophical*，*Economic and Political Dimensions*，Trans. By David Fernbach, Leiden · Boston：Koninklijke Brill, 2007, p. 100.
[2] Jacques Bidet, *Exploring Marx's Capital*：*Philosophical*，*Economic and Political Dimensions*，Trans. By David Fernbach, Leiden · Boston：Koninklijke Brill, 2007, p. 89.

斗争中"①。

再次，劳动力价值的区别或工资的等级体系与阶级斗争中不平等的发展条件相关联。比岱指出，关于劳动力价值的构成问题，马克思列举了三项因素：工人的生活费用、维持家庭的费用以及技能培训费用②。其中最后一项要素是区分熟练工人与一般工人的标准，由此工人阶级中不同劳动力价值的区分以及工资等级体系问题随之而来。在传统的理解中，熟练工人因为其包含更多的生产与再生产自身的社会必要劳动时间，所以它的价值就越大，劳动力价格或工资也更高。但问题是，在资本主义生产过程中，工人是作为可变资本创造价值的，对于资本家而言，劳动能力的使用价值不在于它的实际功效，而仅仅是它能够创造超出其交换价值的劳动时间量。熟练工人要求更高的工资就像奴隶制条件下奴隶呼唤自由一般，是一种妄想，这实际上又退回到经济主义的解释循环中。在比岱看来，熟练工人的培训成本越来越高远不是劳动力价值越来越高的原因，而是它的结果，根本原因在于由劳资阶级斗争所推动的"传统生活水平"提高了。更进一步而言，随着社会劳动生产力的发展，劳动的社会结合以及机器和自然力的广泛运用，劳动力价值的逐步下降取消了培训成本（熟练工人）与生存成本（所有工人）之间的对立。因此，不同雇佣劳动者之间的等级差异只能由工人阶级与资本的特定对抗环境来解释，工资体系的基础不在于不同工人之间劳动力价值的差异，而在于阶级斗争的发展阶段与情境的多样性③。

综上所述，比岱此处提出的核心观点是：劳动力价值与劳动力价格不处于本质与现象的辩证关系中，不是前者决定后者，而是后者修

---

① Jacques Bidet, *Exploring Marx's Capital*：*Philosophical*，*Economic and Political Dimensions*，Trans. By David Fernbach, Leiden · Boston：Koninklijke Brill, 2007, p. 101.

② 参见《马克思恩格斯全集》第 44 卷，北京：人民出版社，2001 年，第 198—200 页。

③ Jacques Bidet, *Exploring Marx's Capital*：*Philosophical*，*Economic and Political Dimensions*，Trans. By David Fernbach, Leiden · Boston：Koninklijke Brill, 2007, pp. 101‑102.

改了前者。这是因为，劳动力商品是一种特殊的商品，马克思不是在价值实体、商品生产、流通循环、市场竞争与价格变动的内在联系中，而是在资本与雇佣劳动的相互作用中、在资本的生产与再生产过程中考察其价值与价格的联系，从而定义了"工资"的本质。应当说，这种观点的提出与比岱对马克思劳动价值论的坚持与误读紧密相连。一方面，他确实是坚持了劳动价值论，明确意识到了劳动作为价值的源泉是价值的实体和内在尺度，揭示出资本主义的生产过程是资本支配下雇佣劳动生产剩余价值的过程，"工资"形式在本质上不过是对无酬劳动的掩盖①。但另一方面，比岱也陷入了对劳动价值论的庸俗化理解中。

在《资本论》第三卷中，马克思曾指认说庸俗经济学局限于"资产阶级生产关系中的生产当事人的观念，当作教义来加以解释、系统化和辩护"②，而政治经济学批判的目的正是要发现各种经济关系的异化表现形式之下隐藏着的内部联系和本质规律。就价值与价格的关系而言，市场竞争中供需关系的不断运动反映了其背后一定的社会过程，而想要解剖这一社会过程，就必须从探讨交换关系中隐藏着的生产关系入手。比岱正确的地方在于，他没有像庸俗经济学那样把经济现象的表现形式与其本质直接合二为一，而是始终立足于阶级关系与政治对抗过程，但他的失误是没有进一步深入居于本质地位的生产过程中，进而以呈现在经验现象层面的价格范畴为基础试图阐明劳动力市场的阶级性质。说到底，将以价值理论为基础的经济运动过程（商品生产、流通循环与市场竞争）还原为单纯的阶级斗争，既无法洞悉资本主义生产更为丰富的本质内容，也没能阐明阶级斗争的逻辑基础与发展动力，只会带来劳动价值论的庸俗化。

---

① 参见《马克思恩格斯全集》第 44 卷，北京：人民出版社，2001 年，第 619 页。
②《马克思恩格斯全集》第 46 卷，北京：人民出版社，2003 年，第 925 页。

生产劳动的两重规定：结构与趋势的表达

"生产劳动"概念之所以会引起比岱的重视，这与他政治式的解读思路有关，更确切地说，他想要进一步寻求阶级关系的历史唯物主义基础。我们知道，唯物史观视域中"阶级"是私有制条件下一定历史阶段的产物，它与特定社会经济结构中的生产关系相关联。尽管在《共产党宣言》中，马克思和恩格斯指认说"至今一切社会的历史都是阶级斗争的历史"[①]，但是从《德意志意识形态》到《资本论》，他们从来没有撇开生产过程单独谈论工人与资本家的政治对抗关系，而是始终立足于社会生产过程的内在矛盾剖析阶级斗争的历史由来、逻辑依据与发展走向。因此，既然比岱想要阐明具体资本逻辑的阶级关系本质，而阶级关系又不能脱离物质生产过程与具体的社会生产关系加以探讨，那么他首先要面对的就是物质生产过程与阶级关系这两者之间的联系。于是，"生产劳动"概念理应成为重点解读的对象。不仅如此，在比岱看来，马克思将资本主义生产过程理解为一般生产过程与价值增殖过程的辩证统一，通过考察"生产劳动"的基本内涵既可以帮助我们理解马克思同古典经济学的批判继承关系，也可以更加深入地分析《政治经济学批判（第一分册）》同"剩余价值理论"部分的关系。这是因为，"它们之间恰恰是普遍性与具体性的差异"[②]。

从现存文本来看，马克思对生产劳动的论述有一个不断深入的过程，它们分散在《资本论》及其手稿中。较为集中的阐述是在"剩余价值理论"部分评价亚当·斯密的章节。正是在批判斯密对生产劳动二重性理解的基础上，马克思提出了自己的关于资本主义生产劳动的两重规定。其一，资本主义生产劳动的本质规定是价值增殖或生产剩

---

① 马克思、恩格斯：《共产党宣言》，北京：人民出版社，1997年，第27页。
② Jacques Bidet, *Exploring Marx's Capital*: *Philosophical*, *Economic and Political Dimensions*, Trans. By David Fernbach, Leiden·Boston: Koninklijke Brill, 2007, p.104.

余价值，只有同资本相交换并作为可变资本创造剩余价值的雇佣劳动才是生产劳动；其二，随着物质生产的一切领域都从属于资本主义生产方式，"生产工人的特点是他们的劳动实现在商品中，因此资本主义生产劳动的补充规定是实现在物质财富中的劳动"①。如果用一句话来概括马克思与斯密在上述问题上的分歧，那就是马克思始终从物质生产过程与社会历史形式的辩证统一视角区分生产劳动与非生产劳动，在特定资本主义生产方式的运动规律中揭示生产劳动的本质内涵。尽管斯密在一定程度上触碰到资本主义生产劳动的根本特征是生产剩余价值，但由于他把资本主义生产方式误认为是天然的、合理的、永恒的自然形式，混淆了资本主义生产劳动的物质规定性与社会历史性，时而以前者、时而又以后者来区分生产劳动与非生产劳动，由此必然带来逻辑上的混乱。

斯密的第一种定义，即从剩余价值生产的视角揭示生产劳动的本质特征，是从劳动的一定社会形式中得出的。马克思对此给予了高度的评价："从资本主义生产的观点给生产劳动下了定义，亚·斯密在这里触及了问题的本质，抓住了要领。他的巨大科学功绩之一就在于，他下了生产劳动是直接同资本交换的劳动这样一个定义。"② 商品和货币之所以能够成为资本，只是因为它们同劳动能力交换，从而在生产过程中创造出比原有交换价值更大的价值额。对于资本主义生产过程而言，重要的不是劳动的物质规定性或劳动产品的特殊内容，而仅仅是劳动力商品的特殊使用价值，即价值增殖。但是，由于斯密脱离具体的社会历史阶段去分析资本主义各经济范畴的内在规定，他既不可能科学地说明资本和劳动相交换如何产生出剩余价值，同时又把第一种正确的定义与物化在商品中的劳动才是生产劳动的第二种定义混淆

①《马克思恩格斯文集》第8卷，北京：人民出版社，2009年，第416页。
②《马克思恩格斯文集》第8卷，北京：人民出版社，2009年，第218页。

起来。根据斯密的第二种定义，雇佣劳动不论是否生产剩余价值，只要它的劳动物化于特定的对象或可以出卖的商品中，它就是生产劳动。这样一来，斯密"就越出了形式规定的范围，越出了用劳动者对资本主义生产的关系来给生产劳动者和非生产劳动者下定义的范围"①。

与之不同，在分析资本主义生产劳动时，马克思运用抽象上升法，先撇开了生产劳动的社会形式和具体形态，得出其一般规定，然后再从特定资本主义生产方式出发去考察资本主义条件下生产劳动的本质规定，从而将资本主义生产过程视作一般劳动过程与价值增殖过程的辩证统一②。资本主义生产劳动包含两个本质上不同的环节，一是交换，二是生产。资本主义条件下，劳动者由于失去其客观的生产条件而不得不让渡一定的劳动时间，于是它作为劳动力商品在市场上与资本的可变部分相交换，这也使得它自身从属于资本。资本消费劳动力商品的过程就是资本的生产过程，它不仅要把自己的劳动力价值再生产出来，而且还要生产剩余价值。如果雇佣劳动者仅仅只是为资本家把补偿自己消费的那部分价值额再生产出来，那么从一般生产过程的视角来看，他的劳动是生产劳动，但从资本主义生产的角度而言，情况恰恰相反，因为他没有生产剩余价值。由此可见，资本主义生产劳动的本质规定不在于劳动的物质规定性或劳动产品的特殊表现形式，而是劳动所处的特定社会生产关系。生产劳动与非生产劳动的区分也是在此种意义上进行的。马克思总结说："只有使那种同劳动能力相对立的、独立化了的对象化劳动的价值保存并增殖的劳动，才是生产劳动。"③

比岱认为，马克思从劳动的物质规定性或劳动产品的特殊形式中分离出生产劳动的社会历史特征，这是他超越斯密的地方。然而，在

①《马克思恩格斯文集》第 8 卷，北京：人民出版社，2009 年，第 223 页。
②《马克思恩格斯全集》第 44 卷，北京：人民出版社，2001 年，第 229—230 页。
③《马克思恩格斯文集》第 8 卷，北京：人民出版社，2009 年，第 400 页。

揭示出资本主义生产劳动之本质规定后，马克思还追加了一个补充规定。这是否意味着马克思又重新回到了斯密的立场上呢？答案是否定的。比岱的解释是，本质规定与补充规定的关系应当被解释为"结构与趋势"的关系，即"本质规定确立了资本主义生产的特定结构，而补充规定则揭示了在此种结构下资本主义生产的发展趋势"①。一方面，资本主义生产劳动的本质特征是价值增殖，以剩余价值生产为主导的资本主义生产方式促使物质生产力得到了极大的提升。另一方面，结构为自身趋势的发展设立了必要的界限，即物质生产力的发展也会受到生产关系的结构性制约。为了突破原有结构的限制，资本关系的动态趋势不仅使生产工人在形式上或实际上从属于自身，它同时也使非生产性劳动从属于自身。因此，在比岱看来，马克思生产劳动学说的理论目标在于揭示生产力与具体资本主义生产关系的矛盾对抗性。他进而指出，当代资本主义劳动形式的转型正是对补充规定的确证，在服务经济、知识经济占主导的当代社会，不仅传统意义上在直接从事剩余价值生产的雇佣工人是生产工人，其他承担社会职能的劳动者也都处于资本关系的支配下。②

从生产力与生产关系矛盾运动的角度来理解马克思关于资本主义生产劳动的两重规定，这是比岱解读思路中极为深刻之处。他既没有像一些庸俗经济学家那样，把马克思与斯密的不同定义混淆起来，试图证明一切承担社会职能的劳动都是生产劳动；也没有像一些传统的左派学者那样，认为马克思加进补充规定意在说明，资本主义生产劳动尽管有其借以实现的社会生产关系，但它本质上还是一般物质生产过程，因此本质规定与补充规定只是"劳动过程与价值增殖过程辩证

---

① Jacques Bidet, *Exploring Marx's Capital*：*Philosophical*，*Economic and Political Dimensions*，Trans. By David Fernbach, Leiden・Boston：Koninklijke Brill, 2007, p. 112.
② 参见 Jacques Bidet, *Exploring Marx's Capital*：*Philosophical*，*Economic and Political Dimensions*，Trans. By David Fernbach, Leiden・Boston：Koninklijke Brill, 2007, pp. 120—121。

统一"的另一种表述。但是，当他指认说本质规定指称着特定的社会生产关系，而补充规定对应于物质财富的发展，他实际上还是游离在资本主义生产方式的内在矛盾过程之外理解所谓的"结构与趋势"的关系，没有进入资本逻辑自我运动的视域中。实际上，在马克思那里，资本主义生产劳动与非生产劳动的区分始终是从资本的角度进行的，与劳动的具体形式或劳动产品的表现形式无关。马克思对生产劳动的补充规定既不能还原为抽象层面的一般规定，也不能混同为斯密的第二定义。补充规定是对本质规定的延伸说明，是对发展了的劳资关系的进一步阐述，对此我们只能从资本逻辑的自我运动中探究两者的存在意义与辩证关系。

必须承认，马克思对资本主义生产劳动的第二重含义的分析并不太多，主要体现在"剩余价值理论"部分的片段论述。这使得我们如果仅仅停留于表面的比较，就很容易得出马克思似乎又回到了自己曾批判过的二重性立场。事实并非如此。斯密的第二定义试图以劳动的物质规定性取代劳动的社会规定性，这显然不能反映资本主义生产劳动的特定社会形式，正是在这个意义上，马克思指认了斯密生产劳动学说的二重性。然而，马克思没有全盘否定斯密的第二定义，他也指出了其中的合理因素，即如果抛开劳动力商品不谈，斯密将资本主义生产劳动理解为生产商品的劳动，在一定程度上也是正确的。①

在马克思看来，斯密关于生产劳动的二重性理解完全交织在一起，他不是任意为之的。首先，斯密针对的是重农学派将工业领域中生产工人的劳动称为非生产劳动这一观点，为此，他一方面反对重商主义把价值仅仅归结为价值的表现形式（货币），另一方面又反对重农主义从使用价值的维度来理解价值实体，从而将价值理解为"一般商品"。在这里，"一般商品"已经包含了"一般社会劳动"的含义。但是，斯

---

① 《马克思恩格斯文集》第 8 卷，北京：人民出版社，2009 年，第 235 页。

密视域中"商品的两个条件，使用价值和交换价值，合并在一起，所以在他看来，凡是表现在一种使用价值即有用产品中的劳动都是生产的"①。这样一来，他就混同了使用价值的生产与价值增殖，转而回到重农学派的立场上去了。其次，斯密明确意识到，在资本主义生产方式占主导地位的社会中，生产劳动与非生产劳动的物质差别越来越明显地表露出来，前者将劳动物化或实现在自己的商品中，"将生产直接的、物质的、由商品构成的财富，生产一切不是由劳动能力本身构成的商品"②，后者则不生产任何商品而仅仅提供个人服务。他不否认两种劳动都是商品，但问题是，斯密只是从物质实在性的角度去把握作为资本主义生产劳动之结果的商品，他不了解此种商品是使用价值与价值相统一的产物，商品作为劳动的物化结果是由于它包含了一定的社会劳动时间。在《资本论》第一卷中，马克思对此做了精彩的总结："古典政治经济学对生产工人所下的定义，随着它对剩余价值性质的看法的改变而改变。"③

由此可见，马克思的补充规定与斯密的第二定义看似都将是否生产商品作为区分生产劳动与非生产劳动的标准，但实际上两者所面对的"商品"概念是不同的，更确切地说，它们所指涉的内涵以及背后的考察方法有着重大差别。斯密把生产的资本主义形式当作社会生产的唯一形式，自然难以辨别一般生产劳动、简单商品经济条件下的生产劳动与资本主义生产劳动的历史性内容。与之不同，马克思以内在矛盾运动的视角剖析资本主义生产方式的生理机制，其补充规定不仅建立在本质规定的基础上，而且还进一步揭示出资本主义生产方式在自身充分发展之后生产劳动所显现的典型特征——生产工人为资本所吸收进而作为资本的可变部分创造剩余价值。具体而言，我们可以从

---

① 《马克思恩格斯文集》第 8 卷，北京：人民出版社，2009 年，第 236 页。
② 《马克思恩格斯文集》第 8 卷，北京：人民出版社，2009 年，第 222 页。
③ 《马克思恩格斯全集》第 44 卷，北京：人民出版社，2001 年，第 583 页。

以下三个方面把握马克思补充规定的内涵与意义。

第一，从前提来看，资本主义生产劳动的特点在于生产工人必须将自己的劳动能力作为商品出卖给资本家，进而作为可变资本参与生产过程。这里面包含两层含义：其一，资本主义生产劳动者不能是独立商品的生产者和直接售卖者，而只能作为劳动力商品的占有者、作为雇佣劳动者与资本家相对立；其二，资本主义生产的真正目的是价值增殖或生产剩余价值，对于资本而言，劳动力商品的特殊使用价值就在于它能够把原先的预付资本转化为自行增殖的资本，换言之，使得“货币转化为资本”的决定性环节在于雇佣劳动是同作为资本的货币相交换，而非与作为货币的货币相交换。因此，生产工人必然是雇佣工人，但并非所有的雇佣工人都是生产工人，只有那些在生产过程中作为可变资本创造剩余价值的雇佣劳动才是资本主义生产劳动。① 马克思还分析说，在资本主义生产方式尚未支配的领域，譬如农民和手工业者的劳动，就不能视为真正意义上的资本主义生产劳动，因为他们虽然也是商品生产者，但却不从属于资本主义生产方式。② 这就意味着，补充规定非但没有离开本质规定的范围，而且还强化了资本主义生产劳动的社会历史性特征。

第二，从过程来看，资本消费劳动力商品、继而指挥工人创造剩余价值的过程是资本的生产过程，其中生产工人由于从一开始就被并入资本，所以劳动的社会生产力表现为资本的生产力③，资本主义生产劳动表现为物化劳动对活劳动的统治。这一点无论是在资本主义生产的简单形式还是发达形式中都不会改变。然而，随着特殊资本主义生产方式的发展或劳动对资本的形式从属发展为实际从属，不仅发展起来的作为主体部分的劳动生产力表现为资本的生产力，就连社会知识、

① 参见《马克思恩格斯文集》第 8 卷，北京：人民出版社，2009 年，第 522—523 页。
② 参见《马克思恩格斯文集》第 8 卷，北京：人民出版社，2009 年，第 413 页。
③《马克思恩格斯文集》第 8 卷，北京：人民出版社，2009 年，第 392 页。

自然科学与劳动的组织形式等都表现为资本的生产力。在这种情况下，单个工人的劳动过程已经不再具有独立的意义，只有作为"社会化的工人"通过直接社会化的或共同的劳动才能参与资本主义生产过程。①补充规定表明，当物质生产的一切领域都在形式上或实际上从属于资本主义生产方式时，生产工人获得了普遍的同一性，即单纯成为资本自我增殖的手段。进一步而言，在特殊资本主义生产方式的阶段上，生产工人是作为"总体工人"实现自身的使命。"所有这些劳动者合在一起，作为一个生产集体，是生产这种产品的活机器，就像从整个生产过程来看，他们用自己的劳动同资本交换，把资本家的货币作为资本再生产出来，就是说，作为自行增殖的价值，自行增大的价值再生产出来。"②

第三，从结果来看，以是否生产商品作为区分生产劳动与非生产劳动的标准，其关键在于如何理解"商品"概念。一旦像斯密那样仅仅从物质性维度加以把握，我们自然难以发现资本主义生产过程所蕴含的丰富内容。事实上，在《1863—1865年经济学手稿》的"直接生产过程的结果"章中，马克思详细阐述了两种"商品"概念，即作为资本前提的商品与作为资本产物的商品。如果我们参考此种表述的话，那么马克思显然是在后者的意义上指称生产工人的劳动物化。"资本主义直接生产过程的最直接的结果，它的产物，是这样一种商品，在这种商品的价格中不仅补偿了生产商品时所消费的预付资本的价值，而且同时使生产商品时所消费的剩余劳动物化为，对象化为剩余价值。"③也就是说，作为资本主义生产劳动之物化结果的商品是作为资本产物的商品，是资本主义生产过程的产物。它不仅具有一般商品所包含的

---

① 王一成：《一般劳动、雇佣劳动与社会劳动——〈资本论〉及其手稿中"劳动"概念的逻辑层次》，《四川大学学报（哲学社会科学版）》，2018年第1期，第45页。
②《马克思恩格斯文集》第8卷，北京：人民出版社，2009年，第418页。
③《马克思恩格斯文集》第8卷，北京：人民出版社，2009年，第453页。

二重属性，而且还包含着生产工人创造出的剩余价值，它已经是自行增殖的资本的转化形式。进一步而言，这种作为资本产物的商品要想实现自身，就必须不断地加入商品交换过程，进入流通领域，真正成为自行增殖的资本，从而不断地把自身在更大更广的范围内再生产出来。原先在资本的直接生产过程中，作为与生产工人相对立的生产条件还只是相对独立的东西，但是现在，工人所遇到的资本是自己劳动创造的产物①。

综上所述，马克思在《资本论》及其手稿中给予生产劳动的两重规定是与剖析资本主义生产的内在过程紧密结合在一起的，它们是马克思揭示资本逻辑自我运动的不同环节。本质规定蕴含着资本主义生产劳动的社会历史特征，即资本主义生产是剩余价值的生产，这使得它区别于其他历史形式的生产方式。然而，事情并未就此结束。作为资本产物的剩余价值反过来又会转化为追加资本，进而成为自行增殖的资本不断实现自身。也就是说，光有本质规定的存在还不足以说明资本逻辑进一步发展了的复杂内容。为此，在本质规定基础上制定补充规定就有必要，后者指明了作为生产工人劳动物化的商品是一段资本运动过程的产物。补充规定旨在说明，资本主义生产不仅是内含二重因素的商品的生产与再生产，也不仅是剩余价值的生产与再生产，而且是特殊资本主义生产关系的生产与再生产②。商品生产越是发展为资本主义生产，资本就在更大规模和更广范围内不断创造自身。我以为，只有把解读的思路推进至此，即"资本创造资本"的层面，我们才能对马克思的生产劳动理论做出完整、准确的把握。

工人阶级是政治斗争的战略范畴

阿尔都塞在《保卫马克思》的"序言"中曾指认这样一个事实：

---

① 《马克思恩格斯文集》第 8 卷，北京：人民出版社，2009 年，第 543 页。
② 《马克思恩格斯文集》第 8 卷，北京：人民出版社，2009 年，第 542 页。

法国共产党在历史上有着源远流长的政治传统，在工人运动与阶级斗争领域均表现出无可比拟的勇气，却唯独理论传统显得贫乏，他称之为"法兰西贫困"①。相较而言，法国马克思主义确实以其鲜明的政治色彩独树一帜，但正因为认识到理论传统的不足，二战后新一批法国马克思主义学者致力于为其政治传统寻求思想根基。诚如上文所指，生长于法国学术氛围中的比岱也强调从政治维度解读马克思的资本主义批判理论，但他没有从历史现象领域直接切入，而是选择以劳资关系的矛盾性视角，更确切地说是马克思的生产劳动学说为基础进行分析。对于比岱而言，马克思学说的伟大意义，不在于其指出了革命的目标或未来的前景，而是为深入分析阶级斗争构建了科学的分析框架。也就是说，只有阐明了作为革命主体的工人阶级在社会历史运动中的本质地位，才能更好地说明资本主义发展的动态趋势与实现共产主义的历史必然性。

然而，当比岱试图把《资本论》中的"经济范畴"上升为现实社会结构中的"政治范畴"时，他立即发现了一个"恼人的认识论问题"②：经济学术语与社会学术语难以对应，两者之间存在较大偏差。根据马克思的分析，只有在资本的支配下生产剩余价值的劳动才是生产劳动，"生产工人"的范围因而获得了严格的限定：其一，它必须作为雇佣劳动与资本相交换；其二，它必须在生产过程中创造剩余价值。在此意义上，可以说所有的生产劳动都是雇佣劳动，但不能反过来说所有的雇佣劳动都是生产劳动。③ 同一种劳动既可以是生产劳动，也可以是非生产劳动，这取决于它是与作为资本的货币相交换还是与作为货币的货币相交换。再譬如说，流通领域中的"商业工人"，他们不生

---

① ［法］阿尔都塞：《保卫马克思》，顾良译，北京：商务印书馆，2016 年，第3—4 页。

② Jacques Bidet, *Exploring Marx's Capital*：*Philosophical*，*Economic and Political Dimensions*，Trans. By David Fernbach, Leiden · Boston：Koninklijke Brill, 2007, p.123.

③ 参见《马克思恩格斯文集》第8 卷，北京：人民出版社，2009 年，第522—523 页。

产剩余价值，其劳动所得来源于剩余价值的转化与分割，所以他们也不属于生产工人的范畴。这样一来，马克思生产劳动学说所定义的"生产工人"概念就不能直接视作"工人阶级"概念，后者显然远远超出了前者的范围，它更对应于"雇佣劳动"的范畴。

比岱认为，在马克思那里，作为特定社会历史主体的工人阶级是资本主义生产方式的产物，对它的探讨不能离开对资本主义生产过程本身的分析。以剩余价值的生产为主导的资本增殖结构只是揭示出生产工人的无酬劳动为资本家所占有这一事实，它还不足以说明资本的对立面何以构成一个统一的社会力量，继而推翻资本的统治成为新的历史主体。换言之，如果我们只是抓住资本主义生产劳动的本质规定，而忽略对资本逻辑进一步发展了的复杂内容与运动规律的分析，那么在很大程度上就只能从剩余价值剥削的角度批判劳资交换的不公平性，而不能从根本上说明工人阶级推翻资本主义统治的历史必然性。为此，生产劳动的第二定义尤为重要，因为马克思正是以它为基础分析了资本主义发展的动态趋势。在《资本论》第四部分和第七部分，马克思对此做了相关分析，即随着特殊资本主义生产方式的发展，"构成生产过程之基础的一切条件都促使工人阶级在政治与意识形态组织方面联合，并使得他们能够对抗基于生产资料私有制的资本主义生产方式"①。在比岱看来，马克思正是通过资本主义生产劳动之两重规定的辩证关系，在结构与趋势的相互联系中去把握生产力与具体资本主义生产关系的矛盾运动，不仅说明了资本内在运动过程的本质规律，而且揭示出作为资本对立面的工人阶级何以在此过程中从自在的阶级成长为自为的阶级。他进而指出，"工人阶级"既不是静态平面结构中的社会构

---

① Jacques Bidet, *Exploring Marx's Capital*：*Philosophical*，*Economic and Political Dimensions*，Trans. By David Fernbach, Leiden · Boston：Koninklijke Brill, 2007, p. 125.

成物，也不是与资本相对立的抽象规定，而是"历史运动的概念"①。

但问题是，资本主义发展的历史趋势与工人阶级的政治革命之间存在必然的因果关系吗？比岱的答案是否定的。在他看来，《资本论》第一卷结论部分关于"两个必然"的论证过于草率，马克思假定了两者之间具有对应关系，并以"否定之否定"加以证明，这属于"目的论"的论证方式②。实际上，两者的真实关系是，后者以前者为基础，但前者的发展并不直接导致后者，因为简单地说，资本主义发展的历史趋势完全有可能演化出其他形式的对抗关系。换言之，比岱视域中的"历史"没有其自身的必然趋势，在他看来，只有以先验价值为主导的理论才具备预言的功能，真正科学的社会历史理论拒斥任何外在目的。上述观点可以从理论与现实两个维度得到证明。一方面，就理论分析而言，由价值增殖所主导的资本结构为了尽可能地攫取剩余价值，它不仅使作为主体部分的劳动生产力从属于自身，而且还将社会知识、自然科学、组织管理等其他因素纳入自己的统治中。那些凡是脱离具体的社会生产关系，认为具体劳动形式的转变蕴含着人类解放前景的观点，只能是一种历史神学式的空想。另一方面，从现实情况来看，当代资本主义劳动方式的转型是资本逻辑自我运动的必然结果，不论是生产工人还是雇佣工人，都已经失去了原本的意义，服务经济、知识经济以及越来越多中间阶层的出现使得劳资关系的斗争不再是两极博弈，而是多元形式的重组。

比岱进而指出，虽然马克思最终想阐明的无产阶级革命理论以"目的论"的方式呈现，但这丝毫不影响其资本主义批判理论的科学性与合法性。"当法兰克福学派指认《资本论》是从无产阶级立场出发的

---

① Jacques Bidet, *Exploring Marx's Capital*: *Philosophical*, *Economic and Political Dimensions*, Trans. By David Fernbach, Leiden · Boston: Koninklijke Brill, 2007, p. 126.

② Jacques Bidet, *Exploring Marx's Capital*: *Philosophical*, *Economic and Political Dimensions*, Trans. By David Fernbach, Leiden · Boston: Koninklijke Brill, 2007, p. 127.

'批判理论'，因此它构成以科学实证主义为基础的'传统理论'时，他们没有能够真正把握马克思资本主义批判理论的精神实质与核心内涵。"① 如果我们说马克思的理论革命使得社会主义从空想成为科学，不是由于它确立了两个相互对立阶级之间的镜像关系，而是因为他将自己的哲学基础限定在以生产方式剖析为主要目标的新唯物主义立场上，从资本主义社会的基本矛盾中寻求承担历史使命的革命主体与制定具体有效的斗争战略。资本主义社会经济结构中基本矛盾的确立绝非源于"社会主义立场"，而是"结构与趋势"的辩证分析。在此意义上，作为历史运动范畴的"工人阶级"概念获得了战略的意义。他们必须在社会基本矛盾的动态趋势中寻求自身解放的各种条件，在特定的历史情境下确立自己的斗争策略，包括联合谁、斗争谁，以及依据什么样的路径获得自身的解放。

四、《资本论》的逻辑起点与阐述方法

通过逐一分析价值、劳动力、剩余价值以及生产劳动等基本概念，比岱揭示出《资本论》中各经济范畴的社会政治内涵。他试图证明，只有在资本主义社会的基本结构与动态趋势中，我们才能把握马克思资本主义批判理论的深层内涵。然而，还遗留的问题是，马克思为何将这些范畴按照此种方式排列，它们之间的前后关联该怎样理解呢？与此同时，《资本论》不同手稿与不同版本之间的调整仅仅是表述方式上的差异，还是具有根本性意义的差别呢？为此，比岱接下来的研究重点便是《资本论》的逻辑起点与阐述方法。在他看来，《资本论》逻

---

① Jacques Bidet, *Exploring Marx's Capital*：*Philosophical*，*Economic and Political Dimensions*，Trans. By David Fernbach, Leiden・Boston：Koninklijke Brill, 2007, p. 128.

辑起点的制定与阐述方法的调整是一个不断深入的过程，对此，我们只能从《资本论》及其手稿的差异中去寻求。提及《资本论》的辩证法，一个绕不开的问题就是马克思与黑格尔的学术关系。比岱的观点是，黑格尔哲学之于马克思的思想影响是非常复杂的，就政治经济学批判而言，黑格尔辩证法在帮助马克思突破古典经济学意识形态的同时，也在他构建自己的理论过程中构成"认识论的障碍"①。

在这里，我们有必要回顾一下比岱解读《资本论》的思想史背景与理论旨趣，可以更好地说明上述问题的重要性。诚如上文所指，《马克思〈资本论〉研究》延续着阿尔都塞及其学派所开启的对《资本论》的"哲学阅读"，目的是从马克思的历史科学中凝练出作为哲学方法论的唯物辩证法。阿尔都塞的主要贡献在于从科学方法论角度阐明了马克思思想转变的具体历程，但就《资本论》的解读而言，与其说他的阅读是唯物史观的阅读，倒不如说是法国新认识论意义上的思想重构。在认真研究《资本论》及其手稿的比岱看来，阿尔都塞以同质化的假设对待马克思"成熟时期"的系列文本是有问题的，特别是作为成熟时期的第一个文本《大纲》还笼罩在黑格尔哲学的迷雾中。通过《大纲》来理解《资本论》，实际上就是以黑格尔逻辑学来理解马克思的科学方法。他进而认为，自罗斯多尔斯基以来，强调《大纲》之于《资本论》的重要性带来了双重影响：它既有力回击了从李嘉图实证主义立场上来解读《资本论》的错误思潮，又使得真正意义上的马克思历史科学陷入神秘主义的泥潭。因此，阐明《大纲》与《资本论》的关系问题，就是要在最根本的哲学方法论层面上揭示出黑格尔辩证法与马克思辩证法的不同，从而显现出马克思科学批判方法的精髓所在。

---

① Jacques Bidet, *Exploring Marx's Capital*：*Philosophical*，*Economic and Political Dimensions*，Trans. By David Fernbach, Leiden·Boston：Koninklijke Brill, 2007, p. 169.

寻求政治经济学批判的逻辑起点：
从《1844 年经济学哲学手稿》到《资本论》

　　比岱指出，确立政治经济学批判的逻辑起点之所以困难，是因为马克思在构建自身理论过程中始终受到两种不同思路的困扰，即黑格尔逻辑学的范畴秩序与"具体对象的具体逻辑"①。起点的制定与论述的展开由此会以相反的形式呈现。一方面，如果将出发点定位为事物的表面，那么论述的发展就遵循"从表面向下"的程序，即从表象到内部联系，从现象到本质。另一方面，如果将出发点规定成事物的本质，即在政治经济学分析的开始部分就阐述"价值规律"，那么论述的过程就表现为"达到表面"的路线，即从本质到现象。应当说，上述两种思路在马克思的研究过程中都有体现，我们不妨循着他的思想历程看看两者间的差别。

　　《1844 年经济学哲学手稿》可以视作马克思重构政治经济学的首次尝试。但正因为经济学研究的不足，此时的马克思沿用了资产阶级经济学的分析话语与言说方式，不仅没有解决批判的逻辑起点问题，也没有意识到作为自己批判对象的商品交换关系具有历史性的前提。当他从外在悬设的人本主义价值立场出发批判工人劳动的异化性质时，还没有看到导致此种异化的社会历史根源。与此同一时期的《穆勒评注》同样是异化逻辑的批判话语，与前者相比，它更聚焦于商品交换关系本身。然而，同样的问题是，马克思在此处从交换价值以及作为中介的货币关系入手批判的商品，不是后来《资本论》中作为资本主义经济细胞形式的商品，而是一般交换关系视域中以商品形式出现的产品。可以说，在唯物史观尚未形成之际，从"商品关系"出发分析"资本主义关系"的范畴秩序不可能存在。

---

① Jacques Bidet, *Exploring Marx's Capital*：*Philosophical*，*Economic and Political Dimensions*，Trans. By David Fernbach, Leiden · Boston：Koninklijke Brill, 2007, p. 134.

　　经过历史唯物主义的思想过渡，马克思立即对资本主义生产方式区别于其他历史形式的本质特征有了清晰的认识，并从生产力与交换关系的矛盾运动视角看待资本主义的历史由来、现实发展与未来走向。但这并不意味着他已经确立了政治经济学批判的科学起点。在《哲学的贫困》（1847）中，马克思几乎全盘肯定了李嘉图的劳动价值论，并视之为"对现代经济生活的科学解释"①。《雇佣劳动与资本》（1849）首次系统地介绍了资本主义生产过程，但在这里，价值范畴尚未占据初始的位置，而仅仅在第二部分提出。第一部分恰恰是一个具体问题："什么是工资？它是怎样决定的？"② 这一文本与1865年以后在工人运动中流行的小册子《工资、价格和利润》有着很大的差距，后者明确表达："我们所要提出的第一个问题，就是：什么是商品的价值？它是由什么决定的？"③ 可以说，此间差别正在于《资本论》及其手稿对科学表述起点的突破。

　　在比岱看来，尽管在《大纲》写作前，马克思就已经明确表述了"政治经济学的方法"——"从抽象上升到具体"，但在《大纲》的实际撰写过程中，他还是从"货币章"入手系统分析了货币的本质及其三个功能：价值尺度、流通手段以及作为财富的物质代表。马克思一开始并没有直接切入政治经济学分析的最初范畴，而是对乌托邦社会主义猛烈批判。这些批判看似非常适合用来揭示以市场逻辑为基础的商品生产和流通结构，然而情况并非如此，马克思分析的对象是货币，商品生产只是作为货币存在的基础。随后，在"货币转化为资本"一节中，他明确地将货币发展为流通（货币章）与生产（资本章）。比岱指出，从《大纲》第一部分的论述逻辑看，马克思主要还是以交换价值入手处理流通问题，商品生产作为一种"潜在的因素"被主要的阐述

①《马克思恩格斯全集》第4卷，北京：人民出版社，1958年，第93页。
②《马克思恩格斯全集》第6卷，北京：人民出版社，1961年，第474页。
③《马克思恩格斯全集》第16卷，北京：人民出版社，1964年，第135页。

方案所遮蔽。虽然马克思也隐约察觉到，在此之前应当有一个专门讨论"价值"问题的更为抽象的部分，因而他把"货币章"定位为"II.货币章"①，但在 1857 年 9 月的第一个计划中，马克思还是将"货币"放在论述的首位。货币问题作为揭示价值问题的突破口，马克思逐渐形成了商品二重性理论，于是他在 1857 年 11 月的第二个计划中将第一部分的论述对象与交换价值联系了起来。随后，在 1858 年 3 月 11 日致拉萨尔的信中，出现了"1. 价值；2. 货币；3. 资本"的范畴序列，这也是 1858 年 6 月的表述。在《大纲》的最后部分，马克思以较少的篇幅论述了"I. 价值"："表现资产阶级财富的第一个范畴是商品的范畴。商品本身表现为两种规定的统一。"② 将"商品"作为剖析资本主义生产方式的起始范畴，这在 1858 年 11 月 20 日给恩格斯的信中得到进一步确证："1. 商品；2. 货币或流通；3. 资本。"

通过梳理上述文献，比岱总结说，马克思将科学的表述起点确立为内含二重属性的商品概念，这是一个十分艰辛的过程，但"科学表述起点的确立并不意味着所有问题的解决"③。换言之，对商品概念的把握方式与理解程度会导致不同的阐述逻辑。比岱认为，马克思最初选择商品作为剖析资本主义经济规律的切入点基于双重理由。一方面是历史的："最初的交换也只是表现为剩余物的交换，并不涉及和决定整个生产，只是后来交换规律发展为实际的生产规律。"④ 也就是说，马克思在《大纲》中试图以现实历史发展的顺序构想理论逻辑的秩序，即交换的历史发展逐渐形成适应于商品流通的生产形式——资本主义生产。然而，此种论证方式与其说是理论逻辑的推演模式，倒不如说

---

① 《马克思恩格斯全集》第 30 卷，北京：人民出版社，1995 年，第 144、155 页。
② 《马克思恩格斯全集》第 31 卷，北京：人民出版社，1998 年，第 293 页。
③ Jacques Bidet, *Exploring Marx's Capital*：*Philosophical*，*Economic and Political Dimensions*，Trans. By David Fernbach, Leiden・Boston：Koninklijke Brill, 2007, p. 136.
④ Jacques Bidet, *Exploring Marx's Capital*：*Philosophical*，*Economic and Political Dimensions*，Trans. By David Fernbach, Leiden・Boston：Koninklijke Brill, 2007, p. 137.

是对商品经济的历史回顾。因为以产品形式出现的商品与商品化生产条件下生产的商品之间存在着本质性差异，它不是后来《资本论》中作为起始范畴的"商品"概念的明确内涵。这一理由随即被马克思所放弃。另一方面是方法论的："即使是在发达的社会中，这些剩余物同样会作为直接现成的商品世界而出现在社会表面上。但是，商品世界通过它自身便超出自身的范围，显示出表现为生产关系的经济关系。"① 马克思在这里调整了论述的结构安排，从历史转向逻辑，即以"资产阶级社会的表面"作为阐述的出发点，遵循从表面（流通）到内部联系（生产）的顺序。这一计划回应了《〈政治经济学批判〉导言》所阐述的科学方法，马克思似乎已经找到了科学表述的逻辑起点。但仍遗留的问题是：为什么最抽象的范畴同时也应该是最表面的呢？②

比岱进而指出，实际上，到了《资本论》第一卷，马克思才正式确立起政治经济学批判的科学起点：作为生产与流通结构统一的"商品关系"。他分析说："只要考虑《资本论》第一卷第一部分的篇章结构就足以澄清上述问题了。第一卷第一部分的标题就是'商品和货币'，马克思不仅在分析货币问题之前就讨论了商品，而且在分析价值形式或交换价值（第3节）之前就阐述了商品生产（第1节和第2节），交换和流通只是出现在后面的第二章和第三章。简而言之，第一部分从一开始就在处理一般商品生产问题，或者可以表述为作为生产与流通结构统一的'商品关系'。如果我们考察马克思对第一部分对象术语的回顾性定义（在第二部分开头），我们也可以注意到流通与生产是怎样联系在一起的。非常重要的是，《政治经济学批判。第一分册》原始

---

① Jacques Bidet, *Exploring Marx's Capital*: *Philosophical*, *Economic and Political Dimensions*, Trans. By David Fernbach, Leiden · Boston: Koninklijke Brill, 2007, p. 138. 引文参考《马克思恩格斯全集》第30卷，北京：人民出版社，1995年，第180页。

② Jacques Bidet, *Exploring Marx's Capital*: *Philosophical*, *Economic and Political Dimensions*, Trans. By David Fernbach, Leiden · Boston: Koninklijke Brill, 2007, p. 138.

稿本的简单流通法则在《资本论》中被重新定义为商品生产法则。"①
也就是说，通过解读《资本论》第一卷第一部分的篇章安排，比岱认
为《资本论》从一开始就是生产法则，而非交换法则，"正是普遍商品
化的市场逻辑构成了特定资本主义生产方式的前提基础"②。这一问题
同时回应了上述价值概念的社会政治内涵，即价值不仅具有数量维度
的经济学意义，而且蕴含着特定社会生产的阶级结构。在比岱看来，
发达商品经济所定义的市场运转结构同时也是阶级结构，此种结构的
强制性特征赋予了社会生产竞争性基础，继而推动市场逻辑逐步发展
为资本逻辑。

比岱还提醒我们注意，不论是《政治经济学批判。第一分册》，还
是《资本论》第一卷，它们的开头部分有一个几乎相同的表述："资本
主义生产方式占统治地位的社会的财富，表现为'庞大的商品堆
积'。"③ 这是否意味着马克思是在引导我们从"表面"出发去探究深层
的资本主义的经济规律呢？答案当然是否定的。比岱分析说，马克思
首先揭示了商品的二重属性，继而撇开使用价值分析商品与商品间表
现为交换价值的价值量，然后在此基础上阐明一般商品生产的物质基
础，即劳动时间、抽象劳动、社会必要劳动，由此他很自然地从"交
换价值"走向"价值"。在马克思那里，作为《资本论》抽象基础和最
简单范畴的"商品"概念从来不是社会的"表面"，"表面"只是一种
形象化的说法。事实上，马克思在第四节"商品拜物教"的原因和性
质分析中着重解释了价值关系是如何上升到表面的，这恰恰是把资本

---

① Jacques Bidet, *Exploring Marx's Capital*：*Philosophical*，*Economic and Political Dimensions*，
Trans. By David Fernbach，Leiden・Boston：Koninklijke Brill，2007，p. 138.

② Jacques Bidet, *Exploring Marx's Capital*：*Philosophical*，*Economic and Political Dimensions*，
Trans. By David Fernbach，Leiden・Boston：Koninklijke Brill，2007，p. 139.

③ Jacques Bidet, *Exploring Marx's Capital*：*Philosophical*，*Economic and Political Dimensions*，
Trans. By David Fernbach，Leiden・Boston：Koninklijke Brill，2007，p. 139. 引文参考
《马克思恩格斯全集》第44卷，北京：人民出版社，2001年，第47页。另见《马克思恩
格斯全集》第31卷，北京：人民出版社，1998年，第419页。

主义生产误认为是社会生产的唯一形式的意识形态。①

总之，与大多数学者仅仅从交换角度把握作为《资本论》起始范畴的"商品"概念不同，比岱在此强调，要从商品生产与交换相统一的视角去理解马克思政治经济学批判的逻辑起点。我以为，这一判断大体上是准确的。除了上文列举的比岱的相关分析之外，《资本论》中还有两个更为直接的文本依据。

其一，在《资本论》第一卷第一章第四小节中，当马克思分析商品拜物教的社会历史根源时，他明确指出，商品社会中人与人之间的关系不是独立的交换主体之间的关系，即商品交换者与交换者之间的关系，而是商品生产者与生产者之间的关系。在马克思看来："商品世界的这种拜物教性质，像以上分析已经表明的，是来源于生产商品的劳动所特有的社会性质。"②"在商品生产者的社会里，一般的社会生产关系是这样的：生产者把他们的产品当作商品，从而当作价值来对待，而且通过这种物的形式，把他们的私人劳动当作等同的人类劳动来互相发生关系。"③ 也就是说，"商品拜物教"的发生机制在于，是商品社会的社会经济结构将人与人之间的关系转化为商品与商品之间的关系（物象化），进而当我们撇开商品的社会历史属性，仅仅用物质自然属性把握商品的内涵，那商品与商品之间的关系就转化为物与物之间的关系（物化）。因此，马克思在这里论述的重点不仅仅是交换，更是生产，是商品经济条件下的社会生产关系。

其二，在"剩余价值转化为资本"环节，马克思揭示了"商品生产所有权规律转变为资本主义占有规律"："商品生产按自己本身内在的规律越是发展为资本主义生产，商品生产的所有权规律也就越是转

---

① 参见 Jacques Bidet, *Exploring Marx's Capital*：*Philosophical*，*Economic and Political Dimensions*，Trans. By David Fernbach, Leiden · Boston：Koninklijke Brill, 2007, p. 139。
②《马克思恩格斯全集》第 44 卷，北京：人民出版社，2001 年，第 90 页。
③《马克思恩格斯全集》第 44 卷，北京：人民出版社，2001 年，第 97 页。

变为资本主义的占有规律。"① 这就进一步印证了，马克思不是从商品交换推导出资本主义生产，而是以商品生产为逻辑起点剖析资本主义生产的内在规律。仅仅考察交换过程，我们确实可以发现，马克思提到了"让我们同货币占有者和劳动力占有者一道，离开这个嘈杂的、表面的、有目共睹的领域，跟随他们两人进入门上挂着'非公莫入'牌子的隐蔽的生产场所吧！"② "一离开这个简单流通领域或商品交换领域……就会看到，我们的剧中人的面貌已经起了某些变化。"③ 然而，如果我们把第一篇和第二篇联系起来，就会发现，马克思不仅仅是在流通领域中揭示价值增殖的秘密——这是"货币转化为资本"的论述内容，而是想要进一步阐明从一般商品生产到特殊资本主义生产的辩证运动过程。从一般商品生产到特殊的资本主义生产，其间重要的一环就是劳动力由工人作为商品自由出卖，商品生产得以普遍化。

然而，尽管我们可以肯定比岱从生产与交换相统一的角度去理解"商品"范畴的重要意义，因为这在很大程度上是对"客观抽象"式解读和文化式解读的批判，但是如果深究比岱阐发的内容与解读方法，那么就会发现，他实际上还是没有进入历史辩证法视域，而只是站在经验主义层面上把对资本主义经济过程的分析置于特定的政治斗争背景中。换句话说，比岱不是从内在矛盾运动的观点去理解"商品"、"货币"与"资本"之间的内在联系，不是把资本主义生产看作是一般商品生产的特殊历史发展阶段，而仅仅将一般商品社会的政治经济结构当作具体资本主义生产的外部前提。与之不同，马克思之所以从一般商品生产出发剖析资本运动的本质规律，是因为在他看来，只有把资本主义生产过程放置在私有制社会的内在发展脉络中，才能阐明资本主义生产方式区别于其他私有制形式的本质特征以及一般商品生产

---

① 《马克思恩格斯全集》第 44 卷，北京：人民出版社，2001 年，第 677—678 页。
② 《马克思恩格斯全集》第 44 卷，北京：人民出版社，2001 年，第 204 页。
③ 《马克思恩格斯全集》第 44 卷，北京：人民出版社，2001 年，第 205 页。

是如何发展为资本主义生产的。在《资本论》中，马克思对资本主义生产方式的批判不仅仅是一种文化哲学式批判，也不仅仅是一种政治斗争式解读，而是一种基于客观矛盾运动过程的社会历史批判。

"货币转化为资本"：对辩证转化的分析式阐释

既然比岱想要探究马克思资本主义批判理论的核心要义，并且试图证明，与《大纲》相比，《资本论》第一卷才真正代表着马克思科学方法论的成熟，那么在确定政治经济学批判的逻辑起点是以商品生产与流通相统一的市场结构后，接下来的问题便是市场逻辑如何过渡到或转化为资本逻辑。按照我的观点，马克思之所以从作为资本主义经济细胞形式的"商品"出发剖析资本主义生产方式，是因为整个资本主义生产过程是由最初包含在商品中的两重要素所推动的内在矛盾运动过程。"商品—货币—资本"的范畴序列看似是按照主观意图排列的，其实这恰恰是对资本主义生产方式的发展及其内部结构的客观矛盾运动的反映。比岱显然不赞同上述思路，在他看来，作为论证基础的抽象部分之所以重要，不是因为它预先提供了事物自身发展的先验逻辑，而是因为它确立起特定资本主义生产关系的一般性前提。他指出，与上述起点问题一样，马克思在《资本论》及其手稿中提供了两种不同的"转化形式"：一种是黑格尔式的辩证转化，以《大纲》和《政治经济学批判。第一分册》原始稿本为代表；另一种是分析式的，针对"具体对象的具体逻辑"展开论述，它诞生于《1861—1863 年经济学手稿》，经过几次修改与调整，成熟于《资本论》第一卷法文版①。

首先来看《大纲》的阐述逻辑。比岱是这么解读的："在《大纲》中，继而在《政治经济学批判。第一分册》原始稿本中，马克思寻求

---

① Jacques Bidet, *Exploring Marx's Capital*：*Philosophical*, *Economic and Political Dimensions*, Trans. By David Fernbach, Leiden・Boston：Koninklijke Brill, 2007, p. 153.

货币向资本的辩证转化。他试图把这一点建立在货币自身及其功能的发展中。'价值尺度'作为其第一个功能，只是一种观念性的存在。'流通手段'作为其第二个功能被描述为 C—M—M—C，它只能以货币符号的形式存在。但是，在'作为货币的货币'的第三个功能中，它作为财富的物质代表具有贮藏手段、支付手段与世界货币等功能。此时，货币显示出与资本相类似的特性：它达到自己的终点，它获得了流通之外的独立存在。我们通过此种方式达到资本。"① 也就是说，在比岱看来，此时的马克思通过货币自身的发展、特别是其第三个功能（M—C—C—M）实现了从货币流通到资本增殖的辩证过渡，在这里，作为最终形式的货币完成自身的使命，同时也构成了资本的第一个规定性。

他立即指认说，这种辩证发展完全是非法的，因为 M—C—C—M不能代表货币自身的功能，它是对作为流通手段的第二个功能 C—M—M—C 的重复演绎。处于开头与结尾的货币尽管所处位置与交换对象不同，但它们本质目的是一样的，都是作为流通中介发挥功效。假设 M—C—C—M 可以完成从货币到资本的过渡，那么这种商品流通与货币循环就不能是简单意义上的交换与流通，而是赋有自身特殊目的的、需要产生价值差额的特殊活动，更确切地说，就是具体的资本主义活动。因此，M—C—C—M 不属于"货币章"的内容，因为辩证转化的发生不可能来自简单流通过程。比岱继而认为，马克思在这里陷入了双重循环论证的陷阱，他在把资本主义形式强加给简单流通过程的同时，又沿用从简单流通过程中得出的基本范畴去分析具体的资本主义生产过程②。如此一来，他就人为地赋予了货币关系以中介地位，从简

---

① Jacques Bidet, *Exploring Marx's Capital*：*Philosophical*，*Economic and Political Dimensions*，Trans. By David Fernbach, Leiden·Boston：Koninklijke Brill, 2007, p. 154.

② Jacques Bidet, *Exploring Marx's Capital*：*Philosophical*，*Economic and Political Dimensions*，Trans. By David Fernbach, Leiden·Boston：Koninklijke Brill, 2007, p. 156.

单流通中发展出资本的形式规定性。

那么，《大纲》为何会以此种方式论证货币与资本之间的过渡关系呢？比岱指出，这与马克思从黑格尔辩证法那里获得灵感不无关系。一方面，黑格尔将世界历史的发展看作是绝对观念不断实现其自身的过程，而马克思借此方法来考察资本的形成与发展过程，并把它看成是交换价值自我运动的结果。由此出发，原本作为流通中介的货币，取得了"一种不断要超出自己的量的界限的欲望：是无止境的过程"①。交换价值就这样在整个范畴体系的演绎中获得了绝对的地位，它也因而成了勾连流通与生产之间的自然环节。另一方面，黑格尔辩证运动的秘密在于从经验之外的世界中引入第三重范畴，以此推动原有的概念体系在更高层次上实现聚合。在比岱看来，以交换价值自我运动的单一维度来论证"货币转化为资本"难以成立，马克思正是通过引入与资本相对的"劳动"，才最终实现了所谓的辩证转化。在这里，"劳动"并非交换价值或价值自身负有的，它是一个新的"理论干预"②。因此，上述论证方法既没有揭示出货币发展为资本的实际条件，也没有阐明特定资本主义生产方式的本质特征，反而使得《大纲》的内核被笼罩在逻辑神秘主义的迷雾中。

在比岱看来，具有决定性意义的突破发生在《政治经济学批判。第一分册》，继而为《1861—1863 年经济学手稿》所完善。《政治经济学批判。第一分册》主要论述的对象是"商品"和"货币"，但是马克思已经将两者置于"资本一般"之下进行考察。此处，马克思同样分析了货币作为"流通手段"的功能，但 C—M—C 与 M—C—M 被置放于相同的层次上，货币在两个不同的循环中只是充当同一交换中介的职能。这也就意味着，"简单商品流通不再被当作整个辩证运动过程的

---

① 《马克思恩格斯全集》第 30 卷，北京：人民出版社，1995 年，第 228 页。

② Jacques Bidet, *Exploring Marx's Capital*：*Philosophical*，*Economic and Political Dimensions*，Trans. By David Fernbach, Leiden · Boston：Koninklijke Brill, 2007, p. 159.

逻辑起点与抽象基础，它只对应于一般商品交换。"① 由于《1861—1863 年经济学手稿》直接从"货币转化为资本"开始，因此它更能显示出与《大纲》的差距：M—C—M 不再作为从货币向资本过渡的手段，而是一开始就从属于资本。"经历这种运动的货币就是资本，或者说，在货币上独立化的并经历这一过程的价值，是资本最初的表现形式。"② 也就是说，C—M—C 与 M—C—M 分属不同领域，它们之间没有逻辑连续性，更没有"起源或发展"的意义，我们不能人为地假定后者是前者发展基础上的自然结果③。可以说，后来正式出版的《资本论》第一卷延续了上述观点，马克思最终为"货币转化为资本"提供了一种分析式而非辩证法的阐述模式。

比岱进而指出，在《资本论》第一卷第二部分"货币转化为资本"中，马克思明确区分了三种经济行为：（1）为买而卖（C—M—C）；（2）为卖而买（M—C—M）；（3）为贵卖而买（M—C—M′）。在前两种经济行为中，货币作为"货币的货币"只是充当商品交换的媒介，因而不具有独立的意义。只是到了第三种情况，作为"资本的货币"通过与一种特殊的商品相交换，才获得了自我增殖的本质特征。通过分析"资本总公式的矛盾"，马克思发现资本的自我增殖既不能从简单商品流通中产生，也不能发生在货币形式身上，而只能来源于与资本相交换的特殊商品——劳动力商品。换言之，在市场占支配地位的社会中，只有一种商品能够产生比自身的价值更多的商品，这就是失去

---

① Jacques Bidet, *Exploring Marx's Capital：Philosophical，Economic and Political Dimensions*, Trans. By David Fernbach, Leiden・Boston：Koninklijke Brill, 2007, p. 160.

② Jacques Bidet, *Exploring Marx's Capital：Philosophical，Economic and Political Dimensions*, Trans. By David Fernbach, Leiden・Boston：Koninklijke Brill, 2007, p. 160. 引文参考《马克思恩格斯全集》第 32 卷，北京：人民出版社，1998 年，第 11 页。

③ Jacques Bidet, *Exploring Marx's Capital：Philosophical，Economic and Political Dimensions*, Trans. By David Fernbach, Leiden・Boston：Koninklijke Brill, 2007, p. 161.

了客观生产条件而不得不出卖自身的雇佣劳动[①]。比岱以此强调，马克思实现从货币到资本的此种过渡不是基于从交换到生产的辩证转化，也不是交换价值自我运动的逻辑过程，而是诉诸引入新的经验事实，即劳动力本身成为商品。从哲学方法论上讲，劳动力商品范畴的介入是对先前居于主导的市场逻辑的"孤立干预"，它没有遵循从一般到特殊、抽象到具体的顺序，恰恰相反，这是"具体对象的具体逻辑"的典型体现[②]。

客观地说，比岱从逻辑起点与阐述方法入手分析《大纲》与《资本论》的关系问题，他抓住了要害。他的意图也很明确，反对从历史辩证法角度理解马克思的资本主义批判理论，因为在他看来，《资本论》的核心内容与当代价值在于马克思为剖析资本主义社会经济结构提供了具体的分析框架。为此，他通过对《资本论》的解读，就是想要延伸出一条针对具体对象的具体分析逻辑。我们可以看到，在他以后的学术生涯、特别是"元结构"理论建构中，此种思路获得了怎样的拓展。但在此，有必要对上述基本问题做一个初步的回应。

首先，纠结于科学起点是否应当是社会的"表面"，比岱显然是没能把握"直观和表现的起点"与"思维和理解的起点"之不同。马克思在《政治经济学批判·导言》中曾专门论述过，对于直观和表象的经验主义认识过程而言，它的起点必然是作为多样性统一的生动的具体，但是对于思维和理解即科学的认识过程来说，它却不能从具体总体出发，因为具体总体作为思维中的具体只能是思维理解的产物。科学认知的起点必然是经过思维抽象的逐步剥离，最后剩下最简单的规定，再一步一步上升为思维具体综合的过程。[③] 当比岱指认说《资本

---

① Jacques Bidet, *Exploring Marx's Capital*: *Philosophical*, *Economic and Political Dimensions*, Trans. By David Fernbach, Leiden·Boston: Koninklijke Brill, 2007, pp. 161–162.

② Jacques Bidet, *Exploring Marx's Capital*: *Philosophical*, *Economic and Political Dimensions*, Trans. By David Fernbach, Leiden·Boston: Koninklijke Brill, 2007, p. 162.

③ 参见《马克思恩格斯全集》第 30 卷，北京：人民出版社，1995 年，第 42—47 页。

论》的科学起点是"商品生产与流通结构"时，他似乎想要解释商品生产的内在规律，实际上却陷入现实具体之复杂性的探讨中。

其次，《资本论》中概念体系的自我运动，譬如说商品转化为货币，或货币转化为资本，不是形式逻辑的演绎法所能把握的。形式逻辑所规定的"一般"和"特殊"是静态平面上的相互关系，它能够说明两者间的相互蕴含或对立差别，却实现不了范畴背后客观社会关系的矛盾运动。换言之，推动概念或范畴从抽象上升到具体的内生性动力既不是概念自身的普遍性，也不是先验的价值预设，而是它们所反映的社会经济关系的内在矛盾。① 在《资本论》中，所有范畴的运动都是基于商品内含之二重要素在矛盾运动过程中的转化，每一次实际的发展都在更高的层级上创造出新的复杂形式。必须承认，《大纲》作为《资本论》的第一个手稿，在具体表述方面确有粗糙之处，但马克思自己也明确意识到"在货币作为货币的完全的规定性上理解货币特别困难"②。实际上，他是在超出货币本身的更高层次上去阐明资本的规定性，这一层次指的就是资本主义社会的生产关系基础。直接将《大纲》指认为逻辑神秘主义，这是比岱基于他的经验主义方法论解读的结果。

黑格尔的理论遗产：认识论的支撑与障碍

提及《资本论》的阐述方法，一个不能规避的问题便是马克思同黑格尔的思想关系。众所周知，青年马克思曾经一度是黑格尔哲学的信仰者和拥护者，这不仅体现在他大学时期积极参与青年黑格尔派的博士俱乐部，而且更重要的是，作为自己哲学起点的《博士论文》也表达出他通过自我意识哲学改造黑格尔本质学说的强烈意愿。然而，《莱茵报》时期的政治实践使得马克思逐渐陷入对黑格尔理性主义国家

---

① 参见孙伯鍨《孙伯鍨哲学文存》（第四卷），南京：江苏人民出版社，2010年，第286页。
②《马克思恩格斯全集》第30卷，北京：人民出版社，1995年，第193页。

观的怀疑与反思中，不久之后的《黑格尔法哲学批判》就是他站在一般唯物主义立场上对黑格尔的政治观及其唯心主义神秘方法论的批判。在《神圣家族》中，虽然马克思（包括恩格斯）主要批判的对象不是黑格尔，但为了从根本上论证青年黑格尔派哲学方法论的谬误，他顺带批判了作为黑格尔哲学基础的"思辨结构的秘密"①。在此之后的很长一段时期内，黑格尔及其学说虽然也出现在马克思的文本中，但它们基本上是作为负面因素被马克思提及。比如说在《德意志意识形态》和《哲学的贫困》中，黑格尔哲学一直被马克思视为当代德国思辨神秘主义的源头。直到《资本论》及其手稿时期，这一局面才得以扭转，正如我们所熟知的那段"宣告"，即马克思在《资本论》第一卷第二版跋中说的那样："我公开承认我是这位大思想家的学生……辩证法在黑格尔手中神秘化了，但这决没有妨碍他第一个全面地有意识地叙述了辩证法的一般运动形式。"②

马克思曾多次表达过，如果条件允许，他会专门写一部阐述自己辩证法的理论著作。然而遗憾的是，他生前并未留下相关文献，只是在不同时期的不同文本中简要论述了自己方法的理论要点（包括同黑格尔辩证法的区别）。列宁对此的观点是："虽说马克思没有遗留下'逻辑'（大写字母的），但他遗留下'资本论'的逻辑，应当充分地利用这种逻辑来解决当前的问题。"③ 列宁通过黑格尔逻辑学理解马克思的辩证法，强调前者之于后者的重要意义，从而认为《资本论》的阐述方法正是经过唯物主义改造的从抽象上升到具体的方法。可以说，这一判断也成为后世学者研究马克思辩证法的入口。但是，具体来看，黑格尔哲学在马克思政治经济学批判中究竟处于什么样的地位、发挥了怎样的作用呢？马克思是怎样剥离了它的神秘形式，从而发现并继

---

① 《马克思恩格斯全集》第 2 卷，北京：人民出版社，1957 年，第 71 页。
② 《马克思恩格斯全集》第 44 卷，北京：人民出版社，2001 年，第 22 页。
③ 《列宁全集》第 38 卷，北京：人民出版社，1959 年，第 357 页。

承了其中的合理内核呢？另外，《资本论》的逻辑对于揭示唯物辩证法的一般规律以及剖析当代资本主义社会的发展而言又具有什么样的方法论启示呢？比岱的思考由此展开。

比岱指出，在马克思主义思想史传统中，关于《资本论》科学方法和阐述逻辑的讨论，一直就存在着两派不同的观点："历史—逻辑"的解释与严格范畴秩序的解释①。其中，关键的分歧在于范畴运动的秩序在多大程度上能符合现实历史发展的顺序。经典马克思主义提供的答案源自恩格斯的阐释："逻辑的研究方式是唯一适用的方式。但是，实际上这种方式无非是历史的研究方式，不过是摆脱了历史的形式以及起扰乱作用的偶然性而已。历史从哪里开始，思想进程也应当从哪里开始，而思想进程的进一步发展不过是历史过程在抽象的、理论上前后一贯的形式上的反映。"② 自恩格斯以来，"历史—逻辑"的解释倾向逐渐在东方国家的马克思主义理论界占据主流地位，甚至在一定程度上影响了法兰克福学派的社会批判理论。与之相反，阿尔都塞及其学派发展出一套既非历史又非辩证的解读模式，在他们那里，历史进程与范畴次序之间不具有一致性。德国"新马克思阅读运动"也曾专门讨论过这一问题，譬如其代表人物巴克豪斯的观点是，与恩格斯特别强调"历史与逻辑相统一"不同，马克思更加关注的是范畴自身的发展次序，因为"导言"明确表述的"从抽象上升到具体"的方法论原则是思维逻辑的科学进程。③

比岱指认说："我的目的不在于从学术上对马克思与黑格尔的思想

---

① Jacques Bidet, *Exploring Marx's Capital*：*Philosophical*，*Economic and Political Dimensions*，Trans. By David Fernbach, Leiden · Boston：Koninklijke Brill, 2007, p.170.

② Jacques Bidet, *Exploring Marx's Capital*：*Philosophical*，*Economic and Political Dimensions*，Trans. By David Fernbach, Leiden · Boston：Koninklijke Brill, 2007, p.170. 引文参考《马克思恩格斯全集》第 13 卷，北京：人民出版社，1962 年，第 532—533 页。

③ 参见 Jacques Bidet, *Exploring Marx's Capital*：*Philosophical*，*Economic and Political Dimensions*，Trans. By David Fernbach, Leiden · Boston：Koninklijke Brill, 2007, p.171.

关系进行细致梳理与全面评价，而在于从前几章中已经揭示的问题入手阐明《资本论》的核心结构与范畴体系。"① 在他看来，一旦假定马克思辩证法直接来源于黑格尔，它们的区别只不过是唯物与唯心的区别，那么基于黑格尔哲学理解《资本论》的范畴运动或以《大纲》注释《资本论》就成为顺理成章的事情。可是如此一来，又回到了问题的开端。换言之，比岱尽管承认黑格尔哲学在马克思政治经济学批判的过程中起到了关键性作用，但他不认为通过线性对应关系的揭示就能把后者一劳永逸地确定下来。恰恰相反，只有把《资本论》自身的论述方法视为解剖资本主义经济规律的真正的科学方法，逐一比较从《大纲》到《资本论》之间各手稿与各版本之间的发展，才能阐明黑格尔辩证法对马克思的实际影响以及马克思辩证法与黑格尔辩证法的真正差别。实际上，上文关于逻辑起点与阐述方法的论证已经勾勒出上述问题的基本框架，之所以仍然要回到哲学方法论层面的探讨，是因为这从根本上关系着《资本论》的精神实质与当代价值。

如果要用一句话来概括比岱此处的核心观点，那就是：黑格尔辩证法在帮助马克思突破古典经济学意识形态的同时，也在他构建自己的理论表述过程中构成"认识论的障碍"②。比岱指出，关于前者，即黑格尔哲学之于马克思政治经济学批判的积极正面意义，已经为前辈学人所揭示并有大量研究，他在这里只强调两个方面。这两方面都归功于马克思从黑格尔那里借鉴了从抽象到具体的论述模式。

其一，《资本论》从原定"六册计划"中的"资本册"最终调整为后来呈现的"四卷结构"，其中关键性的一步是马克思从多重资本的竞争环境中分离出"资本一般"，从而解决了困扰李嘉图的难题，即从价值到生

---

① Jacques Bidet, *Exploring Marx's Capital*: *Philosophical*, *Economic and Political Dimensions*, Trans. By David Fernbach, Leiden · Boston: Koninklijke Brill, 2007, p. 193.

② Jacques Bidet, *Exploring Marx's Capital*: *Philosophical*, *Economic and Political Dimensions*, Trans. By David Fernbach, Leiden · Boston: Koninklijke Brill, 2007, p. 169.

产价格的转型问题。比岱指出："在这种转变中，至关重要的是他从一个两部分的阐述转变到了三个部分的结构，即从原来的'资本一般/资本的实际运动'转变为后来的《资本论》三卷结构。最初由两部分组成的划分与《大纲》的创立程序是一致的：它为马克思已经提出的李嘉图问题提供了解决方案，并与基于劳动价值和可观察价格之间的差异联系在一起。这个解决方案是从黑格尔的逻辑中借鉴了从抽象到具体的模式。在这种情况下，这种发展方法特别允许两个理论时刻之间的本质分裂：1.抽象价值和剩余价值领域，即'资本一般'；2.'多重资本'之间竞争导致的'自然'价格的具体领域。两个领域之间的关系由资本家之间的剩余价值转移系统确保，给予每个平均利润率。因此，这两个主要阶段的初步计划似乎完全符合阐述的要求。"① 也就是说，在比岱看来，正是借助于黑格尔逻辑学，特别是从抽象到具体的方法，马克思才将《资本论》的阐述结构确定为从"资本一般"向"资本实际运动"的过程，进而丰富为"生产/流通/总过程"的内在联系，从根本上解决了困扰李嘉图的价值与生产价格之间的难题。

其二，《资本论》在剖析具体的资本主义生产方式之前率先引入了一般商品生产结构，即从市场逻辑出发论证资本逻辑，这既使得特定资本主义生产方式的存在基础得以显现，又使得资本逻辑区别于一般市场逻辑的本质特征得以揭示。比岱指认说："在前一章中，我分析了与'货币转化为资本'有关的论述进展或发展的性质。我已经表明，在一个确定的结构层面下，引入范畴的合法性基础不是根据其先前范畴的'演绎'事实，而是从它们在一个可理解的整体结构中形成的联系中；以及向不同层次的转化是如何通过引入一个新的范畴（在这里是指劳动力商品）来构成的，这个范畴'打开'了一个新的范畴整

---

① Jacques Bidet, *Exploring Marx's Capital*：*Philosophical*, *Economic and Political Dimensions*, Trans. By David Fernbach, Leiden·Boston：Koninklijke Brill, 2007, p. 177.

体。……更具体意味着自己的阐述更抽象；更抽象意味着将自己更具体地构建成一个有效的社会规则。通过这种方式，对这些不同的范畴进行了一系列的阐述，从而使它们之间的关系定义了一套资本主义结构的存在条件。"① 换言之，比岱认为，在马克思那里作为抽象基础的市场逻辑构成了具体资本逻辑的前提条件，前者包含了后者发生孕育的最一般背景，而正是在结构自身的动态趋势中"具体"的特殊性越发清晰。

然而，比岱论述到这里却又笔锋一转，在他看来，马克思从黑格尔那里承袭"从抽象到具体"的论述方法具有双重影响，在解决一些问题的同时也付出了相应的理论代价。这些情况在《大纲》中表现得尤为明显，而马克思后来在《资本论》中所做的种种努力都在对此进行修正。

第一，从先验逻辑预设到"具体对象的具体逻辑"。比岱承认，"普遍性/特殊性/个别性"的认识论模式可以就较为具体的概念区别于较为抽象的概念做出说明，但问题是，它同样使得较为具体的概念处于较为抽象概念的外在强制中，遮蔽了较为具体概念的具体规定性。"资本一般"作为一个普遍的概念，从它出发可以透视特殊资本的差异性问题，但进一步而言，从特殊资本再出发分析个别资本时，认知的困难就产生了。他因此指出："与马克思在其最初计划中所预见到的相反，这些普遍性/特殊性/个别性的范畴不再组织阐述，并且规定了其各种时刻之间的等级秩序。没有真正的普遍关系，而只是一个主导和全局的关系。特殊性是无所不在的，并且它是多样的，不能统一为整体的特殊性，而是许多个特殊性。个别性因而也溶解成一系列不同的关系。简而言之，即使这些范畴起到了'启发式原则'的作用，它们

---

① Jacques Bidet, *Exploring Marx's Capital*: *Philosophical*, *Economic and Political Dimensions*, Trans. By David Fernbach, Leiden · Boston: Koninklijke Brill, 2007, pp. 176 – 177.

最初指定的项目也被证明是失败的。它们不仅没有构成辩证理论的辩证框架，而且在特定于资本主义生产方式理论这一特殊对象的表述和范畴内，只提供了相当普通的意义。"① 也就是说，比岱视域中的特殊性不因为普遍性的存在而放弃自身，具体对象具有自身独特的逻辑。实际上，他由此出发想要打开的是一条从"具体对象的具体逻辑"出发解读《资本论》的道路。

第二，从历史辩证法到结构分析框架。在比岱看来，"从抽象到具体"的论述方法假定了历史发展本身具有客观的内在规律，并站在历史发展之制高点上梳理这一从简单到复杂的演绎进程。譬如说，上文已经阐述的"转化"问题，即《大纲》把简单流通过程直接链接到资本生产过程，本质上属于交换价值自我运动的先验逻辑推论。它既不能很好地联结市场逻辑与资本逻辑，也无法对后者的具体运行机制进行科学地分析。比岱论证说："我们已经看到这种从存在到本质，从预设到假定，尤其是从（简单）流通到（资本主义）生产的'辩证'转变是如何在《大纲》中发生的。然而，在交换中，交换的商品或是以商品形式存在，或是以货币形式存在，并且每一次都只是使用价值或交换价值，在生产性消费中，每一类别都只是它自身……在这里，我们发现了使用价值和交换价值之间的'同一性和差异性的统一'，这是在流通本身中实现的，而非假定，只是表现为每个都与自身相同而且与另一个不同。"② 在他看来，只是到了《资本论》中，马克思针对特定资本逻辑的本质特征，通过引入与资本相关联的劳动力商品概念才获得了"分析式"的前进。因此，马克思是从基本结构与动态趋势的相互关系中确立了剖析资本主义生产方式的科学方法，《资本论》的科

① Jacques Bidet, *Exploring Marx's Capital：Philosophical, Economic and Political Dimensions*, Trans. By David Fernbach, Leiden·Boston：Koninklijke Brill, 2007, pp. 182–183.

② Jacques Bidet, *Exploring Marx's Capital：Philosophical, Economic and Political Dimensions*, Trans. By David Fernbach, Leiden·Boston：Koninklijke Brill, 2007, p. 185.

学性与当代价值也基于此。

第三，从历史目的论到具体斗争战略。在黑格尔之前，"历史"不是在经验层面的历史事实维度加以理解，就是在自然神学的循环运动中得以把握。黑格尔历史哲学的贡献在于从绝对观念的自我运动与自我实现出发，将世界历史改造为思维运动的规律。在比岱看来，《大纲》中的马克思基本接受了黑格尔的历史理性与历史目的论思想，三大社会形态的论证由此展开。但这样一来，系统的辩证发展需要寻求先验的历史理性加以推动。与之相比，《资本论》为剖析资本主义社会的政治经济结构提供了基本分析框架，这在方法论上大大往前进了一步，然而从对资本主义历史趋势的判断来看，马克思仍然是在"否定之否定"的辩证逻辑基础上论证无产阶级共产主义革命的历史必然性。比岱指出："第1卷第32章有一个著名的预言：对'直接生产者'的原始剥夺，继而是资本主义的长期发展，最后是'剥夺者被剥夺'。这种表现形式的缺陷，无疑也是它的动机，是它在起点和终点之间建立的极性和镜像关系，掩盖了它们潜在的不相容性。事实上，开始并非'剥夺'：在这种情况下，它只是资本主义结构的起源和建立中的许多元素之一。而'最终'的剥夺本身就是双重的：在整个发展过程中发生的小资本家（集中），以及'革命性'地剥夺占统治地位的资本家。'否定之否定'的捷径消除了这种运动的各个方面与生产方式理论所规定的历史暂时性之间的区别：系统的遗传、动态和革命性危机。它给最终结果以假设开端的虚假简单性。它撇开了对可能结果多样性的不可或缺的反思，以及对复杂趋势和反趋势的审视——尽管如此，毫无疑问，这是引发对当代资本主义未来进行思考的最有用的反映。"① 由此出发，比岱想要阐明，马克思资本主义批判理论的伟大意义不在于从

---

① Jacques Bidet, *Exploring Marx's Capital：Philosophical，Economic and Political Dimensions*, Trans. By David Fernbach, Leiden・Boston：Koninklijke Brill, 2007, p.190.

历史目的论出发，以"否定之否定"论证工人阶级革命的必然性，而在于为揭示资本主义社会的基本矛盾并制定具体行动的斗争战略提供指导意义。① 在当代资本主义进一步发展与阶级斗争的语境中，《资本论》的重要方法论启示不是黑格尔哲学意义上的辩证运动逻辑，而是一种针对具体社会政治经济结构的具体分析方法。

---

① 参见 Jacques Bidet, *Exploring Marx's Capital*：*Philosophical*, *Economic and Political Dimensions*, Trans. By David Fernbach, Leiden · Boston：Koninklijke Brill, 2007, p. 195。

第二章

重建作为"总体理论"的
现代社会批判理论

在思辨终止的地方,在现实生活面前,正是描述人们实践活动和实际发展过程的真正的实证科学开始的地方。关于意识的空话将终止,它们一定会被真正的知识所代替。

——马克思、恩格斯《德意志意识形态》

把浅薄的涉猎当作指导原则,科学的终结便指日可待了。想要猎奇的人应该去电影院,想要听布道的人应该去参加宗教集会……喋喋不休地谈论直觉,不过是在掩饰对问题并无洞见。

——马克斯·韦伯《新教伦理与资本主义精神》

马克思主义凭其对自由、平等、理性的主张,严肃地对待现代社会。但马克思主义不是一种宗教,它标志着现代社会科学的诞生。

——雅克·比岱《何谓今日的马克思主义?》

一般而言，国外马克思主义学者在其学术研究与思想表达上具有三重共性特征：（1）主张重新理解马克思的思想；（2）将马克思的思想同其他西方社会思潮相结合；（3）批判资本主义。可以说，上述三个特点在比岱身上表现得尤为突出。如果说政治式地解读《资本论》构成了他哲学思想的起点，那么借鉴现代政治哲学和社会哲学来为马克思资本主义批判理论寻求更为宽广的解释基础，以及从"元结构"视域出发探讨现代性问题则代表了比岱构建自身原创理论的一种尝试。我们可以依据论述对象与理论旨趣的不同，将前后两个时期视作比岱哲学思想发展的不同阶段，后者主要体现在《现代性理论——兼论马克思与市场》 （1990）① 与《总体理论：法学、经济学与政治学》（1999）② 两个文本中。应当说，"元结构"视域中的现代性批判理论是比岱哲学思想中最为重要的部分，它构成了比岱"重建历史唯物主义"的思想主题与方法论依据。

从学术的思想化研究到思想的系统化表达，这一转向既有比岱自身理论兴趣的原因，又有更为深层的社会历史背景。在《马克思〈资本论〉研究》中，比岱通过指认《大纲》与《资本论》之间阐述逻辑的"断裂"，试图挖掘资本主义各经济范畴的社会政治内涵，其目的是反对从历史哲学的角度把马克思资本主义批判理论混同为革命人道主义。实际上，在经历了西方战后资本主义发展的这批左派学者那里，反对历史辩证法已经成为某种共识。他们不否认，从黄金时代到滞涨时期，从经济剥削、政治对立、文化冲突到精神压迫，资本主义社会存在着重重矛盾。但在他们看来，寄希望于社会基本矛盾的演进以及由此带来的经济危机与革命主体的觉醒，只能是一种历史神学式的幻

---

① Jacques Bidet, *Théorie de la modernité*; *suivi de Marx et le marché*, Paris：Presses Universitaires de France (PUF), 1990. 以下简称《现代性理论》。

② Jacques Bidet, *Théorie générale*：*Théorie du droit*, *de l'économie et de la politique*, Paris：Presses universitaires de France (PUF), 1999. 以下简称《总体理论》。

想。在此意义上，比岱以"具体对象的具体逻辑"反对"先验逻辑"的哲学观就是为了揭示资本主义历史趋势的多重可能性。对他而言，《资本论》的当代价值不在于证明了工人阶级获得自身解放的历史必然性，而在于为剖析资本主义社会经济的基本结构与动态趋势提供了总体框架。然而，20 世纪八九十年代，历史风云突变：东欧剧变与苏联解体使得国际共产主义运动遭受空前危机，与之相伴随的是新自由主义与新帝国主义在世界范围内的强势崛起与全面盛行。与唱衰马克思主义的资产阶级论调不同，在比岱这位欧洲左翼学者看来，两极格局结束之后所出现的新型"全球历史"不能证明"历史的终结"与马克思主义的失败，恰恰相反，"全球历史"时代的危机是"普遍的政治理论的危机"[1]。为此，摆在马克思主义者面前的紧迫任务是要重新审视马克思的理论遗产以及现代文化的其他优质资源，特别是现代政治哲学和社会哲学，从《资本论》的科学方法出发寻求作为当代社会抽象基础的"元结构"，以期在"元结构—结构—政治"的动态关联中把握现代性的发展趋势与解放途径。

一、马克思主义与现代性

"现代性"是伴随着资产阶级思想启蒙、资本主义历史进程以及当代资本主义全球化运动而诞生的时髦概念。这期间经历了从片面地讴歌赞美、永恒化神圣化"现代性"到马克思所开启的反思批判资本主义"现代性"，再到当下后现代思潮中质疑、消解或重构"现代性"的思想史过程。什么是现代性、如何理解现代性的本质特征及发展趋势，已经成为当今思想界最重要同时也是最具争议的话题之一。从根本上

---

[1] [法] 雅克·比岱、[法] 厄斯塔什·库维拉基斯：《当代马克思辞典》，许国艳等译，北京：社会科学文献出版社，2011 年，第 4 页。

说，现代性问题的时兴是反思当代人类生存状态和未来命运的产物。不可否认，当我们用"现代性"概念去描述现代社会区别于传统社会的历史性特征时，这些新的社会历史现象是客观存在的。但更重要的是，如何去解读与把握这些新的社会历史现象？反过来说，当我们不自觉地使用"现代性"概念时是否已经站在某种预设的理论立场上，或已经接受了某种方法论的指引？

我们知道，当马克思用"资本主义"这一范畴指称区别于前资本主义与共产主义的社会形态时，他是从基于唯物史观的历史性社会关系视角出发的。[1] 马克思不仅在生产力与生产关系的内在矛盾运动中揭示出资本主义社会的基本矛盾与历史暂时性，而且把特定资本主义生产方式看作是历史辩证的有机过程。反观比岱，当他把理论视域从特定的资本主义社会推向"现代性"时，其实也有自己的方法论立场：他所把握的"资本主义"范畴已经无法囊括现代社会的本质特征。在他看来，马克思《资本论》的核心要义是在具体分析资本逻辑之前首先讨论了作为资本主义社会抽象基础的市场逻辑，市场逻辑在此处就构成了当代社会的"元结构"。"元结构"的存在之所以必要，是因为它为分析更为复杂的矛盾形式提供了普遍性基础。但问题是，"现代社会的总体逻辑既不能由资本主义的概念加以确定，也不能由历史共产主义的观念预先假设，它在本质上是一个多元复杂的交织结构"[2]。由此出发，扩大作为现代社会抽象基础的一般公设以挖掘作为"现代性母体"的"元结构"成为比岱这一思想阶段的主要任务。与后来的《总体理论》相比，此时的比岱显然还没有从正面阐述自己的全部理论构想，而是在与众多思想家对话的过程中孕育反思——确立现代社会的契约关系前提、划定现代性的逻辑界限。但必须承认，《现代性理

---

① 参见唐正东《当代资本主义新变化的批判性解读》，北京：经济科学出版社，2016年，前言，第2—3页。

② Jacques Bidet, *Théorie de la modernité*; *suivi de Marx et le marché*, Paris: Presses Universitaires de France (PUF), 1990, pp. 10-11.

论》基本展示了比岱哲学思想的基本方法论原则。如果我们还是以马克思哲学的发展历程做个类比的话，《现代性理论》就大致相当于《关于费尔巴哈的提纲》和《德意志意识形态》。

马克思在现代性问题的论述上缺少了什么？

在西方思想界围绕现代性的诸多论争中，尽管历史唯物主义早已被当作"宏大叙事"加以拒斥，但大多数学者依然认为，马克思是现代性批判的理论先驱。正如比岱在《何谓今日的马克思主义？》中指出的那样，"马克思主义是对现代社会的内在批判（而马克思当然是马克思主义的主要思想家之一）。马克思主义凭其对自由、平等、理性的主张，严肃地对待现代社会。但马克思主义不是一种宗教，它标志着现代社会科学的诞生。"① 从历史上看，对现代性的反思、质疑与批判不是晚近的事情，它几乎和现代世界同时诞生。在现代世界刚刚脱出于传统社会之际，就有一大批思想家从不同的领域反对和批判现代性。且不论早期空想社会主义者对资本主义的猛烈抨击、经济学说史上重农学派对工商业实践的极端敌视、卢梭将原始状态视为人类生存的黄金时代，即使是马克思同时期的许多思想家，都从不同的理论立场出发诊断现代性问题。② 必须承认，马克思生前并未就现代性直接展开论述，但是他对以资本主义为主要特征的现代社会的分析与批判，无疑

---

① ［法］雅克·比岱：《何谓今日的马克思主义？》，赵协真译，载《国外马克思主义研究报告（2007）》，俞吾金主编，北京：人民出版社，2007年，第265页。
② 关于这一点的论述，我们可以从马克思恩格斯《共产党宣言》第三部分"社会主义的和共产主义的文献"中得到启示。马克思和恩格斯在此处梳理了各种面对资本主义现代性的发展而提出自己理论主张的思想流派：他们或是立足于已经被淘汰或即将要灭亡的阶级立场提出一些批判话语，或是无视社会历史进程的客观规律陷入无前提超越现实阶段的幻想之中。为此，马克思和恩格斯从历史唯物主义出发阐明了科学社会主义对其他各种形形色色的社会主义和共产主义的态度，从另一个侧面展示了历史唯物主义视域中资本主义现代性所蕴含的二重性矛盾及其科学批判路径。（参见 ［德］马克思、恩格斯《共产党宣言》，北京：人民出版社，1997年，第50—61页。）

构成了当代研究者反思与重构现代性问题的重要思想资源。

在作为其哲学思想起点的《马克思〈资本论〉研究》中，比岱承袭了阿尔都塞及其学派的一些理论主张，但更为重要的是他直接面向《资本论》的阐述逻辑与科学方法。在他看来，马克思在剖析资本主义社会本质特征的过程中至少存在着三个层面的科学视角。其一，马克思把对资本主义各经济范畴的探讨置于特定的社会政治形式中，在特定政治情境而非单纯经济学语境中研究具体社会运行机制；其二，从"具体对象的具体逻辑"出发揭示资本主义社会的基本结构与动态趋势；其三，马克思在具体分析资本逻辑之前预先讨论了作为其抽象基础的市场逻辑，科学开端的确立给具体情境的探讨提供了更为广阔的理论背景。但他同时也指出，马克思在摒弃先验价值视角的同时也保留了历史目的论的残余，这主要体现在他对资本主义历史趋势的简单判断上。马克思设想了用以组织计划为特征的共产主义社会取代资本主义社会，但这一点无论如何都不能在资本逻辑的自我运动中得以说明。[1] 由此出发，比岱基于上述三个视角打开了一条有别于从历史辩证法角度解读《资本论》的独特路径。虽然此时的比岱还没有形成后来的"元结构"思想以及其中包含的组织权力维度，但是对科学开端的高度重视、对社会结构复杂性的指认以及对历史辩证法的摒弃都构成了他转向现代性问题探讨的理论动因与方法论基础。

从更为广阔的思想史背景与社会史进程来看，比岱第二个思想阶段的问题意识或理论切入点，来源于对当代世界历史与精神文化的反思。对他而言，马克思的"历史共产主义"思想之所以在理论与实践两个层面都遇到困难，与其科学开端或抽象基础的残缺性有关：市场逻辑可以催生出基于经济剥削的资本结构，有计划地协调生产同样可

---

[1] 参见 Jacques Bidet, *Exploring Marx's Capital*：*Philosophical*, *Economic and Political Dimensions*, Trans. By David Fernbach, Leiden · Boston：Koninklijke Brill, 2007, p. 127。

以生成以组织权力为特征的官僚体制。这一观点可以在 20 世纪下半叶世界范围内的两极格局中分别得到印证。一方面，20 世纪末给左派学者触动最深的莫过于国际共产主义运动遭受空前挫折这一事实。在《现代性理论》第一部分第三节"资本主义与共产主义"中，比岱对 20 世纪最大的社会主义国家苏联如何产生出另一种阶级社会进行反思。他认为，现实社会主义的危机就在于它将市场与组织视为非此即彼的历史序列，从而忽略了作为现代社会宣称形式的复杂结构①。另一方面，西方国家、特别是欧洲国家的阶级和政党制度在战后的新变化也反映出马克思国家理论和阶级理论的单一性。欧洲左翼政党和右翼政党的划分不是基于传统马克思主义立场上的两大阶级划分，而是由各自代表的市场和组织的职能与地位来确定的。② 比岱认为，当马克思把分析的焦点置于市场与组织这两种不同的社会生产模式上时，他无疑是成功的。然而，他以历史辩证的方式将后者视为前者的替代物，恰恰体现了其科学开端的狭窄性，这是因为现代社会所蕴含的市场和组织已经成为两种性质不同却又相互关联的阶级因素。

因此，在比岱这位致力于为马克思主义重新奠基的左翼学者看来，从经典作家的思想之外寻求其他人类精神文化资源是探讨复杂现代性问题的有效途径。在《现代性理论》的序言部分，他直接指出自己的理论目标是"将马克思的贡献重新融入广泛的政治哲学和社会理论之中"③。那么，比岱视域中能够为复杂现代性问题的探讨提供理论资源的"政治哲学和社会理论"有哪些呢？纵览比岱这一思想阶段的主要著述，我们可以找出多种异质性思想的共同存在：韦伯关于资本主义

---

① Jacques Bidet, *Théorie de la modernité*; *suivi de Marx et le marché*, Paris: Presses Universitaires de France (PUF), 1990, p. 83.

② 参见［法］雅克·比岱《现代社会中的阶级和政党：对资本主义和社会主义的反思》，高静宇译，《国外社会科学》2003 年第 1 期，第 57—58 页。

③ Jacques Bidet, *Théorie de la modernité*; *suivi de Marx et le marché*, Paris: Presses Universitaires de France (PUF), 1990, p. 7.

合理性的思想、从霍布斯到康德的社会契约论、罗尔斯对社会契约的最新见解、布尔迪厄对经济资本与文化资本的划分、制度主义经济学将组织概念与市场概念并驾齐驱、哈贝马斯将社会体系分成市场和行政两个子体系等等①，其中以韦伯的合理性思想作为最为重要②。国外学者大多认为，比岱的现代性理论是对马克思、罗尔斯和哈贝马斯思想的一种"超级整合"，他试图以"马克思＋韦伯"的方式为分析当代社会的"元结构"找到理论基础③。我基本赞同这一判断。

如果说马克思是从历史性生产关系的内在矛盾入手剖析资本主义现代性的话，那么韦伯则侧重于在价值中立的立场上研究资本主义的合理化机制。韦伯既反对庸俗经济决定论的解释，又反对从先验价值视角出发进行社会学研究，主张不含任何价值判断的客观描述。在韦伯看来，作为资本主义基本性质的合理化精神是西方理性主义发展的产物。资本主义在整体上是一种生产的高度合理化机制，它以严格的分析与计算为核心，既包括经济运行的合理化，又包括以此为基础的一般生活过程的合理化。为此，他对现代世界的分析主要围绕资本主义社会结构的组织原则，其中以官僚制为典型。

实际上，比岱之所以能够将多种异质性的思想资源揉进自己的理论中，是与他对现代性的深层理解联系在一起的。简单地说，现代性就是现代社会区别于传统社会的根本特征与本质依据，对现代性的不同理解会导向不同的分析路径与批判方式。大体上，面对现代性可以采取三种截然不同的理论态度：主张"退回去"的浪漫主义、主张矛盾性的历史主义、主张合理性的价值中立主义。在浪漫主义的视域中，

---

① Jacques Bidet, *Théorie de la modernité*；*suivi de Marx et le marché*, Paris：Presses Universitaires de France (PUF), 1990, p. 7.
② Jacques Bidet, *Théorie de la modernité*；*suivi de Marx et le marché*, Paris：Presses Universitaires de France (PUF), 1990, p. 49.
③ Gilles Labelle, *Jacques Bidet*, *Théorie de la modernité. Suivi de*：*Marx et le marché*, Paris, PUF (coll.《Questions》), 1990, 320 p. . Philosophiques, 23 (2), p.449.

现代性就意味着人类堕落的罪恶根源，全面拒斥现代性、否定工业文明的发展及至回到原始状态成为他们全部的理论目标。到了黑格尔、特别是马克思这里，现代性的根本特征是一种历史属性，无论其在经验现象层面上呈现出多么纷繁复杂的不确定性，但它本质上蕴含的二重性矛盾推动其自身走向更高的发展阶段。如果我们把马克思对现代性的批判就概括为"历史唯物主义"的话，那么比岱在继承基于生产方式批判的"唯物主义"的同时，把"历史"给抛掉了。他对《资本论》科学方法与当代价值的指认是以否定历史辩证法为前提的，他所谓的结构性矛盾或阶级斗争不是源自历史本质发生学领域，而存在于具体现实层面的经验领域。换句话说，比岱对现代性的理解是建立在肯定资本主义合理性的基础之上的，既不同于历史哲学的解释，也不同于早期西方马克思主义的文化批判路径。循着这种思路，他必然会导向对资本主义合理性问题的探讨，即合理性的来源与实质是什么，它如何使得现代社会的发展成为可能，又如何站在价值中立的立场上提出一种现代性的批判话语。这样一来，我们也就不难理解比岱为何需要转向以韦伯、罗尔斯、哈贝马斯等人为代表的现代政治哲学和社会理论。

发现作为"现代性母体"的"元结构"

上文已经提及，从《资本论》的政治式解读转向现代性问题的探讨，比岱这一思想过渡并非是单纯研究论域的扩大，而是理论逻辑的自然延伸。他既认可马克思对现代性的局部诊断，又反对历史辩证法，他所要做的工作就是为现代社会的本质依据寻求更为宽广的解释基础。不难看出，尽管此时的比岱参考或借鉴了多重理论资源，但作为其思想起点与理论根基的依然是马克思的资本主义批判理论。在这里，他沿用了自己上一阶段的解读思路："以分析的而非历史辩证的方式阐释

《资本论》的主体架构"①。

比岱指出，马克思对现代性批判的理论支柱是"资本"，他在讨论资本逻辑之前预先构想了商品生产与交换的一般结构，从而揭示出正是普遍自由交换之下蕴含的劳资交换之特殊性质使得实质不平等得以产生，并演化出剧烈的阶级对抗。当马克思以商品生产和交换为统一结构的市场逻辑构成具体资本逻辑的抽象基础时，他是深刻的，因为市场与资本虽同属资本主义社会的复杂结构，但分别处于不同的运行层面。市场逻辑作为最一般性的、无所不包的总体结构蕴含了资本主义具体结构动态趋势的全部条件。在现实的资本主义社会中，市场和资本密不可分，前者的充分孕育必然导向后者，而后者的进一步发展也使得前者愈发成为自身。但科学理论的任务就是对复杂形式进行解剖，马克思从"一般到特殊""从抽象到具体"的方法就为具体的历史科学提供了参照。

然而，马克思以历史辩证的方式假想了资本逻辑的充分发展能够催生出有计划的组织协调生产模式，如此一来就脱离了抽象基础的内在维度转向一种有别于原初结构的外部推演。在比岱看来，尽管马克思构建出市场与计划两种生产协调形式并且运用了科学的分析方法，但他对资本主义现代性发展前景的判断仍然与 20 世纪世界历史的发展趋势擦肩而过。究其原因在于，作为马克思科学分析起点的抽象基础具有单一性，即"组织计划不仅可以成为取代资本逻辑的生产形式，它也能共时性地存在于现代世界的本质维度中"②。换言之，比岱视域中的市场与计划不是非此即彼的历史相继关系，两者可以并行不悖，它们都是现代社会得以生成的标志性原则。正因如此，他就要为马克

---

① Jacques Bidet，*Théorie de la modernité*；*suivi de Marx et le marché*，Paris：Presses Universitaires de France（PUF），1990，p. 196.

② Jacques Bidet，*Théorie de la modernité*；*suivi de Marx et le marché*，Paris：Presses Universitaires de France（PUF），1990，p. 82.

思的分析起点或抽象基础弥补不足。

在《现代性理论》中，比岱将其正式命名为作为"现代性母体"的"元结构"①。他同时指出："这种做法克服了马克思主义关于'生产方式'概念的模棱两可之处，即将社会经济关系视为全部社会赖以存在的基础，而其他所有关系都是上层建筑的部分。事实上，'现代性的元结构'的确立可以适用于一切社会关系，它使得人们能够理解现代性是一种整体性秩序，从而确保了社会关系的统一性。"② 也就是说，比岱认为，传统马克思主义的社会关系概念过于狭隘且存在经济决定论的倾向，他之所以构想一种原初的"元结构"就是为了把马克思那里历时性的社会关系彻底共时化且空间化，放置于同一个平面结构中加以分析。所谓"元结构"，是与资本主义、社会主义、共产主义等诸多特殊社会结构相对应的一般结构，是被剥离出来的作为现代社会各种特殊结构得以建立的前提。

那么，不满足于将市场关系视为现代性唯一抽象基础的比岱要给"现代性的母体"增添哪些内在维度呢？他认为，扩大之后的"元结构"应当由"个体间性"（interindividualité）、"中央性"（centricité）、"结合性"（associativité）三个概念加以确定③。

（1）"个体间性"。比岱认为，为了描述"个体间性"的关系，我们可以从市场的共同概念开始谈起。大约从公元 1000 年开始，随着古代社会的解体，历史上首次出现了以商品交换为特征的市场关系。一个全新的世界由此出现，其特征是生产者和交换者逐渐由政治伦理关系的个人转变为原子化的个人、独立的生产主体。虽然旧有的、以封建

---

① Jacques Bidet, *Théorie de la modernité*; *suivi de Marx et le marché*, Paris: Presses Universitaires de France (PUF), 1990, p. 47.

② Jacques Bidet, *Théorie de la modernité*; *suivi de Marx et le marché*, Paris: Presses Universitaires de France (PUF), 1990, pp. 50 – 51.

③ Jacques Bidet, *Théorie de la modernité*; *suivi de Marx et le marché*, Paris: Presses Universitaires de France (PUF), 1990, p. 50.

等级依附关系为基础的社会联系不会马上消失，但随着家庭作为劳动过程的原子单位逐渐取得独立的生产者地位，它成为推动商品经济与社会发展的动因。但与此同时，"这种发展起来的交换关系在本质上是不平等的，因为它们生产和交换的前提条件不平等。进一步而言，此种不平等的客观存在也构成统治关系形成的基础"①。如果参照马克思的《资本论》，我们就能得知看似自由平等的契约关系如何在自身的发展中走向其反面的剥削与统治。

（2）"中央性"。比岱在此处区分了"中央性"（centricité）和"中心性"（centralité）两个概念："中心性"只是处于中心，它不具有对边缘个体的统摄作用；而"中央性"则意味着只有一个中心，它具有中央集权性质。商品经济或市场逻辑的运转需要以中央政权的保证为后盾，但此种中央政权并不仅仅指涉一种实体，更深层含义上它是一种共同的公共意志，因为它的存在必须得到整体范围内大多数成员的认可。譬如说，张三如果可以和李四发生交换关系，他同样可以与王五、赵六进行交换，这是因为交换已经成为某种普遍的共同意志。中央的问题同时也是国家权力的问题，比岱认为，这里的困难在于如何从抽象的层面上界定政治权力关系在个体微观层面的表现形式。马克思在《资本论》中开辟了从个体关系视角透视复杂结构的方法，但他主要是在具体的资本主义剥削关系上考虑了国家的作用，政治权力关系在抽象基础部分的论述中几乎是完全缺陷的。尽管当代马克思主义理论家也隐约窥见了这个问题（譬如说葛兰西），但他们没有提出有效的解决方法，仍然遵循经济基础与上层建筑二元对立的解释路径。② 需要指出的是，中央性的存在不是仅仅出于维护商品交换关系的需要，"中央性"和"个体间性"两者相辅相成，这使得现代性的"元结构"

---

① Jacques Bidet, *Théorie de la modernité*; *suivi de Marx et le marché*, Paris: Presses Universitaires de France (PUF), 1990, pp. 51-52.
② 参见 Jacques Bidet, *Théorie de la modernité*; *suivi de Marx et le marché*, Paris: Presses Universitaires de France (PUF), 1990, pp. 52-53。

区别于自由主义的市场秩序范畴。

（3）"结合性"。"结合性"是"个体间性"与"中央性"之外的第三个规定。比岱强调：一方面，"结合性"不能脱离上述两者单独存在，它是不同契约形式下社会关系发展的自然结果；另一方面，不能因为"结合性"是中介性的就不加重视，发展起来的"结合性"往往会导向不同的发展路径①。在现代性的"元结构"中，"结合性"作为一种强有力的因素既使得团体成员间形成牢固的契约关系，又导致对团体之外其他人的排除。近现代历史上曾发挥过重要作用的工人协会和资本家协会就是"结合性"的现实载体。在比岱看来，这种最初与契约形式相关的"结合性"没有被传统马克思主义甚至是早期西方马克思主义所发现：它只被当作经验的事实，而非理论的事实②。当社会主义理论家把改变世界的目光聚焦于工人联合与工人运动时，他们只是将其作为一个社会革命的手段，而没有从根本的理论思考入手分析"结合性"的现代运作机制。

总体而言，比岱提出的"元结构"思想至少有三重含义：其一，它是现代社会各种形式的前提条件，是具体社会关系的个体契约基础；其二，它是现代社会的宣称诉求或建构目标，是现代社会得以建立起来的共同意志；其三，它是分析现代社会的抽象基础或逻辑起点，是现代社会结构运转的基本法则。③ 他从罗尔斯、哈贝马斯等人那里受到启发，将《资本论》的开头部分视作马克思为剖析现代世界所构想的"原初状态"。此种"原初状态"不能被理解为先验的理念预设或制度安排，它虽然只是在抽象层次上探讨现代社会基本结构的理论虚构，但它一方面表达着社会契约的"自由平等"宣言，另一方面又规定了

①　Jacques Bidet, *Théorie de la modernité*；*suivi de Marx et le marché*, Paris：Presses Universitaires de France（PUF），1990, p. 53.

②　Jacques Bidet, *Théorie de la modernité*；*suivi de Marx et le marché*, Paris：Presses Universitaires de France（PUF），1990, pp. 54 – 55.

③　参见 Jacques Bidet, *Théorie de la modernité*；*suivi de Marx et le marché*, Paris：Presses Universitaires de France（PUF），1990, p. 48。

合理有效的社会协调行为。在本质上，是现代社会的阶级结构提出了"元结构"的要求。比岱现代性批判理论的核心主张是：如果说"元结构"是由"个体间性""中央性""结合性"三种契约关系所构成的复杂结构的话，那么科学剖析的起点就不应该是单独的一个维度，譬如说以商品关系为基础的市场逻辑，而应当扩大这一范围，从三元性特征的"元结构"视域出发分析现代性的本质依据及其超越路径。可以看出，比岱从马克思那里继承了形式上的分析思路，但割舍了矛盾性的分析方法，他寄希望于通过扩大"元结构"的概念范围以寻求现代世界普遍的理性契约关系，在承认现代社会合理性的前提下将历史辩证法转化为现代政治哲学。

面向现代性总逻辑的"元马克思主义"

纵观《现代性理论》，比岱除了提出现代性的"元结构"思想外，在最后一个部分中又提出了一个颇为新奇的概念："元马克思主义"[①]。从理论渊源看，"元结构"理论与"元马克思主义"的提法或多或少得益于法国马克思主义理论先驱列斐伏尔以及兴盛于 20 世纪五六十年代的法国"论据学派"[②]。一般而言，哲学语境中的"元——"（meta-）具有

[①] Jacques Bidet，*Théorie de la modernité*；*suivi de Marx et le marché*，Paris：Presses Universitaires de France（PUF），1990，p. 273.

[②] 法国"论据学派"兴盛于 20 世纪五六十年代，其理论家大多为 1956 年匈牙利事件后退出法共的左翼学者。他们试图作为党外知识分子独立地研究马克思主义，声称要摒弃一切教条和禁区，修正苏联正统马克思主义意识形态，彻底探讨当代世界的所有问题和危机。这一早期"元马克思主义"的创意来自列斐伏尔的"元哲学"思想。事实上"论据学派"也主张把"元马克思主义"理解为一种"元体系""元结构"，即一种批判的、超越的、兼收并蓄的新马克思主义理论框架。除列斐伏尔外，其代表人物还有哲学家考斯塔丝·阿希洛斯、埃德加·摩林，社会学家阿兰·图林纳，符号学家罗兰·巴特，等等。早期"元马克思主义"随着阿尔都塞及其学派的兴起并占主导地位后已销声匿迹。比岱在 20 世纪 90 年代以自己的方式激活了 60 年代的这一理论，并把它改造和表述为以现代性批判理论为中心的"元马克思主义"，以此重新构建马克思主义的"元体系""元结构"，提出自己的资本主义批判理论和社会主义思想。（参见曾枝盛《"元马克思主义"及其肇始者》，《马克思主义与现实》1996 年第 2 期，第 110—111 页；周穗明等《20 世纪末西方新马克思主义》，北京：学习出版社，2008 年，第 212 页。）

两种含义：其一，"在……之后"或"超出"，如形而上学（metaphysics）；其二，"基本""基础""综合"，如元科学（metascience）、元伦理学（metaethics）。①在比岱这里，"元结构"与"元马克思主义"兼有上述两重含义。"元结构"既是对现代社会结构之上契约形式与宣称原则的概括，又是对马克思业已揭示却仍有不足的抽象基础的补充；同样地，"元马克思主义"既是从抽象基础探讨现代社会的本质依据与总体逻辑，又是将马克思的理论主张与思想方法融入现代政治哲学与社会理论的探讨中，为探讨现代性问题提供了更为广阔的理论基础。在此意义上，他将所有具有开创性的、把马克思思想同其他社会思潮结合起来的马克思主义理论家都称为"元马克思主义者"，譬如说卢卡奇和葛兰西，前者将马克思的商品拜物教批判理论与韦伯的合理性思想结合起来用以揭示资本主义社会的物化现象及其运行机制，后者则把马克思主义的国家理论与自由主义传统联系起来分析"文化霸权"问题②。

比岱认为，"元马克思主义"就是面对现代性总逻辑的马克思主义，它融合了马克思主义的理论传统与其他哲学社会科学的理论成就，用以揭示现代社会的本质依据及其超越路径。因此，"元马克思主义"具有多元性与本质性两个维度，它的核心在于从理论思维的抽象层面上提出现代世界得以建构的原则纲要，在"元结构"与"结构"的动态趋势中把握现实社会结构的运动规律。之所以要融合其他理论资源，是因为马克思分析起点的单一性，而之所以要重视作为抽象基础的分析起点，是因为它构成了现代社会的运行法则。抽象的存在既不是为了否定具体历史发展的多样性，也不是为了取代具体社会结构的理论

---

① 参见周凡《元结构与现代性：比岱的"批判的马克思主义"的理论建构》，《马克思主义与现实》2004 年第 5 期，第 92 页。

② Jacques Bidet, *Théorie de la modernité*; *suivi de Marx et le marché*, Paris: Presses Universitaires de France (PUF), 1990, p. 300.

研究，而仅仅是为了扩大马克思提出的科学起点或"最一般公设"①。由此出发，比岱提出了用"元结构"理论改造马克思分析方法的五个具体步骤或方法论原则。

第一，扩大"元结构"的范围。比岱指出，马克思在《资本论》中从抽象的商品关系出发分析特殊的资本主义关系，这意味着他部分地窥见了现代性的"元结构"，即现代社会预先假定的前提条件。然而，马克思未能认识到"元结构"的普遍意义，并且仅仅将此种分析方法运用于资本主义。"元结构"不仅仅包括以"个体间性"为基础的市场关系，同时还包含以"中央性"为基础的组织关系、以"结合性"为基础的合作关系。由此出发，"元结构"视域中的现代性不仅针对资本主义，而是"属于现代世界的一切社会结构形式"②。在比岱看来，要想洞悉现代社会的本质特征及发展趋势，就必须从"元结构"三项规定之相互蕴含出发，而不仅仅是抓住其中的某一个维度。

第二，"元结构"三项内容的关系。"元结构"的三项规定不是并列关系，其中"结合性"为一切历史形式所共有，而其他两项是现代社会的两种组织形式。现代世界根据"结合性"的调解通过市场或组织两个中介，可以形成两种完全不同的契约—统治形式，一种导向生产资料私有制（以自由竞争资本主义为典型），一种导向中央集权占有制（以苏联计划生产模式为典型）。比岱分析说，正如哈贝马斯所强调的那样，只要有作为中介形式的契约关系存在，就会产生出阶级统治与政治压迫。因此"元结构"所蕴含的契约关系只有在现代社会的阶级结构中才能加以理解。但是，超越现代性的路径不是要求消灭一切契约关系，不是直接取消市场或计划两种生产形式，而是要消灭它们

---

① Jacques Bidet, *Théorie de la modernité*; *suivi de Marx et le marché*, Paris: Presses Universitaires de France (PUF), 1990, p. 301.

② Jacques Bidet, *Théorie de la modernité*; *suivi de Marx et le marché*, Paris: Presses Universitaires de France (PUF), 1990, p. 301.

所产生的阶级关系。①

第三，"结构—趋势"的分析方法。马克思从市场逻辑与资本逻辑的双重联结中正确剖析了资本主义社会经济的基本结构与动态趋势，然而分析起点的单一性使得他只能以黑格尔式的历史目的论构想无产阶级革命以及后商品社会协调生产时代的到来。相反，如果从一开始就拓宽"元结构"的范围，那么我们就可以理解基本结构的复杂性与演变趋势的多样性。比岱指认说："从二十世纪两大社会阵营的现实情况看，资本主义国家往往因为社会生产的无序性需要组织计划的协调，呈现出某种'共产主义倾向'，而社会国家受制于中央集权制的管理模式同样需要诉诸市场的力量，也会发展出某种'资本主义倾向'。"②

第四，"元结构"视域中历史生产形式的扩大。在比岱看来，两极格局结束后的历史时代是复杂现代性的时代，既存在更广泛市场化的可能性，也存在更有效中央干预的可能性，其中的关键在于如何看待两种中介形式以及与此相关的"结合性"。随着资本集中化程度的提高，大型跨国公司分享全球的能力也在增加，而这又与大多数人全面了解自己的命运并由此采取行动的能力相关联。新自由主义在世界范围内的充分布展并不意味着市场逻辑已经全面压倒了组织结构，"元结构"支配下的现代社会是一个矛盾体，市场关系的丰富性以及从中心出发考察社会结构的必然性要求我们充分认识当代世界的本质逻辑，从而对历史发展趋势进行"先验的干预"③。

第五，"元马克思主义"的最终目标是全人类的真正解放。发现作为现代性前提条件的"元结构"并不能使社会运转的基本法则一劳永

---

① 参见 Jacques Bidet, *Théorie de la modernité*；*suivi de Marx et le marché*, Paris：Presses Universitaires de France（PUF），1990, p. 301。
② Jacques Bidet, *Théorie de la modernité*；*suivi de Marx et le marché*, Paris：Presses Universitaires de France（PUF），1990, p. 302.
③ Jacques Bidet, *Théorie de la modernité*；*suivi de Marx et le marché*, Paris：Presses Universitaires de France（PUF），1990, p. 302.

逸地确定下来，因为现代社会的复杂性拒斥任何历史进步主义的单向性维度。在比岱看来，现代社会日益增长的风险既包括市场破坏性的风险，也包括集权主义的风险。这些根本性的矛盾不能以平衡两者的折中方式来消除，真正的解放需要转向"有原则高度的实践"①。比岱在这里引用了马克思《〈黑格尔法哲学批判〉导言》中的词句②，在他看来，"元马克思主义"继承了马克思寻求人类解放的思想基因，它以科学的精神面向自由的彼岸世界，它的目标是全人类的真正解放。这就要求当代理论家从原则高度把握现代性的基本特征与发展趋势，从内在演变过程的角度寻求人类解放的可能性。"历史不仅没有终结，反而正在上演。"③

二、元结构的本质地位及其主要内容

继在《现代性理论》中发现"元结构"的三项规定，并有感于要为马克思的分析起点提供更为广阔的理论基础后，比岱接下来的任务便是从"元结构"理论出发进一步阐明科学分析的前提、揭示现代社会的运行法则，在抽象基础与现实社会结构的内在关联中揭示现代性的发展规律与批判路径。我们发现，如果说比岱在《现代性理论》中更多的是制定了方法论原则的话，那么《总体理论》则是他正面阐述自己思想体系的文本。

在汉语学界，"Théorie générale"有两种译法："一般理论"或"总体理论"。其中的差别实际上关涉如何理解比岱哲学思想的理论旨

① Jacques Bidet, *Théorie de la modernité*; *suivi de Marx et le marché*, Paris：Presses Universitaires de France (PUF), 1990, p. 303.
② 参见《马克思恩格斯全集》第 3 卷，北京：人民出版社，2002 年，第 207 页。
③ Jacques Bidet, *Théorie de la modernité*; *suivi de Marx et le marché*, Paris：Presses Universitaires de France (PUF), 1990, p. 303.

趣与基本性质。从方法论看，自政治式地解读《资本论》开始，比岱就着力强调科学起点与阐述逻辑的重要性，他之所以要提出以"元结构"为核心的"元马克思主义"也是为了寻求现代社会得以存在的本质维度或一般原则。在此意义上，"一般理论"确实符合原意。但从整个思想体系看，比岱并未仅仅停留于对现代性一般原则或抽象基础的指认，而是在"元结构—结构—实践"的动态框架中分析现代社会的运动规律与演进趋势，从而致力于揭示现代性的总逻辑及其超越路径。在他看来，他的学说既可以对现代社会的诸形态做出说明，又可以作为建立未来社会的理论基础。① 上文已经提及，撇开局限性不谈，在当今解构主义与后结构主义盛行的西方学界，比岱的哲学思想是对早期西方马克思主义总体性哲学逻辑的一种另类回归，即从主客体辩证统一的角度为现代社会的历史过程提供一种总体性的哲学分析。因此我以为，"总体理论"的译法更加贴合比岱哲学的理论特征与基本性质。一句话，"元结构"视域中的现代性理论力图揭示的是现代社会的总体性逻辑。

作为哲学开端的言语及其中介要求

如果我们把比岱对现代性问题的探讨放置在西方马克思主义的思想史谱系中加以考察，那么就会发现他是承接着卢卡奇、葛兰西、法兰克福学派等对合理性问题的思考而来的。其中最为关键并具有直接

---

① 在《总体理论》第 6 章"世界体系"开篇，比岱特意区分了元/结构理论与世界体系理论的不同。在他看来，作为现代性总体理论的元/结构理论提出了现代社会阶级关系的特殊本质，它是从抽象的元结构出发剖析现代社会的阶级关系，因而具有一般性的特征。而现代世界是构成体系之各个部分的整体化，它宣示了构成《总体理论》三个部分之间的辩证统一关系。"一般和总体这两个形容词之间的关系问题在我看来从来就没有被认真考虑过，在契约主义的传统中没有，在马克思主义的文献中和系统主义的研究中也没有。可是它在我眼里却非同寻常。因为它决定着我们将赋予契约的、阶级的或体系的全部概念的准确性，也就是说决定着在实践中如何使用这些概念。"（参见 [法] 雅克·比岱《总体理论》，陈原译，北京：东方出版社，2010 年，第 283 页。）

启发意义的人物是哈贝马斯。中后期的哈贝马斯通过区分目的理性和交往理性，把主体间性和人际关系作为自己理论的重点，由此导向对言语行为理论的研究。他试图勾画出一个普遍有效的语言交往模式，而这种交往对话伦理学也就演变成了改良式的规范政治学。在《总体理论》的正面阐述中，比岱虽然批判了哈贝马斯的商谈伦理学，认为是其交往理性话语仍然是外在于历史进程的伦理话语，但其"重建历史唯物主义"的工作同哈贝马斯一样，都从话语分析出发。当然，这种话语分析同分析哲学、结构主义语言学有着重大差异，因为马克思主义传统中的学者更看重的是话语背后的社会历史经验①。

　　比岱认为，哈贝马斯尽管同法兰克福学派的前辈们不同，是从理性自身的发展来探讨现代性的困境，但他探寻实现"现代性规划"的理想条件实际上是在现代社会的契约中介之外、也就是社会历史进程之外寻找替代性方案，从而走向为现实制度的合法性辩护，没有真正从历史自身的内生性动力出发寻找解放的可能性。② 与之不同，比岱强调他自己的分析起点尽管也是言语分析，但在他那里，由言语的直接性以及契约的中介要求所构成的"元结构"是现代社会的一种虚构或宣称形式，它一方面内嵌于现代社会的阶级结构之中，另一方面也是重新审视一切事物的本质原则。"切勿把元结构视为一种上层建筑，而应该把它看成是一种自身相互矛盾的总前提，这一前提是由现代结构提出的，但这些结构却只能作为这种为大家所公认的母体（matrice）的相反之物，就是说作为统治形式（剥削、压迫、排斥）被实现，因为它们总是作用于被宣称为自由平等的人身上，是它们提出了元结构。"③ 对于比岱而言，话语分析之于理论研究的意义不在于用话语去

---

① 胡大平编著：《西方马克思主义哲学概论》，北京：北京师范大学出版社，2010 年，第294 页。
② 参见 [法] 雅克·比岱《总体理论》，陈原译，北京：东方出版社，2010 年，第 496 页。
③ [法] 雅克·比岱：《总体理论》，陈原译，北京：东方出版社，2010 年，第 3 页。

建立现代社会的规范政治，而是在其中寻求现代性的前提基础及其运动趋势。

实际上，从早期政治式地解读《资本论》开始，比岱就非常重视哲学开端或逻辑起点问题，这是因为开端问题既决定着哲学本身的性质，也规定了论述展开的过程。到了《现代性理论》，比岱寄希望于扩大"元结构"以修正马克思的"最一般公设"①，其目的也是为了探讨现代世界的本质依据或抽象基础。如果说在上述两个文本中，比岱还是通过批判性地借鉴多种思想资源以表达自己的理论主张，那么到了《总体理论》——当他不得不正面阐述自己的现代社会批判理论时，他就必须首先确定自己的论述起点。在他看来，传统政治哲学曾经走过两条路：一种是将"普遍"预先假定为人类本质中蕴含的理性要求，通过矛盾的历史性扬弃给本质制定自我超越的任务，其典型是黑格尔哲学；另一种以"普遍"为开端并将之视为理性的先验规律或被放置在社会契约的先验之中，它以绝对开端的形式正面提出"普遍"的所有要求，以洛克、卢梭与康德为代表。然而，两者都存在缺陷：前者将理论的推演封闭在自然的目的论中，在把目的归因于自然本身的同时把过程交付给进步机制；后者却只是提出了先验的普遍要求，除非它强制地使人相信普遍要求可以得到满足，否则在社会现实面前是无能为力的。②

为此，比岱提出第三条道路："政治哲学的经典言论重视由特殊利益构成的人类的自然性。这些利益彼此是相对立的，并且会演变成要么是人与人之间的战争，要么是一个阶层对另一个阶层的统治。言语试图通过使自然本身中出现一种可逆的效果来克服这种情况，根据这一效果，自然在遵循它的自然逻辑的同时可以转而反对自己，并且朝向和谐的分析发展。我们在现代思想中可以沿着这条从霍布斯到布尔

---

① Jacques Bidet, *Théorie de la modernité*；*suivi de Marx et le marché*，Paris：Presses Universitaires de France (PUF)，1990, p. 301.

② 参见［法］雅克·比岱《总体理论》，陈原译，北京：东方出版社，2010 年，第 41 页。

迪厄的道路前行。"① 由此出发，他将直接性的言语作为构建"总体理论"的出发点。进一步而言，比岱视域中作为所有问题开端的言语具有双重功能，它"不仅是一种商讨关系中的形式上的平等宣言，而更广泛地说是一种用言语对待每个人和对大家的宣言"。"宣言宣布的言语范畴：我们之间的一切都可以被重新审视。"② 这里包含两个理论质点：其一，作为社会交流话语的言语不是某种直接意义上的商谈伦理关系，而是现代社会得以建立并不断调整的协约形式，作为一种共同意志，它所表征的是人与人之间具体的社会政治关系，是一种主体行动的逻辑、社会行动者与行动者之间的具体关联；其二，此种自由平等理性的宣言不是外在设想的自然状态，恰恰相反，它具有对一切非自由平等的社会状态进行审视的批判权力，是对既有客观结构加以批判的动力原则。比岱反复强调："一切都服从我们大家之间的协约，就是说服从普遍的、可以为人人所接受的标准。因此，我们宣布最初是言语，言语是一切事物重新开始的可能性。"③

我们看到，在构建作为"总体理论"的现代社会批判理论时，比岱将言语作为政治哲学的开端是颇具新意的。毫不夸张地说，言语本身在比岱总体理论的整个理论体系中兼具"本体论、认识论与辩证法"的核心地位。④ 首先，同哈贝马斯把晚期资本主义社会的合理人际关系视为一种对话活动，试图建立一个普遍有效的语言交往模式不同，比岱把言语视为具有深层客观效力的契约关系，它反映的是具体社会行动者

---

① [法]雅克·比岱：《总体理论》，陈原译，北京：东方出版社，2010年，第40页。
② [法]雅克·比岱：《总体理论》，陈原译，北京：东方出版社，2010年，第12页。
③ [法]雅克·比岱：《总体理论》，陈原译，北京：东方出版社，2010年，第12页。
④ "本体论、认识论与辩证法三者合一"的说法借鉴了列宁对《资本论》"逻辑学、辩证法和唯物主义认识论三者同一"的判断（参见《列宁全集》第38卷，北京：人民出版社，1959年，第357页）。当然，我在这里借用此种说法并非证明《总体理论》具有上述特征。相反，对于撇开历史辩证法、试图以主观思维方式把握和再现现实历史运动进程的比岱而言，要想实现"三者合一"往往会掉入外部反思与逻辑神秘主义的泥潭，既不能从历史性前提出发对"社会"本身进行科学抽象，也难以勾连反映现实社会过程之概念体系间的辩证运动。

之间的交往关系。如果说马克思在《关于费尔巴哈的提纲》中明确把"社会实践"作为新唯物主义世界观的理论基石，并且《资本论》的落脚点是特定资本主义生产关系的矛盾运动规律，那么比岱在此意义上承袭了马克思的社会存在本体论思想——将特定历史条件下的社会关系作为解剖对象，只不过他所把握的社会关系是从具体行动者立场出发的交往关系，更确切地说是现代契约形式下的政治经济关系。其次，比岱认为言语及其通过契约形式构成的"元结构"尽管不具有直接现实性，也不是历史运动的真实前提，但它在逻辑上或认识论上却是分析现代社会阶级结构的抽象基础。马克思《资本论》是以历史辩证法把握和再现资本主义社会关系的内在生理过程，而他所做的工作——即从言语到契约、从元结构到结构、从结构到体系——同样是以理论思维的方式反映和再现现代性内含的本质矛盾，从某种虚构的理论原则出发勾连起主体行动的逻辑与客观的社会结构，目的是揭示现代社会的阶级斗争过程。最后，尤为重要的是，"自由平等的共同的'宣言'是一种'话语'的宣言，它构成了它的终极参照物"①。在比岱看来，言语本身的批判效力可以不断地审视现代契约形式的实存状态，从而在阶级斗争过程中将矛盾对立的双方重新调整位置。如此一来，它不仅构成了现代社会辩证运动的起点，同时也是扬弃阶级结构或异化状态的根本动力所在。

然而，是否将言语作为政治哲学的开端就可以使理论分析的进程一劳永逸地确定下来了呢？比岱认为，答案当然是否定的，这是因为："有限的人之间的协约不可能是所有人用无限的言语在每件事上所制定的协约。因而，自由—平等的定义、言语的关系不可能受它的无限性的支配而不自毁于无能为力之中、而不自我否定于它所提出的三重追

---

① [法] 雅克·比岱：《总体理论》，陈原译，北京：东方出版社，2010 年，第 11 页。

求的层面上。"① 也就是说,从直接的言语到契约的中介,中间存在着一个自然的过渡:具体社会行动者之间的交往关系在其现实展开过程中必然会产生契约中介的要求。在这里,契约关系是言语(交往关系)在现代社会中必然发展为的内容与必须采取的形式。比岱进而指出,根据哈贝马斯所指明的对话语有效性的三重追求,只有通过把"合理性"、"真理—效率"和"可靠性"这三种意图结合起来才能有现代社会的契约形式。因此,作为现代宣言的"元结构"包含两个"面",即合理性方面与真理—效率的理性方面,它们分别对应两个"极":"第一个是中央的极:根据合理的一面是总体契约,根据理性的一面则是组织;第二个是个体间性的极:依据合理的一面是个体之间的契约,依据理性的一面则是市场。"② 这些起到协调作用的契约中介同直接的言语交流一起构成了"元结构的三项组合",即所谓的"现代社会结构的先决条件"③。

　　不难发现,与《现代性理论》相比,《总体理论》对"元结构"主要内容的论述更具复杂性与学理性。不是说越复杂就越具有学理,而是不同于直接提出批判性观点,从言语直接性到契约中介的过渡使得理论体系本身能够逻辑自恰。在《现代性理论》中,比岱以"个体间性"、"中央性"和"结合性"三个概念确定"元结构"的主要构成④,虽然他的分析也涉及了三者之间的关系并提出了一些方法论原则,但总的来说其论述力度稍显不足、逻辑稍显模糊。到了《总体理论》,比岱明确把由言语所表征的主体间交往关系作为理论出发点,通过契约关系的中介将三者融合在一起。需要再次强调的是,作为出发点的言语,以及由言语与契约关系所构成的"元结构"不能被理解为自然的

---

① 〔法〕雅克·比岱:《总体理论》,陈原译,北京:东方出版社,2010 年,第 12 页。
② 〔法〕雅克·比岱:《总体理论》,陈原译,北京:东方出版社,2010 年,第 14 页。
③ 〔法〕雅克·比岱:《总体理论》,陈原译,北京:东方出版社,2010 年,第 14 页。
④ Jacques Bidet, *Théorie de la modernité*; *suivi de Marx et le marché*, Paris: Presses Universitaires de France (PUF), 1990, p. 50.

社会法则，它们在始源性意义上归属于一种共同的自由意志。此种共同意志既是导向不同契约形式的普遍性原则，同时又是在更高层次上审视现代契约关系的仲裁原则①。由此出发，比岱对历史唯物主义的重新奠基就成为从普遍原则出发揭示社会基本结构之动态运转的政治哲学阐释。

合理性视角下的契约形式：个体间契约与中央契约

必须澄清，在比岱的思路中，合理性视角下的契约形式与理性视角下的经济协调形式虽然代表两种不同的话语有效性意图，但两者从来都是相互依存且密不可分的。"我们知道，为了协调而进行的交流既包含着一个准确无误的意图，也包含一个真实性—有效性的可商榷的意图。因此，作为话语宣言的自由—平等的宣言在这个意义上包括一种理性的陈述，社会理性协调形式的立场就这样在某种程度上与契约的正式立场联结在了一起。"② 比岱始终强调在经济与政治的相互联结中去理解现代社会结构及其运行法则，反对经济基础与上层建筑的二元对立模式，此种分析路径在其早期政治式地解读《资本论》时就已经有所显现。此时的他将政治契约关系与经济理性关系视作现代宣言在其自身展开过程中的两种面相，它们的相互依存性就在两极的对应关系中表现出来。但他同时指出，在将两者统一起来之前，有必要把它们区分开来逐一进行分析，这既可以使我们透视现代社会的契约关系基础，又可以在具体论述中证明两者的逻辑同源性。

在比岱看来，我们一般习惯于从个体间互相达成协议的角度去理解契约关系的真实内涵，"社会契约"往往被视为上述基础上的一种虚构或推断③。与之相反，他坚持认为：（1）合理性视角下的契约形式包

---

① ［法］雅克·比岱：《总体理论》，陈原译，北京：东方出版社，2010年，第18—19页。
② ［法］雅克·比岱：《总体理论》，陈原译，北京：东方出版社，2010年，第60页。
③ ［法］雅克·比岱：《总体理论》，陈原译，北京：东方出版社，2010年，第15页。

含两个极，即个体间契约与中央契约，此处的中央契约不是个体间契约的虚构或推断，而是一种实存，是必不可少的选项；（2）个体间契约与中央契约两者互为前提且相互蕴含，既不能脱离一极单独地设想另一极，也不能以辩证扬弃的视角从一极过渡到另一极。为了论证上述观点，比岱从以下三个方面给出了自己的理由。

首先，以私人自律与公共自律的共基性论证个体间契约与中央契约互为前提。比岱指出，从哲学方法论上思考两种不同的契约形式最初可以追溯到康德与黑格尔。在他看来，黑格尔在《法哲学原理》中吸收了古典经济学关于市民社会的论述，因而他首先对作为经济范畴的个体间契约加以分析，然后提出扬弃市民社会的国家理性，这在本质上是一种客观唯心主义的历史哲学。黑格尔的论述策略是这样的：把由个体间契约支配的市场领域交给"市民社会"，把由中央契约支配的国家领域交给"国家理性"，继而以绝对观念的更高发展阶段从物化的市场自然秩序走向理性的自由王国。但问题是，黑格尔对经济本身的理解直接建立在自由主义的基础上，他没有看到个体间契约必须以中央契约作为自己的保障，国家同样需要履行自己的经济理性职能。因此，比岱指认说，与黑格尔的历史性方法相比，他更愿意采用康德的观点，即私有自律和公共自律的共基性，此种共基性更确切地说就是"中央契约与个体间契约的互相包含"①。一方面，中央契约以个体间的自由契约为前提。"依据公共自律，共同的秩序不是由一些人强加给另一些人的，或是由一条'自然法律'强加给大家的，而是出自一条法律，公民们就是法律的制定者。公共自律必须以私人自律为条件，后者指的是人人都可以享有的各种自由的总体，这些自由保证了每个人成为法律的共同制定者的真正能力。"② 另一方面，个体间契约处于

---

① ［法］雅克·比岱：《总体理论》，陈原译，北京：东方出版社，2010 年，第 16 页。
② ［法］雅克·比岱：《总体理论》，陈原译，北京：东方出版社，2010 年，第 17 页。

中央契约的范围之内，由中央契约加以保证。私人自律只有上升为一种普遍的共同意志，它的实施和保障才是有效的。

其次，以"元结构综合体"的逻辑关联论证契约形式的复杂交织。诚如上文所指，在比岱"总体理论"的构想中，相互蕴含的契约中介以言语的直接性为前提。构成"元结构"主体内容的三项不是并列关系，它们之间存在着严格的逻辑递进关系。根据目的与方法的不同，个体间契约可以由两种相反的形式得以实现：或是通过交换导向商业性的协约关系，或是通过直接的合作导向联合的方面。在后一种情况下，联合的不断发展逐渐形成一种普遍的共同意志，即中央契约。进一步而言，中央契约的国家形式导致了"国家结构"的产生，最高契约权力的使用就是以这些机构为前提的。比岱总结说："我用'元结构综合体'这一术语指假设为整个社会关系赋予形式的契约之明确关系之间的交织：中心的、组织的、公共的或私人的契约的交织；个体间的商业的或合作的契约的交织；最后是联合形式以及从中派生出来的全部的组合的契约的交织。"① 也就是说，比岱认为，相较于某种具有确定性的自然状态而言，"元结构"仅仅指涉一个可能性的空间，这种空间由言语以及契约中介的复杂交织构成，它同时也是剖析现代性之本质依据的元素形式与逻辑起点。

再次，以元结构内含的矛盾同一性论证个体间契约与中央契约的相互蕴含。在比岱看来，个体间契约与中央契约是现代性之"元结构"的一对矛盾，他称之为"根本性的二律背反"②。矛盾作为对立的双方具有斗争性，表现在这里，中央契约限制个体间契约，反之亦然。但更为重要的是，比岱认为个体间契约与中央契约这对矛盾不应该从其对立的角度加以理解，其同一性——并且是共时性的同一性远胜于斗

① [法]雅克·比岱：《总体理论》，陈原译，北京：东方出版社，2010年，第27页。
② [法]雅克·比岱：《总体理论》，陈原译，北京：东方出版社，2010年，第29页。

争性。"这种二律背反不应该被当成一种矛盾，比如中央的干预本质上是对市场的毁灭（因为国家为了反对垄断可以采取干预和支持市场的方式），它也不应该被看成是两种社会秩序之间的简单交替，正如统治市场的形式不是首先被中央的控制所设计。"① 也就是说，个体间的自由契约离开给予其保障的中央意志是不可能存在的，同样的，没有个体间契约的自主性，中央契约也无法被设想。譬如说劳资关系，一方面，中央契约的中心作用来源于个体间的商品协约关系，只有当雇佣劳动与资本的交换具有自主性，劳资关系才会成为资本主义社会普遍的共同意志；另一方面，个体间契约关系以中央契约作为自己的保障，雇佣劳动与资本的交换就处于现代社会资本逻辑的强制之中。

在得出上述观点后，比岱有感于要对《资本论》的开头部分进行再诠释。他指认说，尽管清理马克思理论遗产的工作不属于"总体理论"的正式内容，这里也可以引入其他思想家关于社会起源问题的探讨（譬如卢梭的社会契约论、亚当·斯密对个体间契约的考察或韦伯对社会行动意义的研究）②，但他更愿意以马克思为出发点。这是因为："他（指马克思）虽然只部分地窥见了我所说的'元结构问题'，但从理论上讲，他的看法是极其深刻的。实际上元结构的概念被包含在了这样的想法中，即为资本主义所特有的社会关系处于一个更'庞大的'外套之中，也就是商品关系的外套；即我们如果不首先论述商品体系的各个抽象的方面就不可能证实资本主义体系。"③ 这让我们马上联想到《马克思〈资本论〉研究》中，比岱对作为资本逻辑之前提的市场逻辑，或作为资本主义关系之前提的商品关系的那段分析。在他看来，不论是《大纲》还是《资本论》，马克思都是从一般商品关系出发论述特定的资本主义生产方式，由生产和流通相统一的商品关系构成资本

---

① ［法］雅克·比岱：《总体理论》，陈原译，北京：东方出版社，2010年，第29页。
② ［法］雅克·比岱：《总体理论》，陈原译，北京：东方出版社，2010年，第9页。
③ ［法］雅克·比岱：《总体理论》，陈原译，北京：东方出版社，2010年，第44页。

主义社会关系的最抽象层次①。在此处，商品关系或市场逻辑就构成马克思分析具体"结构"之前提出的"元结构"。

比岱认为，马克思之所以要在探讨资本关系之前引入更抽象的商品关系，不是因为商品关系构成了资本关系的历史前提，而是前者是后者的概念前提或逻辑起点，并且是具体的资本主义关系需要提出抽象的商品关系，因为市场逻辑与资本逻辑彼此联结。他一贯反对从"历史与逻辑相统一"的视角去理解《资本论》的科学方法，在这里，他给出的直接理由是：作为资本历史前提的"原始积累"只是在《资本论》第一卷的最后部分——即在"资本主义积累的一般规律"澄清以后，马克思才能揭示所谓原始积累的实质与秘密。② 比岱进而指出："历史与逻辑之争的终点，正是我们把马克思关于资本主义的理论扩大并改造成一种有关现代性以及其扬弃的总体理论的起点。"③ 换句话说，比岱一方面认可马克思从抽象到具体的阐述方法，但另一方面又认为正是商品关系的单一性维度导致其忽视了现代社会元结构的复杂性。事实上，作为逻辑起点的"元结构"不止包含由个体间性契约所定义的商品关系，因为商品关系的存在本身需要由某种共同的中央意志保证其实施。"从不起眼的源初开始，如果没有中心，就不会有商品的空间，因为这一中心是这一空间的社会力量的源泉和某种权力的拥有者。"④ 由此出发，比岱就把在马克思那里矛盾性的商品关系、作为资本主义经济细胞形式的"商品"概念修改为共时性契约关系的"元结构"。

---

① Jacques Bidet, *Exploring Marx's Capital*：*Philosophical*, *Economic and Political Dimensions*, Trans. By David Fernbach, Leiden · Boston：Koninklijke Brill, 2007, p. 138.
② 参见王一成《历史与逻辑的统一——〈资本论〉第 1 卷"所谓原始积累"章的地位与意义》，《马克思主义研究》2018 年第 9 期，第 56 页。
③ [法]雅克·比岱：《总体理论》，陈原译，北京：东方出版社，2010 年，第 56 页。
④ [法]雅克·比岱：《总体理论》，陈原译，北京：东方出版社，2010 年，第 45 页。

理性视角下的经济协调形式：市场与组织

诚如上文所指，从言语的直接性到契约中介，作为自由平等理性的现代宣言在其自身展开的过程中具有两种面相，即政治契约关系与经济理性关系。与前者表现为个体间契约与中央契约相对应，后者同样由两极构成：市场与组织（计划）。比岱认为，理性视角下的经济协调形式反映的是"现代社会关系特有的理性、有效性或生产率"①，或者说"现代生产关系的生产性前提"②，他称之为"元结构的劳动形式"。此处的核心观点在于，同合理性视角下个体间契约与中央契约互相蕴含一致，作为两种不同经济协调方式的市场和组织也是彼此内嵌且互为前提。为此，比岱首先指出："受亚里士多德、马克思和韦伯的启迪，我们只有在构思好了劳动的'社会'概念之后才能够提出'元结构劳动形式'的概念。"③ 也就是说，在他看来，为了剖析现代社会生产关系的抽象前提，我们必须要从最基础的"劳动"概念开始。只有当把作为人类基本存在方式的"劳动"本身研究透了，并且提升到现代性特有的高度，才能清晰揭示现代社会的经济关系基础。于是乎，他参照马克思的论述方法从抽象到具体来展现"劳动"概念的逻辑层次。

第一，作为活动方式的劳动或"劳动方式"。恩格斯曾在《自然辩证法》中提出这样的观点：语言从劳动中产生，二者相互影响；劳动和语言的共同进化推动人的思考能力的进化，由此产生社会。④ 比岱同样认为，劳动与语言一样是一个普通的人类学范畴，离开这个范畴，人类演变的过程及其特性就无法得到说明。作为一切历史形式下人类

---

① [法]雅克·比岱：《总体理论》，陈原译，北京：东方出版社，2010年，第60页。
② [法]雅克·比岱、[法]厄斯塔什·库维拉基斯：《当代马克思辞典》，许国艳等译，北京：社会科学文献出版社，2011年，第8页。
③ [法]雅克·比岱：《总体理论》，陈原译，北京：东方出版社，2010年，第61页。
④ 参见《马克思恩格斯全集》第20卷，北京：人民出版社，1971年，第512—513页。

存在基础的劳动具有三重特征：其一是目的性，劳动要求有用性和意义，它必须产生一种结果或使用价值；其二是过程性，劳动介入自然，最后生产出一种产品或服务，劳动的结果必然脱离生产它的实体性过程；其三是"时间经济的理性"，劳动遵循缩短生产时间的逻辑，工具的使用、进步与完善是其最具代表性的标志。① 我们知道，亚里士多德第一个把人的活动分为三类，即理论沉思、实践（政治和伦理行为）与创制（劳动和技艺活动），在他那里，前两种活动都以自身为目的，而创制及其包含的劳动则以他物为目的。② 比岱承袭了上述观点，他认为劳动的时间理性原则与人类的其他活动（譬如说仪式、游戏等）不同，因为后者只是在自己特有的时间内进行，它们不遵循试图缩短时间的逻辑；与此同时，分工作为提高生产效率的途径也是劳动理性的内在要求，而其他活动则需要更多的合作而非分工。他由此指认说，劳动范畴在人类学意义上不是指涉不同的活动类型，而"仅仅是一种逻辑，即经济的逻辑"③。

　　第二，作为社会关系的劳动或"劳动形式"。劳动除了技术性的维度外，还包含基本的社会规定性。就其现实性而言，自有人类存在以来，劳动就处于一定的社会关系之中，鲁滨逊式的荒岛生存只是一种文学化的构想。在原始社会，由于生产力水平低下，人类为了维持自身的存在只能以结合的方式改造自然对象，在这里，结合关系就体现为最初的社会生产关系。进入私有制社会或阶级社会，劳动分工的形成带有明显的阶级烙印，不同的社会成员在劳动资料的占有、劳动过程中的作用以及劳动产品的分配方面处于不同的地位层次。比岱指出："劳动不仅是一种社会逻辑，同时也是一种社会关系。这一关系应当被

① 参见［法］雅克·比岱《总体理论》，陈原译，北京：东方出版社，2010年，第61—62页。
② 参见［古希腊］亚里士多德《形而上学》，吴寿彭译，北京：商务印书馆，1959年，第118—119页。
③［法］雅克·比岱：《总体理论》，陈原译，北京：东方出版社，2010年，第62页。

说成是政治的,因为它连接着意义关系和统治关系。我把'劳动形式'叫作这样的一种社会关系,它是经济方面和政治方面的结合。"① 由此出发,他进而认为有必要对马克思《资本论》中的"一般劳动"概念进行修正:"一般劳动"不仅仅指劳动者用一定的生产资料改造自然对象的简单过程,它还受时间经济理性的制约,并总是处于一定的社会关系之中。

第三,作为活动制度的劳动或"劳动制度"。如果说作为活动方式的劳动与作为社会关系的劳动与特定的历史形式无关,那么作为活动制度的劳动却是一个晚近的"发明"。在一定意义上,资本支配下的雇佣劳动是现代性的典型标志,它确立起现代社会区别于传统社会的本质原则。比岱指认说:"现代范畴把劳动特指为'制度',也就是说特指为由这种方式专门管理的活动。……作为雇佣劳动之地的现代企业本身构成了一个政治和文化的空间,在其中作为活动方式的劳动的逻辑是由其他的逻辑在历史上已被确定的'社会关系'的范围内所多元决定的。"② 如果说古代社会也存在劳动制度的话,那么它只存在于政治等级关系基础上的专门领域,而不占据主导的位置。只是到了现代世界,当劳资关系成为一切社会经济关系的基础形式,雇佣劳动制度才真正得以普遍化。进一步而言,比岱在这里接受了韦伯的合理化思想,在他看来,"现代劳动制度的特征是合理性,雇佣劳动以对劳动时间的控制和测算为前提,它决定人们在何时劳动而原则上不从事其他活动"③。因此,与马克思视劳资关系为资本主义社会的主要矛盾不同,比岱强调的是韦伯意义上作为合理性的"劳动制度"。

第四,作为现代社会特有的劳动形式或"元结构劳动形式"。在理性视角下分析现代社会特有的劳动形式自然就过渡到了比岱所谓的

---

① [法]雅克·比岱:《总体理论》,陈原译,北京:东方出版社,2010年,第63页。
② [法]雅克·比岱:《总体理论》,陈原译,北京:东方出版社,2010年,第66页。
③ [法]雅克·比岱:《总体理论》,陈原译,北京:东方出版社,2010年,第66页。

"元结构劳动形式"，即从"元结构"视域出发探讨现代社会的经济协调形式。比岱认为，现代特有的劳动形式受元结构两极的约束，即市场与组织。"不管是在企业还是在行政部门从事的现代劳动，不管它的结果是财物还是服务，是商品还是非商品，它都是在这种双重约束之下，在最短时间内生产出它所期望的或被规定的使用价值。"[1] 这意味着，在传统马克思主义那里，作为两种不同生产方式基础的市场与组织被比岱改写为相互蕴含的经济协调形式。他的理由是，组织关系由个体间的商品交换关系所定义，与此同时，任何一种市场关系都不能脱离处于中央位置的组织意志的保证。雇佣劳动或劳资交换关系构成资本主义生产过程的前提，但它本身不仅仅是一种纯粹的经济关系，而且必须得到具有同等地位的政治法律关系的支撑。实际上，在其早期的《马克思〈资本论〉研究》中，不论是对"价值"概念双重维度的探讨，还是强调资本主义生产劳动的社会政治内涵，抑或把作为资本主义经济细胞形式的"商品"概念解释为生产与流通的统一结构，比岱都反复强调，要将一定的经济过程置于具体的社会政治关系中加以探讨。在他看来，市场逻辑与资本逻辑都是强制性的生产结构：商品经济条件下作为价值实体的一般人类劳动不仅仅是自然生理支出，还受到市场规律的约束[2]；资本主义雇佣劳动关系的强制性决定了劳动力商品或雇佣工人必须在资本的支配下生产剩余价值[3]。到了《总体理论》，他的上述观点呈现得更加明确，即"社会"本身由政治、经济等多重关系复杂交织而成，撇开社会政治关系单独谈论经济关系是非法的，因为任何经济关系都内嵌于社会结构之中。

我们知道，《资本论》及其手稿中"劳动"概念的确具有三重逻辑

---

[1] [法] 雅克·比岱：《总体理论》，陈原译，北京：东方出版社，2010年，第67页。

[2] Jacques Bidet, *Exploring Marx's Capital：Philosophical，Economic and Political Dimensions*, Trans. By David Fernbach, Leiden·Boston：Koninklijke Brill, 2007, pp. 70‐71.

[3] Jacques Bidet, *Exploring Marx's Capital：Philosophical，Economic and Political Dimensions*, Trans. By David Fernbach, Leiden·Boston：Koninklijke Brill, 2007, p. 45.

层次：一般劳动、雇佣劳动与社会劳动①。说实话，撇开马克思的抽象上升法不谈——剥离出所有历史形式共有的"一般劳动"是为了辨别不同历史阶段劳动过程的本质差别性，比岱在经验主义的视域中把劳动与具体的社会关系结合起来，这是对的。但问题是，如果不从历史辩证法的角度理解"一般劳动"的理论意义，作为抽象基础的"一般劳动"为何有必要存在呢？换言之，比岱视域中劳动始终与特定的社会政治关系结合在一起，那么他为什么不直接面对特定社会关系下的劳动内容，而仍然要率先讨论一个虚构的"一般劳动"呢？

他的回答是："关于劳动的这个一般的、人类学的概念既不包含由劳动决定的人类社会本质的思想，也不包括从'生产方式'角度来看的每个社会享有特殊地位的方法。……它来自于它所生成的东西，尤其是由于它的工具产品和积聚起来的效果在生产行为中无限地超越了所要达到的目的；它还来自于它不断地改变着人类今后介入自然的条件，因此，也就是改变着整个社会生活的条件。"② 也就是说，比岱视域中"一般劳动"的理论意义不是因为它在事实上构成了整个社会结构的根基，似乎古代社会也可以从这个中心出发被解剖、被构想，而是源于劳动自身的生成性特点，即它是推动社会历史发展的根本动力，并且它不断改变着社会关系的生产与再生产。应当看到，在面对人类社会发展的历时性维度时，比岱还是重视劳动的作用或生产力线索的，然而一旦涉及相对稳定的社会结构，或者说当把历时性因素纳入共时性结构中加以探讨时，生产力就只构成生产关系的一个外部前提，其后果自然会缺失矛盾性的分析思路，从而把社会本身看成具体的政治经济关系。

为了进一步论证市场与组织的相互蕴含关系，比岱还考察了"制

① 参见王一成《一般劳动、雇佣劳动与社会劳动——〈资本论〉及其手稿中"劳动"概念的逻辑层次》，《四川大学学报（哲学社会科学版）》，2018年第1期。
② ［法］雅克·比岱：《总体理论》，陈原译，北京：东方出版社，2010年，第64页。

度主义经济学派"和马克思的"生产方式"概念。在他看来，当代制度学派之所以重要，是因为它们以系统整体性观点驳斥了"经济人"假设，从根本上否定了自律性市场经济的看法。"它们实际上把经济形式的基本的历史性与一种纯粹自然的观念，即科学以之为目标要去发现和建设的一个天然的、理性的、普遍的观念相对立。这种历史性是指经济形式与既定的社会结构之间的联系……制度学派就这样把经济实践和它的法律的、政治的、意识形态的和伦理的前提联系在一起，并因此，特别注意从哲学的角度去看待它的科学对象。"① 具体而言，制度学派视域中的现代劳动不能只为原子化商品说所定义，它同时蕴含商品关系与非商品关系，而此处的非商品关系就是指组织因素和组织包含的权威，即所谓的中央共同意志。

比岱进而指出，如果追溯上述观点的思想渊源，那么在"现代经济学之父"亚当·斯密那里，我们就可以找到相关依据："他在第 2 章（指斯密的《国富论》）把市场作为个体间契约提了出来。正如他所使用的词汇（'协议'、'协定'）所证明的那样，这种形式的社会性确切说是公开占据了'社会契约'的位置，这一契约是从霍布斯到卢梭的传统的契约主义的构成之根源。"② 也就是说，在斯密的论述中，个体间契约以社会契约为前提，市场的运行脱离不了组织的存在。斯密主张的自由主义不仅仅是一种经济学理论，它同时还是一种国家政策体系。不论是探讨发展生产、积累和使用资本，还是倡导"自然而然的"收入分配法则，他的目的都是要提出建立一种"最明白最单纯的自然的自由制度"③。

然而，斯密毕竟只是隐约地指涉了这一观点，真正把市场与组织

---

① [法] 雅克·比岱：《总体理论》，陈原译，北京：东方出版社，2010 年，第 83—84 页。

② [法] 雅克·比岱：《总体理论》，陈原译，北京：东方出版社，2010 年，第 104 页。

③ [英] 亚当·斯密：《国富论》（下），郭大力、王亚南译，上海：上海三联书店，2009 年，第 211 页。

作为两种不同的经济协调形式提出来并联系在一起的是马克思。比岱认为，马克思在《资本论》中从来没有撇开具体的社会政治关系，单纯地去构想一种资本主义经济运动规律，他的生产理论本身就包含政治的范畴，不存在先于所有权的纯粹市场规律或资本逻辑。比岱反对传统马克思主义把政治法律关系仅仅视为上层建筑的组成部分，在他看来，其中的关键在于如何理解马克思的"生产方式"概念。我们知道，当阿尔都塞指认说"意识形态国家机器"保障着资本主义生产关系的生产与再生产时，他也是反对经济基础与上层建筑的二分法，从而把意识形态从上往下拉。① 比岱更进一步，他说罗伯特·萨莱斯站在马克思的立场上把"技术—经济关系"和"权利关系"相互联结当作"生产关系"的本质内涵，这是具有开拓性的。但他还要补充说明："按照马克思对'经济的'这一词的使用，它的意义本身就包括法律的确定，因为市场在这里被定义为一种生产空间，这一空间把私人私有者联系在一起，就是说把用财产、自由和平等这些法律上的字眼来定义的实体联系在一起。法律阶段远远不是经济阶段的'反映'，而是严格地被其作为前提的阶段，就像它在《资本论》第1卷中被定义的那样。"② 换句话说，比岱视域中"生产方式"或"经济"是指构成一个社会具体运转的总体性逻辑，我们不能离开其他社会关系去单独设想一种纯粹的经济关系，因为后者总是内嵌于特定社会的政治关系、伦理关系与意识形态之中。马克思开创性地以事前逻辑和事后逻辑建立起现代经济协调的双重形式，即市场与组织，但其历史性分析的缺憾是没有看到两者的相互蕴含。为此，比岱所做的工作就是从"元结构"视域出发完善马克思的分析起点。

---

① 参见王一成《阿尔都塞再生产视域中的意识形态理论研究》，南京：南京大学，2016年，第18—19页。
② [法] 雅克·比岱：《总体理论》，陈原译，北京：东方出版社，2010年，第127页。

元结构国家：作为集体主体的现代国家

比岱构想中的现代性宣言既是合理性的、自由平等的话语，又是理性的、真理效率的话语。在上两节中，我们分别论述了合理性视角下的政治契约形式以及理性视角下的经济协调形式，得出的结论是：个体间契约与中央契约、市场关系与组织关系互为前提且相互蕴含。那么进一步要追问的是：合理性话语与理性话语之间又是何种关系呢？显然，由于合理性与理性本身是直接性的言语到契约中介的两种面相，它们之间自然也是相互蕴含的关系，且其分别包含的两极在对应过程中具有一致性。比岱指出："个体间契约范畴离不开市场范畴，且中央契约范畴需要计划范畴。"① 在他看来，把"劳动"概念看成是活动方式和社会关系的统一，实际上就是从经济和政治的双重维度探讨社会成员的具体行动，因为它涉及不同个体追求财产的可能性以及人与人之间特定的协约关系。由此出发，政治与经济彻底勾连在一起，个体间契约与中央契约，市场与组织，它们之间的相互蕴含共同构成现代社会区别于传统社会的本质依据与原则纲要。

但是，根据立论之初"元结构"的三项规定，或言语追求有效性的三重意图，言语除了赋有合理性和理性的要求，还需要具备可靠性的意图，即"在客观世界中被肯定为一个合法的说话人"②。比岱认为，正是作为集体主体的现代国家行使着可靠性的权力，他称之为"元结构国家"或"宣称国家"③。需要注意的是，此种所谓的"元结构国家"指的是现代国家的宣称形式，它同样也是一种理论预设，是现代国家体系中的"阶级国家"和"结构国家"在抽象基础上提出了它们的全部前提条件。

---

① [法]雅克·比岱：《总体理论》，陈原译，北京：东方出版社，2010年，第69页。
② [法]雅克·比岱：《总体理论》，陈原译，北京：东方出版社，2010年，第7页。
③ [法]雅克·比岱：《总体理论》，陈原译，北京：东方出版社，2010年，第131、133页。

　　比岱自嘲说，人们可能会觉得，从特别抽象的"契约—协调形式"去剖析作为复杂综合体的现代国家，这种做法很夸张，并且带有退回到形而上学的嫌疑。为此，他重申了自己的方法论立场："我们这样做的前提是总体理论不能建立在这样的社会和应该成为的社会之间的二分法上。这一理论走的是一条辩证之路：从社会秩序（第一部分）的基本机构的契约形式出发提出了结构的建设和现代统治体系的建设（第二部分），即先于解放实践的言论的试验（第三部分）。我们不会试图推断国家。辩证法不是演绎的。它在没有证据的情况下运转，因此，它只有在逐渐展开中和展开的最后才能澄清一下自身及其开端。"① 比岱所指的辩证法自然不是历史辩证法，因为"元结构"作为一种开端，它并非社会关系的历史起源，其中不存在任何的逻辑必然性。他同样也反对从先验价值判断的角度批判社会现实的"不应该"，如果说"原初状态"或抽象的普遍原则在以罗尔斯为代表的现代政治哲学中是一种先验的社会制度构想，那么到比岱这里则不完全是。在他看来，"元结构"的存在之所以必要，是因为它一方面包含了现代社会得以存在的抽象基础或预设条件，另一方面也确立起现代性的发展界限。他所谓"辩证之路"的真实内涵是从普遍原则出发揭示现代社会基本结构的动态运转及其可能的发展空间。

　　此处，比岱还援引了自己在《马克思〈资本论〉研究》中关于"劳动力价值和国家形式"的分析，进一步指出"马克思在阶级概念之前提出了元结构国家的概念"②。他认为，传统马克思主义把国家视为阶级统治的工具，因而只是在阶级关系的形成中或阶级概念已被揭示之后再来谈论国家理论。如此一来，它就缺乏对国家作用分析的理论化能力。实际上，在马克思本人的论述中，他把一般商品关系放置在

① [法] 雅克·比岱：《总体理论》，陈原译，北京：东方出版社，2010 年，第 133 页。
② [法] 雅克·比岱：《总体理论》，陈原译，北京：东方出版社，2010 年，第 151 页。

更为广阔的背景中，即特定的社会政治关系中，这恰恰体现了马克思的"元结构国家"构想。譬如说《资本论》中的"货币"概念："货币似乎不仅是商品、一种商业事实，同时也是一个组织事实、一个中央权力和它的象征性的表达的事实。我们在货币管理中看出了国家经济政策的象征性的事实。商品的个体间性和国家的中央性之间的联系就这样被引入了。"① 也就是说，为了分析商品生产与商品流通，马克思不得不思考作为组织原则的国家的地位，虽然后者在《资本论》的叙述中只是一种社会关系基础，但并不意味着它可有可无。

因此，"元结构国家"在本质上是对现代国家建立原则的一种抽象表述，它同时将现代契约关系与经济协调形式统一了起来。在这里，我们看到比岱对现代性与现代国家的独特见解：现代性的基本含义就是"元结构"两极之间的相互蕴含，而现代性的开端就在于政治契约关系与经济理性关系按照民族国家的形式构建社会的时刻。比岱指认说，之所以会产生民族国家，是源于这样的事实，即"现代世界有很多事要从中央做起"②。换言之，现代民族国家在元结构内容方面是一种理性组织的事实，它既不能由文化或人种来决定，也不能由语言、宗教、领土或共同历史来决定。自律性的市场需要由中央意志为之支撑，现代国家的作用由此体现。在比岱看来，古代国家（诸如古希腊罗马、埃及、印度、墨西哥等）虽然也经历了各种或简单或复杂的商品形式和组织形式，但从根本上说这些形式与其自然地理条件是分不开的，而且更重要的是它们没有形成相互蕴含的两极关系。作为现代性内在标志的现代民族国家的诞生意味着，它依据一种可靠性话语把全部社会关系都纳入私有自律和公共自律之中，从而个体间契约与中

---

① ［法］雅克·比岱：《总体理论》，陈原译，北京：东方出版社，2010 年，第 153 页。
② ［法］雅克·比岱：《总体理论》，陈原译，北京：东方出版社，2010 年，第 138 页。

央契约、市场与组织在其两极交汇处彼此相连。①

　　针对自由主义从个体间契约和中央契约相互分离的角度去理解"公民社会"和"国家",比岱认为有必要在"元结构"视域中对二者进行重新诠释。他指出,"公民社会"一词在霍布斯和洛克时代是指建立在社会契约基础上的政治团体,而经由苏格兰历史学派的改造,"公民社会"转变为"市民社会",被用于指称个体间契约的形成场所。②黑格尔基本接受了上述思想并影响到青年马克思。但根据"元结构"双重面相及其对应两极的相互蕴含关系,个体间契约和中央契约、市场和组织互为前提且具有同源性。因此"公民社会"应该被理解为社会契约基础上个体间的、中央的、联合的合作制度,是市场和组织的统一体;而"国家"就是掌管这个统一体的组织。自由主义的错误是把由市场支配的经济领域视为一种自然规律,而把组织形式仅仅认定为国家特有的内容。它没有看到,作为最高中央性的"国家"首先要被当成统治整个"公民社会"的总体组织——既掌管着商品关系,又支配着次级的组织关系③。

　　由此出发,比岱给出了"元结构"部分的最后一个论点:个体间契约与中央契约的"先验不对称"④。在上文的论述中,我们反复强调个体间契约和中央契约具有同等地位,它们是合理性视角下的政治契约的两种基本形式。然而一旦达到"元结构国家"的层面,作为集体主体的现代国家必须行使自身的可靠性权力,它必须要通过言说"我们"才能存在,由此必然带来中央性先于个体间性。在比岱看来:"协定的互为前提的条件是建立在普遍性至上基础上的,并且私人自主与公共自主的相互蕴含处于一种表达这个要求的不对称之中。我把它指

---

① 参见［法］雅克·比岱《总体理论》,陈原译,北京:东方出版社,2010 年,第 132—133 页。
② 参见［法］雅克·比岱《总体理论》,陈原译,北京:东方出版社,2010 年,第 142 页。
③［法］雅克·比岱:《总体理论》,陈原译,北京:东方出版社,2010 年,第 143 页。
④［法］雅克·比岱:《总体理论》,陈原译,北京:东方出版社,2010 年,第 140 页。

定为'先验的不对称'。中央契约必须'明白',它对个体间契约施加的影响是有限的,而个体间契约则必须知道,它又在中央的、社会的协定之外对占有和领导规则产生影响的企图。"① 我们看到,比岱所谓的"先验不对称"只是一种相对状态,它在源头上依然由公众言语的普遍性所规定,只不过对于相对静止层面的个体间契约而言它具有优先性。他强调,切不可把"中央优先"理解为一般组织对于市场的优先,也不是一般中央契约对于个体间契约的优先,更不是社会团体对于个体的优先。具有优先地位仅仅是公众言语的普遍性,它是批判和审视一切政治契约关系和经济协调形式的根本原则。②

三、元结构向结构的辩证转化

自政治式地解读《资本论》开始,比岱就重点关注两个问题:一是科学起点的问题,二是辩证转化的问题。如果说马克思的商品概念构成了比岱"元结构"理论的思想基石,那么"货币转化为资本"则是他在"元结构"视域中进一步论述现代社会阶级结构的理论立足点。在比岱看来,马克思从商品关系出发剖析资本主义的经济运动规律,进而在"货币转化为资本"的论述中揭示出剩余价值的来源与秘密,这不仅为剖析资本逻辑提供了更为广阔的抽象基础,而且使得主体与结构之间的内在张力得以弥合。然而,由于马克思分析起点的单一性,导致其在论述辩证转化的过程中只提供了一种分析式的阐述。实际上,现代社会的构建,或从元结构到结构的辩证转化不是从市场逻辑到资本逻辑的简单过渡,而是指把元结构与结构联系在一起的过程,或

---

① [法]雅克·比岱:《总体理论》,陈原译,北京:东方出版社,2010年,第141页。
② 参见 [法]雅克·比岱《总体理论》,陈原译,北京:东方出版社,2010年,第142页。

"元/结构"过程①，它代表着现代社会阶级建构的双重特征。契约中介的潜在统治力使得元结构走向自己的对立面，即从自由平等的交往关系转变为剥削压迫的阶级关系，而现代阶级关系正存在于市场与组织双重中介的相互蕴含中。

"辩证"的含义：双重中介的潜在统治力

不论是在《马克思〈资本论〉研究》中着重分析黑格尔哲学之于马克思政治经济学批判的特殊意义，还是在此处强调"辩证转化"的重要性，比岱始终抓住的是一个看似老生常谈却又关乎根本的中心问题——辩证法。它分为两个层面：一是如何理解马克思的辩证法，二是如何理解现实社会本身的辩证过程。纵观比岱的相关论述，我们不难发现其中有不少自相矛盾的地方，他一会儿指认说"我从来没有说过马克思在这种辩证的意图上栽了跟头"②，一会儿他又说"马克思达不到一种辩证的'转化'"③。此间的差别实际上关涉他对辩证法的独特理解。在比岱这里，"辩证法"范畴并非指一般事物内部的对立统一关系或事物的内在矛盾运动，而是特指现代性之"元结构"内含的双重契约关系转化为自己的对立面。一方面，"元结构"不仅由个体间契约或市场所定义，它必须是个体间契约与中央契约的相互蕴含或市场与组织的相互蕴含，两极分别对应且缺一不可。另一方面，"转化"意味着事物走向自己的反面，自由平等的交往关系转变为剥削统治的阶级关系。之所以称马克思以辩证的方式揭示出剩余价值的秘密，是因为他在分析特殊的劳资交换关系之前构想了作为资本逻辑抽象基础的市场逻辑；之所以又指认马克思辩证法存在缺陷，是因为他在缺失组织维度的情况下仅仅以分析的而非真正辩证的方式实现了"货币转化为

---

① [法]雅克·比岱：《总体理论》，陈原译，北京：东方出版社，2010年，第173页。
② [法]雅克·比岱：《总体理论》，陈原译，北京：东方出版社，2010年，第77页。
③ [法]雅克·比岱：《总体理论》，陈原译，北京：东方出版社，2010年，第198页。

资本"。

我们首先来看第一个方面，即比岱对马克思辩证法的肯定方面。在他看来，《资本论》的成功之处是在论述具体结构之前预先探讨了一种"元结构"理论，即从商品关系出发剖析具体的资本主义生产关系。这样一来，马克思不仅把对资本逻辑的探讨置于更为普遍的背景中，更重要的是此种"元结构"勾连起主体活动与客观结构之间的相互关系。实际上，马克思关于论述顺序的思考，或者说最终把"商品"作为论述的起始范畴，经历了一个不断探索的过程。在较早的《雇佣劳动与资本》中，马克思是从具体的结构问题（劳资矛盾）入手剖析资本主义生产方式的，此时的他相信首要的问题就是社会生产的基本结构。关键性的转变在《1857—1858 年经济学手稿》中，马克思此处分析的第一个对象是"货币"，但是到了手稿的最后部分，他终于发现科学起点应被确定为内含二重因素的"商品"。比岱指认说："马克思从此知道了，如果不首先论述资本主义结构的最普遍环境，即一般的商品形式，他就无法论述这一结构本身。"①

我们知道，历史辩证法视域中的"商品"是资本主义经济的"细胞形式"②，马克思之所以从内在矛盾性的商品概念出发剖析资本主义生产方式，是因为商品包含的简单矛盾蕴含着资本主义社会各阶段、各层次的复杂矛盾。正是在"商品—货币—资本"的抽象上升过程中，马克思揭示出资本自我运动的内在规律。反观比岱，他虽然也立足于"从抽象到具体"来理解"商品"与"资本"的内在关联，并认为作为生产和流通统一结构的商品关系构成了现代资本主义社会最抽象的关系基础，但他的"元结构"式解读显然另有所指——"元结构"本身虽然也是一种结构，但它在本质上指涉的是不同主体间的相互影响关

---

① [法] 雅克·比岱：《总体理论》，陈原译，北京：东方出版社，2010 年，第 184 页。
②《马克思恩格斯全集》第 44 卷，北京：人民出版社，2001 年，第 8 页。

系。比岱认为，具有客观稳定性的"结构"首先应被理解为"实践"的概念，这是因为"一种类型的结构是从一种类型的相互影响那里推导出来的"①。换言之，正是"实践"勾连起主体与结构的辩证关系。马克思在论述资本逻辑之前预先探讨市场逻辑的"元结构"，意味着市场领域是自由平等主体间相互影响的场所，市场中主体的自由不仅是交换的自由，而且受到强制性市场规律的支配。作为抽象基础的市场逻辑不仅指向一种单纯的商品交换关系，而且导致阶级关系和阶级结构的产生。

　　然而，在比岱看来，马克思之所以达不到一种辩证的"转化"，是因为他在《资本论》中实现了一个"不是辩证的而是启蒙的过渡"："这一启蒙式想象旨在攫取关于资本的意识形态表达、指明资本的内部矛盾并且通过一种返回运动重新回到第一个阶段，即市场的理论，以便在其中找到能解决这一矛盾的因素。从对一般商品生产—流通的过程的分析中我们能够看到：一、只有劳动力生产价值；二、劳动力生产的价值比它消费的价值要大。"② 此处，比岱延续了自己在《马克思〈资本论〉研究》中的判断，即认为马克思从货币到资本的推演是基于纯粹分析的方法而非辩证法。根据《资本论》起始部分确定的商品关系，作为普遍交换的流通关系只是市场逻辑的一种，而且它在根本上与生产问题联系在一起。但是到了"货币转化为资本"的那部分，马克思却坚持认为"资本不能从流通中产生，又不能不从流通中产生"③，实际上是把论述的领域从"生产"降级为"流通"。如此一来，他就不是在市场逻辑到资本逻辑的辩证转化中揭示出剩余价值的秘密，而是把资本增殖过程归结为商品结构中特殊劳动力商品因素的"孤立

---

① [法] 雅克·比岱：《总体理论》，陈原译，北京：东方出版社，2010年，第188页。
② [法] 雅克·比岱：《总体理论》，陈原译，北京：东方出版社，2010年，第200页。
③《马克思恩格斯全集》第44卷，北京：人民出版社，2001年，第193页。

干预"①。

比岱总结说："辩证的因素在马克思那里是以历史论的形式被实现的。最初的做法，即孤立地看待商品关系并把雇佣劳动关系封闭在了商品关系中的做法为'组织'的关系准备出路，这一准备也只能在处于上升时期的资本主义内部进行。"② 他进而指出，马克思在《哥达纲领批判》中关于社会主义社会组织原则的论述在一定程度上与《资本论》第一卷第一章有着相似之处，它们都强调了不同社会形态得以建构的"元结构"基础：资本主义以商品关系或市场逻辑为前提，而社会主义以组织关系为前提。按照马克思的分析，社会主义不仅是代替资本主义的社会形态，它在更深层意义上消灭了商品关系。在生产资料集体所有制条件下，劳动者之间的自由联合依据组织的民主形式向前发展，最终导向阶级关系的消亡。然而在作为共产主义初级阶段的社会主义条件下，阶级关系或阶级制度依旧存在，它源于"个体劳动对劳动分工的绝对服从"，以及由此造成的"脑力劳动"和"体力劳动"之间的对立，只不过这种阶级制度不再由市场"元结构"所支配，而是诞生于组织关系的管理与统治。③

循着上述思路，我们可以总结出"元结构"视域中"辩证转化"的真实含义：市场与组织双重契约中介所蕴含的潜在统治力使得自由平等理性主体间关系转变为阶级关系。比岱一方面认可马克思奠定了一种"元结构"的分析方法，并提出了市场与组织这对概念，另一方面又指责马克思对现代社会之本质原则的理解不足，从而在方法论上转向了历史理性与历史目的论。在他看来，只要承认市场主体间的商品自由关系，并将之视为生产与交换的统一结构，那么此种自由就并

---

① Jacques Bidet, *Exploring Marx's Capital*：*Philosophical*, *Economic and Political Dimensions*, Trans. By David Fernbach, Leiden · Boston: Koninklijke Brill, 2007, p. 162.
② [法] 雅克·比岱：《总体理论》，陈原译，北京：东方出版社，2010 年，第 203 页。
③ 参见 [法] 雅克·比岱《总体理论》，陈原译，北京：东方出版社，2010 年，第 196—197 页。

非只是个体间的自由，它必然处于与之对应的中央契约支配下。"元结构"视域中市场形式到资本形式的辩证转化，不仅是劳动力商品与资本的特殊交换过程，而且是其"进入一种把这两个极（个体间性/中央性）联结在一起的雇佣劳动关系中"①。也就是说，市场与组织，或个体间契约与中央契约，不是一极全面支配另一极，双重契约形式的潜在统治力只有在它们的相互蕴涵中才能形成。比岱承认，他的思考受到哈贝马斯把社会体系分为两个主要的"功能性亚体系"的影响，即由货币作为中介的经济体系和由权力作为中介的行政体系，但他更认可"制度主义经济学派"关于"现代性病理学"的剖析："'中介'并没有被当作控制'亚体系'或'功能'机制的东西，而是被当作由于互相影响而使现代特有的阶级关系形成的'因素'来理解。"② 这意味着，元结构向结构的转化是现代性的自身展开形式，现代社会的阶级统治就存在于双重契约中介的相互蕴含与布展过程中。

"转化"的过程：阶级建构与阶级斗争

众所周知，《资本论》中概念体系的自我运动不是形式逻辑的归纳演绎，不是建立在抽象同一性基础上的机械推演，而是基于历史发生学的矛盾运动过程。从商品到货币，再从货币到资本，《资本论》的范畴序列严格反映的是同一矛盾在不同发展阶段的具体表现形式。其中每一个环节既是原有矛盾的必然转化形态，又是向更复杂矛盾进行过渡的中介环节。譬如说"货币转化为资本"或"价值转化为生产价格"③，转化前后的双方不是两种截然不同的阐述对象，而是同一矛盾在内在上升过程中不同阶段的表现。当比岱指认说，"商品关系一旦与

---

① [法] 雅克·比岱：《总体理论》，陈原译，北京：东方出版社，2010 年，第 202 页。
② [法] 雅克·比岱：《总体理论》，陈原译，北京：东方出版社，2010 年，第 169 页。
③《马克思恩格斯全集》第 46 卷，北京：人民出版社，2003 年，第 182—183 页。

劳动力发生关系，它们就转化成榨取和统治的非商品关系"①，他是把资本关系视为从根本上不同于商品关系的理论范畴的，后者只是前者的一个外部前提。实际上，资本关系是一种商品关系，是简单商品关系发展到资本主义条件下的一种特殊商品关系。马克思正是从商品关系内含的简单矛盾出发，经由劳资交换的特殊中介，过渡到资本主义生产过程的深层剖析。比岱之所以认为马克思"达不到一种辩证的转化"，恰恰是因为他无法把握社会历史发展的客观矛盾进程，在将科学起点定义为理想化交往关系的同时，把矛盾运动过程狭义化为事物走向自己的对立面。

在比岱的构想中，"元/结构"过程或元结构向结构的转化，是现代阶级社会形成过程。② 总体而言，它包含三重意义：其一，正是现代社会的"结构"提出了"元结构"的普遍要求，后者指的是"现代社会所公开宣称的形式，是现代国家所认可的契约与理性合作之正式关系产生所必要的虚构"③；其二，"元/结构"导致现代社会阶级关系的形成，直接的言语合作关系由于其自身的有限性必然产生契约中介的形式，现代社会双重契约所蕴含的潜在统治力使得其自身走向反面；其三，元结构向结构的转化具有可逆性，这是因为由直接性的言语和契约中介所构成的元结构是批判和审视社会基本结构动态运转的根本法则，现代社会的辩证运动过程就存在于结构与元结构、统治形式和共同宣言的历史循环之中。具体说来，比岱从以下三个方面展开相关论述。

首先，只有"双重的"才是"辩证的"。根据元结构三项组合的规定，元结构视域中的主体是自由平等理性的协约者，在合理性的契约形式下他们受个体间契约和中央契约的双重支配，而在理性的经济协

---

① ［法］雅克·比岱：《总体理论》，陈原译，北京：东方出版社，2010年，第170页。
② 参见［法］雅克·比岱《总体理论》，陈原译，北京：东方出版社，2010年，第172页。
③ ［法］雅克·比岱：《总体理论》，陈原译，北京：东方出版社，2010年，第3页。

调形式下他们受市场和组织双重支配。双重契约中介的潜在统治力导致转化的二重性："这种转化不仅在于这样的事实，即生产的剩余价值最终获得由资本所占有的剩余价值的形式，但同时也获得了以集体国家财产的形式而存在并被集体所占有的剩余产品的形式。"①比岱认为，马克思对劳资交换过渡到资本主义生产过程的论述只考虑了市场一极，他在分析由于失去生产资料而不得不将自身出卖给资本家的劳动力商品时，只是将之放置于商品关系中加以探讨，从而忽略了组织关系的维度。事实上，资本主义雇佣劳动的实现恰恰是劳动者主体进入市场与组织的双重蕴含之中，从商品关系到资本主义的转化是把市场和组织两极中介合并在一起的过程。

其次，"辩证转化"意味着结构与元结构、统治形式和共同宣言的历史循环。上文已经指出，比岱视域中元结构向结构的转化是指理想性的合作契约关系反转为现代阶级统治关系。然而，这仅仅是"元/结构"过程的直接意义。如果比岱把思考点停留于此，那他只是在法兰克福学派启蒙辩证法的主体逻辑上另换说辞而已。实际上，如果我们结合"元结构"的本质地位及其与"结构"的相互关系，就不难发现"元/结构"过程不仅是结构对元结构的背离，同时也是指元结构对结构的批判审视过程，进而两者共同构成现代社会结构本身的动态发展过程。比岱指出："元结构从来只在一种必定已经'把它转化成它的反面'的结构关系中被提出，这种关系把自由转化成社会机制，把规则转化成规律。但是同时因为社会协调的两个极相互蕴含，并因为它的理性的面只有面对它的另一个合理的面时才能展现开来，并因此在它的批判下，结构只能用元结构的术语被提出。"② 也就是说，比岱尽管延续了启蒙辩证法从理性走向自身反面的角度来论述现代社会的阶级

---

① ［法］雅克·比岱：《总体理论》，陈原译，北京：东方出版社，2010年，第171页。
② ［法］雅克·比岱：《总体理论》，陈原译，北京：东方出版社，2010年，第174页。

统治，但他依旧坚持理性交往关系可以通过不断地质询或批判现实关系来达到自身的重建与实现。

最后，转化的过程就是阶级建构与阶级斗争的过程。比岱从作为某种虚构的"元结构"视域出发探讨现代社会结构的基本运行机制，必定会把现代社会的阶级关系理解为理想性契约关系的倒置——剥削统治掩藏在自由平等理性的外壳之下。他指认说："现代的阶级关系只存在于一种非阶级关系的依据中，存在于这种非阶级关系的假设的契约形式的依据中，这些形式实际上造成阶级的产生，但是这些阶级只因依据等等而存在。"① 一方面，阶级关系的产生来自双重契约中介的潜在统治力，从元结构到结构的过渡正是现代社会阶级建构的过程。另一方面，元结构不仅是一个简单的论述前提，它始终是批判和超越既有阶级关系的审视原则。因此，元结构与结构之间内含的张力使得作为中介形式的契约关系总是处于不断变化的过程之中，而推动过程并决定变化方向的动力机制则是当前的阶级斗争水平。在比岱看来，尽管"元/结构"过程是现代社会特有的时代逻辑，但它本身不能被理解为一个自然历史过程。在某种意义上，他更愿意以一种"循环式的思想"来理解现代性——现代社会的具体运转不能为线性时间观所把握，它在本质上是一个开放性空间。

至此，比岱总体理论的深层秘密已经显露出来了：以阶级斗争的线索来理解现代性的历史。显然，这是其早期政治式解读《资本论》的理论逻辑的延续。在上一个思想阶段中，比岱强调必须要把对资本主义经济规律的探讨置于特定的社会政治形式中，他通过改写马克思关于资本主义生产劳动的两重定义得出"工人阶级是政治斗争的战略范畴"②。到这里，阶级斗争被视为理想性契约关系与现实统治关系之

---

① ［法］雅克·比岱：《总体理论》，陈原译，北京：东方出版社，2010年，第177页。
② Jacques Bidet, *Exploring Marx's Capital*：*Philosophical*，*Economic and Political Dimensions*，Trans. By David Fernbach, Leiden · Boston：Koninklijke Brill，2007，p. 131.

间内在张力的动力机制。说实话，撇开历史辩证法，仅仅从政治斗争的视域出发解读现代历史，这在当代西方左派学者那里很常见。我们同样可以联想到马克思之前法国复辟时期历史学家对人类历史过程的阐释。其中关键性问题便是如何理解"历史"与"社会关系"。尽管在《共产党宣言》的开篇，马克思恩格斯就强调阶级斗争之于社会历史的重要意义①，但这是他们站在唯物史观的基础上得出的结论：阶级斗争本身是由私有制社会生产方式的内在矛盾不断发展而来的。在马克思恩格斯那里，"阶级"是一个历史性概念，阶级斗争是历史本质维度上的政治显现。如果说当比岱从物质生产过程的内在矛盾运动出发来把握阶级的内涵时，他还是在社会历史观的层面加以思考的话，那么以政治维度的阶级斗争来理解现代社会的运转过程，则是他离开生产过程转向单纯交往关系线索的直接后果。比岱把作为由直接性的言语所表征的交往关系视为某种被宣布的理想性人际协约关系，而现代社会阶级建构的过程是上述关系的倒转，阶级斗争就存在于元结构与结构的对立冲突之中。这就是他的总体理论蕴含的政治斗争"辩证法"。

"元/结构"理论的对象及其任务

必须指出，理解"元/结构"过程，即"元结构"和"结构"之间的"辩证转化"关系，是把握比岱总体理论的重中之重。这是因为，它不仅关系到比岱在此基础上进一步展开的国家结构理论和世界体系理论是在何种意义上把握现代社会本身的辩证运动过程的，而且从哲学方法论上说，它还直接指向马克思资本主义批判理论、经典西方马克思主义与现代政治哲学的关键性分歧。上文已就"元结构"的本质内容及其与"结构"的相互关系做出了说明，但这里仍然要强调的是

---

① 参见［德］马克思、恩格斯《共产党宣言》（单行本），北京：人民出版社，1997年，第27页。

"元结构"之于"结构"的方法论意义。

我们看到，作为总体理论抽象基础的言语—契约关系既不属于某种先验的价值范畴，也难以成为历史辩证法意义上的科学抽象，它的出发点实际上是具体社会行动者的逻辑。"元结构的前提远远不仅是论述的一个前奏、一个简单的逻辑前件，它始终要被视为真正地被肯定了的，并且在不同的结构关系内或不同的现代社会样态内从其整体上可以肯定的。它是一种重回现代世界舞台的真实关系，是联系的和从一些到另一些的过渡的原则。"① 这意味着，比岱既不是在"原初状态"中确立一种指导社会基本结构设计的根本道德原则——从先验的制度正义出发规范现实社会阶级结构（如罗尔斯），也不是在抽象上升法视域中解剖特定社会有机体的内在生理过程（如马克思），"元/结构"仅仅是勾连主体行动者与客观社会结构的解释模型。他反复强调，是现代社会的阶级结构提出了"元结构"的要求，而元结构向结构的转化恰恰是对现代阶级关系如何产生的对应性分析。② 如此说来，与阿尔都塞及其学派有所区别的是，比岱是从具体的社会行动者视域出发来探讨社会结构的存在前提和发生轨迹的，进而说明主体在不同契约形式的中介作用下形成客观结构的过程。虽然他颇具新意地构建出元结构与结构的"辩证"关系，但他实质上仍然是基于主体与主体之间具体交往关系的角度来剖析客观结构的形成与演化，而且更加强调主体间性。仅此而言，我们可以说"元/结构"理论是在形式逻辑的归纳演绎法基础上对现代社会政治经济关系的一种说明。

但问题是，"元/结构"过程不是单向度的倒置过程，它同时负载着理想性契约关系对现实阶级关系的"质询"③，恰恰是后者体现出比岱的历史观，即在承认合理性与普遍价值的前提下，将现代性的历史

---

① [法] 雅克·比岱：《总体理论》，陈原译，北京：东方出版社，2010 年，第 180 页。
② 参见 [法] 雅克·比岱《总体理论》，陈原译，北京：东方出版社，2010 年，第 177 页。
③ [法] 雅克·比岱：《总体理论》，陈原译，北京：东方出版社，2010 年，第 174 页。

理解为阶级对抗的历史。如果说法兰克福学派的启蒙辩证法试图揭示的是以人的理性和自由为宗旨的启蒙精神最终走向自己的反面，那么比岱的"元/结构"辩证法则在继承上述思路的前提下进一步翻转。比岱清楚地意识到，以"元结构"所蕴含的自由平等理性的交往关系来看待现代社会的辩证运动，不可避免地带有理想主义色彩。然而，作为研究对象的"社会"既不是人类依据某种计划主观构建起来的产物，也不是脱离于主体实践活动的自然存在，现代社会结构的客观性仅仅源于主体间相互作用的可能性。之所以在探讨具体"结构"之前引入"元结构"的分析，一方面是为了进一步揭示现代社会得以建立的本质原则，另一方面是因为后者赋予了前者自我批判、自我质疑的动力。既定的社会结构具有被它肯定的"元结构"所赋予的"反身性"：这一特性不仅是指主体理解自身行为的能力，而且还是它们调整改变自己行为的能力；它不仅与个体间的关系相关，而且也与中央契约有关①。因此，现代社会的构建既非天然合理，也非一成不变，"结构"的不稳定性源于主体间相互作用的复杂性，而"元/结构"理论的最终目标是打开现代性自身发展的全部可能性空间。

　　为了回应学界对"元/结构"理论的诸多质疑，比岱不仅在近年来的多篇文章中反复重申总体理论的方法论原则，他还进一步指出自己对"历史"以及"历史科学"的独特理解。在他看来："历史的出现只能在演变的偶然性与个体和群体的反省能力之间的辩证中被构想。它不能'一般地被描述'。但是历史科学要求概念，这些概念作为概念是一般的，并且它们的一般性必须与它们的对象的大小相称。……概念必须证明它不是一种空洞的一般性，一切事情和其反面都可以在这种一般性中被思考，并且它有助于对经验的掌握，有助于知识的产生，就是说也有助于对臆断的批判以及对臆断所混淆的东西的区别：结构

---

① [法] 雅克·比岱：《总体理论》，陈原译，北京：东方出版社，2010 年，第 204 页。

和元结构。"① 也就是说，比岱从主体交往关系视域出发来把握现实社会历史进程，他承认现实历史是不依赖于人的思维活动而客观存在的"实在主体"，而历史科学的任务是在"概念的同一性"中以理论思维的方式把握现代社会的客观进程。在此意义上，他的总体理论确实是关于现代社会的唯物主义分析。与此同时，"元/结构"理论也是比岱致力于勾连主体行动与客观结构、经济基础与上层建筑的一种尝试，其目的是为传统马克思主义的二元论解释框架弥补不足。但我以为，比岱哲学的根基与其说是历史唯物主义意义上的"历史科学"，倒不如说是披着黑格尔辩证法外衣的斯宾诺莎唯物主义一元论②。其中关键性的分歧便是对"历史科学"的理解。

如果我们承认马克思恩格斯在《德意志意识形态》中提出了"历史科学"的理论构想与基本原理③，并且《资本论》是在前者基础上针对特定资产阶级社会运动规律的科学解剖，那么历史辩证法视域中科学的意义绝不是指科学本身能够在多大程度上与直观表象或经验具体相符合。科学与非科学的分界，不在于能否正确地运用语言逻辑的规则来陈述、描绘、断言这些事实，而在于能否正确地思维、理解、把握它们的内部联系和生理过程，以及发展和转化的规律。④ 比岱从斯宾诺莎那里

---

① [法] 雅克·比岱：《总体理论》，陈原译，北京：东方出版社，2010 年，第 234—235 页。
② 比岱自己也承认："在概念的同一性中来思考存在的事和合适做的事的哲学计划与常识的这种精神裂解形成鲜明对照，这一计划已经由斯宾诺莎和黑格尔做过深入细致的阐述。"（[法] 雅克·比岱：《总体理论》，陈原译，北京：东方出版社，2010 年，第 1 页。）当谈到斯宾诺莎哲学在其理论建构中具有何种作用时，他指出："在这里，斯宾诺莎的思想所扮演的角色是提出一个根本性的要求，即实然与应然要以同样的方式，以同样的概念予以思考。我们在黑格尔那里也能发现这一点。但斯宾诺莎的思想一旦被引入辩证法的框架中，它就被重新要求扮演'唯物主义守护者'的角色。更确切地说，就是要对现代历史进行唯物主义表达，同时在这一表达中对结构进行辩证法式（但不是在历史辩证法中）的构建。"（吴猛：《当代法国哲学语境中的元结构理论——雅克·比岱访谈录》，载《国外马克思主义研究报告（2012）》，北京：人民出版社，2012 年，第 482 页。）
③ [德] 马克思、恩格斯：《德意志意识形态》（节选本），北京：人民出版社，2003 年，第 10 页，注释②。
④ 孙伯鍨：《孙伯鍨哲学文存》（第四卷），南京：江苏人民出版社，2010 年，第 299 页。

继承了"实体是唯一与自因、永恒与无限"① 的思想，把资产阶级社会或现代社会作为社会本体论意义上唯一存在的实体，这是对的。但不论是在斯宾诺莎唯物主义与伦理学体系中，还是在比岱总体理论的构想中，此种"实体"本身是形而上学的存在，自身缺乏内生性的动力机制。这恰恰是由于比岱把马克思的唯物主义历史辩证法解读为历史目的论，从而缺失了抽象上升与内在矛盾运动的维度，只能以外在的经验历史加以补充。实际上，元结构向结构的转化以及结构自身的"自反性"，只是一种经验认知意义上的"辩证"运动。

　　在认识论上和方法论上，比岱将斯宾诺莎所谓的"观念的次序和联系与事物的次序和联系相同"② 视作唯物主义认识论的基础，认为直观知识是对事物本质的直接把握而得到的知识。由此出发，科学的任务是从"真观念"出发把握事物本质，以演绎法和公理化方法进行阶段性推理。在此基础上，比岱进而强调自由是对必然性的认识，终极意义上的人类解放需要诉诸对现代性契约关系与阶级关系内含张力的科学认知。说实话，对于经验主义机械决定论和人本主义外在超越论而言，这是巨大的认知进步。但根本性的问题还在于，如何理解现代社会发展的必然性，以及如何从必然性中引出对自由的探寻。马克思从抽象上升到具体的政治经济学方法论的确是以思维逻辑的方式（历史辩证法）把握和再现社会历史的生理过程与发展规律，但这是他站在"资产阶级社会"这个制高点上，根据历史发展的内在本质线索来审视资本的自我运动历程。③ 反观比岱，他的问题在于脱离了现实历史的具体发生过程，将辩证运动过程转变为形而上学的归纳演绎法，如此一来，缺失历史性维度的"元/结构"理论难以从本质上把握现实历

① ［荷兰］斯宾诺莎：《伦理学》，北京：商务印书馆，1997 年，第 7—8 页。
② ［荷兰］斯宾诺莎：《伦理学》，北京：商务印书馆，1997 年，第 240 页。
③ 王一成：《历史与逻辑的统一——〈资本论〉第 1 卷"所谓原始积累"章的地位与意义》，《马克思主义研究》2018 年第 9 期，第 58 页。

史运动的客观规律，它所做的仅仅是对现代社会政治经济结构的一般唯物主义阐释。

四、现代社会建构的二重性

《总体理论》概念体系中的"结构"，是指现代社会的阶级结构。根据"元/结构"理论，从元结构向结构的转化意味着理想性的契约关系过渡到统治剥削的阶级关系，现代社会的阶级结构正是由双重契约中介所蕴含的潜在统治力催生出来的。首先需要澄清，此处的"双重性"或"二重性"并非是马克思辩证法意义上内在矛盾的二重性，而是特指要从市场与组织这双重中介出发剖析现代社会的阶级关系。比岱认为，"元结构"视域中的现代社会建构包含两个理论质点：（1）在抽象结构层面，现代社会的阶级关系存在于市场与组织双重中介的相互作用之中；（2）在阶级主体层面，现代阶级关系表现为统治的二重性（所有权资本与资质资本）和雇佣劳动的二重性。由此出发，现代国家结构是对"元结构国家"内含理性的工具化，它是在某种抽象层面上进一步揭示现代社会阶级关系的可能组合方式，居于市场与组织双重中介中的所有阶级力量都在使得自身合法化的同时参与具体现代国家结构的建构。

在市场与组织的两极蕴含中把握现代阶级关系

在《现代性理论》中，比岱基于对 20 世纪世界历史与精神文化的反思，将"资本主义"与"共产主义"视为现代社会的两种基本结构类型，从中剥离出结构的一般性特征，即基于结构之上的，作为"现代性母体"的"元结构"[①]。在他看来，作为两种基本生产协调形式的

[①] Jacques Bidet, *Théorie de la modernité*; *suivi de Marx et le marché*, Paris: Presses Universitaires de France (PUF), 1990, p. 47.

市场与组织，不处于非此即彼的历史序列中，恰恰相反，它们可以并行不悖地存在于现代性的共时空间中。继而到了《总体理论》，当比岱从"元结构"视域出发正面阐述现代社会的"结构"建构时，接下来的重点就变成了市场与组织是如何催生出现代社会复杂的剥削统治关系的。如果用一句话来概括此处的核心观点，那就是：市场和组织都可以产生出阶级关系，而现代阶级结构与阶级斗争正是基于双重中介的复杂作用机制①。为此，比岱主要从以下三个方面展开论证。

第一，作为"元/结构"理论的先驱，马克思从看似自由平等的商品关系出发揭示出资本剥削与统治的秘密，然而他只考虑了市场一极②，未能把特殊劳动力商品与资本的交换置于更为广阔的"元结构"框架中。比岱指认说，马克思在《资本论》中从一般商品关系过渡到资本主义生产过程，其中关键性的跨越就在于他将劳动力视为一种特殊商品，这是现代社会雇佣劳动的典型特征。这意味着，与资本相交换的不是工人的劳动，而是劳动力。在特殊的劳资交换环节，工人让渡的是自己一定时间内劳动能力的支配权，而资本家所获得的正是对劳动力使用价值的此种支配权③。进而在第五章的分析中，马克思指出，资本主义生产过程是一般劳动过程和价值增殖过程的辩证统一，它不仅要生产出使用价值，而且要生产出剩余价值；它不仅是内含二重要素的商品的生产与再生产，而且是剩余价值的生产与再生产④。由

---

① [法]雅克·比岱、[法]厄斯塔什·库维拉基斯：《当代马克思辞典》，许国艳等译，北京：社会科学文献出版社，2011年，第12—13页。
② 比岱视域中的马克思也不是没有考虑"组织"或"中央性契约"在现代阶级结构中的作用。譬如说，当马克思在分析资本主义由"工场手工业"发展到"机器大工业"时，他就将两个阶级因素合并在一起。但使得比岱仍然不满意的是，马克思把组织的统治直接归结为资本的支配权，将其视为资本消费劳动力商品所造成的自然后果，而没有看到组织极性本身与市场一极居于同样的理论地位。（参见[法]雅克·比岱：《总体理论》，陈原译，北京：东方出版社，2010年，第210页，注释①。）
③ [法]雅克·比岱：《总体理论》，陈原译，北京：东方出版社，2010年，第211页。
④《马克思恩格斯全集》第44卷，北京：人民出版社，2001年，第229—230页。

此出发，剥削与统治的秘密在经由劳资交换的特殊中介过渡到资本的增殖过程中被揭示出来了。在此意义上，马克思认为资本主义生产是现代社会阶级关系产生的全部基础。

但问题是，对剩余价值的生产与占有并非是"资本主义"所特有的，在"集体主义"中同样出现了一种类似的掌握在管理阶层手中的资本占有形式。换言之，生产资料的占有权并不仅仅属于狭义的资本家，它还可以属于组织计划生产的官僚集团。比岱指出，如果我们从"元结构"视域出发考察劳资交换这一特殊环节，那么"用契约把雇主与雇佣劳动者联结在一起的雇佣劳动关系实际上同时属于一种更广泛的、'集中的'和'联合的'契约"①。我们知道，当马克思在分析资本主义生产过程的前提，即劳资交换过程的特殊性时，他点明了"自由工人"的双重含义：其一，工人能够把自己的劳动力作为商品出卖给资本家；其二，由于失去了生产的客观条件，工人不得不把自身的劳动力支配权让渡给资本。② 实际上，比岱在这里所做的工作是为"自由工人"加上第三重含义：工人不仅有与资本签订契约的权利，它还有与组织签订契约的权利以及同其他工人结合的权利。他试图阐明，资本主义的商品领域包含一种中央性契约与合作关系，现代社会的阶级关系要在"元结构"到"结构"的展开过程中加以考察。

第二，同市场一样，组织也可以产生阶级关系，并且它易于导致新的管理集团对产品的占有和对社会的控制。在比岱看来，组织的阶级效应不是集体主义社会所独有的，它在不同程度上也存在于资本主义历史发展的不同阶段，以及各个国家或地区不同的资本主义模式中。比岱在这里分析的重点是苏联社会主义模式——他视为剖析组织阶级效应的"纯粹存在形式"③。他指出，国家或集体占有全部的生产资料

① [法] 雅克·比岱：《总体理论》，陈原译，北京：东方出版社，2010年，第211页。
② 参见《马克思恩格斯全集》第44卷，北京：人民出版社，2001年，第197页。
③ [法] 雅克·比岱：《总体理论》，陈原译，北京：东方出版社，2010年，第217页。

不能保证阶级因素的消灭，一旦当我们从社会生产的整体过程去剖析集体主义生产模式时，我们就会发现组织中介的结构性特征赋予了管理特权产生和传袭的权力。正如苏联的历史经验所表明的那样，虽说生产资料以及财富产品在名义上归国家所有，但是苏共在运用领导功能、执行国家任务、动用政治经济权力等方面扮演着重要的角色。① 由此带来的后果便是，社会再生产或财富的分配不是依据个人贡献的多少或从事劳动的不同性质，而是根据个人在生产资料、通信手段和知识资源等这些公共资料中所处的位置来进行。

在《哥达纲领批判》中，为了回应拉萨尔模糊的“劳动所得”概念，马克思正面阐述过共产主义第一阶段的“公平分配”原则。值得注意的是，马克思在此处论述的分配原则仅仅适用于“刚刚从资本主义社会中产生出来的”② 共产主义初级阶段。由于劳动者存在天赋能力的差异与劳动类别的不同，初级阶段的分配原则仍然带有某些弊病，这些弊病经由生产方式的内在矛盾运动在共产主义高级阶段将被克服。然而，在比岱看来，马克思的上述论述即把个体劳动视为总劳动的一个部分只具有理论分析层面的意义，资本主义商品关系没有垄断“拜物教”概念，“计划劳动生产的产品也没有在自己的额头上标明它所包含的劳动”③。正是组织中介蕴含的权力不对等与管理层级体制赋予了其自身阶级效应。具体而言，在集体主义生产模式中，经营管理人员由中央到地方的政治机构任命，这意味着作为基础阶级的劳动者把自己的权利委托给特定的中央契约，因为他们承认中央的合法性就是他们本身共同意志的体现。但问题是，此种“委托”具有某种虚构性，因为它是在一段足以改变当初形势的时间中被建立起来的。接受委托的组织者获得了掌握知识的战略能力、建立关系的资本以及社会的承

---

① 参见［法］雅克·比岱《总体理论》，陈原译，北京：东方出版社，2010 年，第216—217 页。
② ［德］马克思：《哥达纲领批判》，北京：人民出版社，2015 年，第14 页。
③ ［法］雅克·比岱：《总体理论》，陈原译，北京：东方出版社，2010 年，第219 页。

认等等，而同样多的因素造成了假定委托人社会地位的下降。①

第三，在上述两者的基础上，比岱指出，我们只能在市场和组织的两极蕴含与相互影响中把握现代社会的阶级结构和阶级权力。比岱认为，在传统马克思主义的理解中，政治权力作为上层建筑的组成部分由经济基础所决定。资本一极的组织权力源于其掌握生产资料从而对生产过程具有支配权；随着资产阶级上升为统治阶级，一种等级化的行政管理权力成为具体的社会统治形式，资本主义阶级关系由此形成。但是，市场与组织作为阶级关系的两个现代原则，通常在具体的社会变革中互相结合在一起，组织因素在这两个层次上都构成了阶级关系形成的内部框架。② 实际上，现代统治关系具有市场与组织的双重性，阶级建构的组织因素不能完全被设想为市场逻辑发展的必然结果。换言之，现代国家结构中的阶级关系不是单方面建立在剥削的商品关系之上，而是相应地建立在遍布整个社会的官僚组织等级因素上。

比岱承认，他关于现代统治双重性的思考与当代法国调节学派的论点有相似之处。后者强调，马克思主义对资本主义生产过程的分析总是把特殊的资本形式与其所处的组织结构联系在一起。具体表现在，20世纪70年代以来，以米歇尔·阿格里塔、罗伯特·博耶等学者用较为精细的方式梳理了资本主义不同历史时期特殊资本形式与组织形式之间的内在关联。但在比岱看来，这一分析的问题在于："它似乎把市场当作社会协调的最初的内容来看待。它为自己制定的目标是分析指导它和'调整'它的制度体系，但不把商品关系本身视为一种制度。"③也就是说，比岱视域中的调节学派只是强调了市场本身必须居于特定的组织制度背景中，而没有从最抽象的层面出发界定市场与组织之于资本主义社会结构的特殊意义。为此，他将调节学派称之为"弱势制

---

① [法] 雅克·比岱：《总体理论》，陈原译，北京：东方出版社，2010年，第217页。
② 参见 [法] 雅克·比岱《总体理论》，陈原译，北京：东方出版社，2010年，第224页。
③ [法] 雅克·比岱：《总体理论》，陈原译，北京：东方出版社，2010年，第225—226页。

度学派"①，而他所要做的修补就是以内含市场与组织的"元结构"从抽象层面出发来分析现代社会的复杂运行机制。

如此一来，比岱不得不面对一个历史问题：如果说"元结构"两极的相互蕴含是现代社会区别于传统社会的根本标志，并且市场与组织构成了现代阶级建构的极性条件，那为何集体主义在资本主义建立的很长一段后才出现呢？在一个以组织为基础的阶级出现以前，为何现代阶级结构的形成长久以来是建立在市场一极的基础上呢？他对此的回答是："或许因为有组织的形式只有在生产力发展到一定阶段时才能作为生产的可能的总体形式被接受。它尤其以大企业的发展为前提。"②"集体主义完全属于现代性的框架，只不过它作为组织因素发展的极端形式只有在特殊历史情况下才能产生。"③ 比岱的意思是，他将组织置于与市场并列的理论地位，不意味着两者在历史过程中处于同等的发展顺序。虽然组织形式在资本主义诞生之初也扮演了关键角色，但资本主义市场首先攫取并改造的是传统商品社会所遗留下来的初级组织形式。总体性的现代结构，即通常意义上的资本主义是随着大工业的发展而出现的社会形式，它建立在市场与组织两种因素充分孕育的基础上。在此背景下，他的总体理论面向的是已经充分发展了的、由市场与组织双重中介相交织的现代阶级社会。

这就进一步印证了，历史唯物主义的生产力线索在比岱这里只是作为一种外部前提。他无意于从现代性内含的本质性矛盾出发分析现代社会的历史由来与本质规律，而是寄希望于通过某种一般的解释框架打开现代性发展的可能空间。比岱指认说："在提出我们只能通过对'元/结构'的参照才能得到它的同时，我们把'社会关系'问题与'生产力'的问题联系在一起了。只是生产力不在其直接的物质性（工

---

① ［法］雅克·比岱：《总体理论》，陈原译，北京：东方出版社，2010年，第226页。
② ［法］雅克·比岱：《总体理论》，陈原译，北京：东方出版社，2010年，第227页。
③ ［法］雅克·比岱：《总体理论》，陈原译，北京：东方出版社，2010年，第227—228页。

具的物质性、机器的物质性等等）中被理解，而是以其直接通过协调的方式，这些方式是生产力导致的，或通过商品和组织的相继联结，现代阶级的不同形态就是根据这些联结打造成的。"① 我们知道，马克思的"生产"概念具有丰富的理论内涵，它不仅是物的生产与再生产，而且是社会关系的生产与再生产。历史唯物主义的研究对象是从"物质生产"出发的一段社会历史过程。比岱显然没有把握上述含义，他把"物质生产"直接界定为经济学意义上"物"的生产，从而强调要在特定的社会关系中把握生产力发展的独特效应。实际上，这是将历史性的社会关系偷换为同一个平面结构中静态的主体交往关系。在此意义上，"元结构"理论不是历史哲学，它更偏向于规范与调整社会交往关系的政治哲学。

资本的二重性与雇佣劳动的二重性

众所周知，从阶级斗争的观点看待社会历史进程不是马克思主义的独创，资产阶级历史编纂学家和政治经济学家早就"发现现代社会中有阶级存在或发现各阶级间的斗争"②。马克思主义经典作家的贡献在于，他们把阶级的存在视作历史性生产方式的产物，从而将阶级斗争与生产发展的一定历史阶段相联系。在比岱看来，当马克思把分析的焦点置于私有制生产过程之上时，他的阶级斗争学说无疑是正确的。但马克思的失误在于：其一，他将资本主义生产过程仅仅理解为资本家消费劳动力商品的过程，由此把组织的统治因素片面地归结为资本的所有权与支配权；其二，私有制生产关系可以催生阶级关系，公有制生产关系同样可以成为阶级关系产生的土壤，其中以集体主义官僚制为典型。③ "元结构"理论试图表明，市场与组织作为现代社会两种

---

① [法] 雅克·比岱：《总体理论》，陈原译，北京：东方出版社，2010 年，第 235 页。
②《马克思恩格斯选集》第 4 卷，北京：人民出版社，1995 年，第 547 页。
③ 参见 [法] 雅克·比岱《总体理论》，陈原译，北京：东方出版社，2010 年，第 238、229 页。

基本的经济协调形式，它们彼此蕴含且共同构成现代时期复杂的社会阶级结构。就阶级主体而言，统治阶级和被统治阶级都要根据双重中介所特有的阶级效应加以分析。具体说来，个体属于统治阶级还是被统治阶级，这要看他们在商品关系中占有的位置或在组织隶属关系中占有的位置，并且一般而言它还取决于两者间的相互影响。为此，比岱从"资本的二重性"与"雇佣劳动的二重性"出发进一步展开对现代社会阶级关系的论述。

1. 资本的二重性或统治的二重性

比岱认为，如果我们把资本看作是现代世界的关键概念，以至于可以把现代性直接称为资本主义现代性的话，那么对于资本的理解就不能仅仅狭义地限定在商品关系或市场逻辑领域。市场与组织分别对应两种不同的社会统治逻辑，它们在自身的展开过程中表现为两种资本形式，即"所有权资本"（马克思语）与"资质资本"（布尔迪厄语）①。前者指称对某个具体物的使用具有支配权，此种支配权在社会上得到普遍认可。在现代世界，中央政权通过确立私有产权制度并颁发产权证书为承认所有权提供实质性保障，并且这种私有财产关系构成了商品关系的基础。后者即资质资本，是现代资本的另一种形式，它与理性协调的中央性相关，从一个假设的中央契约开始。从某种意义上说，它也可以被理解为一种社会资格或一种社会能力，即在一定的社会关系中被指定为有一定资格的能力者。现代社会对资质或能力的承认由国家政权和国家机构担保。② 需要强调的是，在比岱的视域中，此种国家存在于公民社会的每一级机构中，而不管这些机构属于市场层面还是组织层面。

从两者的联系看，所有权与资质分别是市场与组织过渡到现代社

---

① ［法］雅克·比岱、［法］厄斯塔什·库维拉基斯：《当代马克思辞典》，许国艳等译，北京：社会科学文献出版社，2011 年，第 14 页。
② 参见 ［法］雅克·比岱《总体理论》，陈原译，北京：东方出版社，2010 年，第 251 页。

会阶级关系的中介载体，它们共同构成了现代阶级结构。从两者的区别看，所有权是排他的，它把所有者区分开来，但并不在意他们的资格；资质则是包含对方的，它在授权与分享中把一个集体团结起来。所有权的维持与再生产依靠的是对具体物的永久占有，而资质的保有则通过其诞生于其中的社会团体授权。"与所有权不同的是，社会资格不包括商品关系所包含的分配形式。笼统地说，它通过自己所授予的假设的优秀来使人具有资格，它以模糊的方式把人置于社会等级之中；确切说，它是通过自己弄到的特权或契机。"① 在比岱的构想中，现代统治的二重性与两类资本之间的划分相对应，它们在社会现实中的载体分别是资本家阶级和组织—权能者阶级。由于前者已为经典马克思主义所充分剖析，因此他在这里主要针对的是拥有资质资本的组织—权能者阶级。

比岱指出，资质资本持有者或权能者，应当要从最广泛的意义上去把握，他们涉及一切事先协调的、从"市场—企业"到"组织—国家"各个领域内的职位，包括所有类别的经营者、管理者、公务员和国家干部。之所以这些权能者能够在组织层级中占据一定的位置，前提是因为他们在社会生产与再生产过程中发挥了一定作用。此处，比岱进一步引入了布尔迪厄关于两类资本划分的分析，认为其"关于教育和文化在阶级关系再生产中的作用研究构成了马克思分析的对称物"②。在他看来，布尔迪厄以涂尔干社会学的方式将社会再生产重新解释为阶级关系的再生产，并把教育机构（学校）视为社会再生产总过程的基本支撑点，从而补充了马克思的社会再生产理论。但其弊端是：（1）把现代阶级结构所处的"社会领域"降级为经验社会学意义上的"学校领域"；（2）忽视了马克思意义上经济资本再生产的独特效应。

---

① ［法］雅克·比岱：《总体理论》，陈原译，北京：东方出版社，2010 年，第 253—254 页。
② ［法］雅克·比岱：《总体理论》，陈原译，北京：东方出版社，2010 年，第 254 页。

因此，批判社会学没有能够从社会生产原理的二重性、即元结构的双极性出发考虑现代社会阶级关系的生产与再生产机制。

实际上，如果用"元/结构"理论看待社会再生产过程，那么不论是布尔迪厄所谓的"文化精英阶层"诞生于学校教育领域，还是阿尔都塞所强调的"教育意识形态国家机器"在整个资本主义社会再生产中起到根本性保障作用①，他们都只是在资质的内部、一种"次分级"领域中探讨阶级关系的再生产过程。比岱的观点是，统治阶级与被统治阶级的分化主要是通过"所有权的转让和资格的继承"② 这两条既彼此交织又迥然相异的道路实现的。对于所有权资本而言，它在马克思业已揭示的、从市场法则到资本剥削过程中被实现；对于资质资本而言，它通过组织一极由公民社会到国家各个层级的管理机构授予。现代世界的统治具有双重性的特征："统治阶级只能依靠一种社会上为达到目标而紧密结合的力量的联合，也就是说通过一个整体的永久性目标来推广自己，这些力量指的是组织的指导力量和商品统治的力量，这一整体在不同方面是异质的，但却在功能上组成了统治阶级。"③

2. 雇佣劳动的二重性

比岱认为，与资本的二重性或统治的二重性相对应，从被统治一方看，现代社会的雇佣劳动处于"市场的网络"和"组织的金字塔"之中。④ 即使是在极端情况——自由资本主义或集体主义中，雇佣劳动也受到市场与组织双重中介的影响，因为"元结构综合体"已经囊括了现代社会发展的一切可能条件。由于"元/结构"理论的目标并非是揭示现代性的某个历史时段或某些地区的状况，因而比岱在这里主要针对的是一种中间情况，即当代资本主义的雇佣劳动制度。在他看来，

① 参见［法］阿尔都塞《哲学与政治（下）》，陈越译，长春：吉林人民出版社，2011年，第289页。
②［法］雅克·比岱：《总体理论》，陈原译，北京：东方出版社，2010年，第255页。
③［法］雅克·比岱：《总体理论》，陈原译，北京：东方出版社，2010年，第264页。
④ 参见［法］雅克·比岱《总体理论》，陈原译，北京：东方出版社，2010年，第241页。

这既能说明市场与组织两个因素之间最广泛的相互影响，也能说明由此影响所造成的不稳定性是如何为当代阶级斗争提供机会的。

比岱首先指出，当代资本主义雇佣劳动制度本质上是一个由阶级斗争不断推动的历史产物。当洛克把货币说成是一种幸运的发明、哈耶克把市场说成是一种奇迹、自由主义者始终把资本主义雇佣劳动制度当作一种伟大的历史发现时，他们实际上都撇开了阶级斗争过程，转向形而上学层面对自由市场制度之天然合理性的认定。① 在这里，比岱援引了经济史学家卡尔·波兰尼②开辟的观点，即从历史上看，雇佣劳动制度脱胎于传统社会的自然经济与附庸劳动之中，它本身就是长期斗争的产物。这种斗争既不针对工作日的长短、劳动条件或客观环境，也不针对工资标准，而是针对雇佣劳动关系的建立本身。③ 然而，雇佣劳动制度一旦建立起来，那么它就代表了现代生产效率的一个固有原则，即生产过程不再是建立人身依附关系的基础上，而必须要依靠雇佣工人的自愿支配与理性合作。换句话说，自由主义者视域中雇佣劳动的黄金时代只意味着这样的事实：它似乎在社会层面创造了某种阶级平衡，即劳动力商品在市场领域中的选择优先权与资本家在组织内部的等级优先权之间的平衡。

比岱进而指出，在此情形下，资本家走上了以科学方法不断提高

---

① 参见［法］雅克·比岱《总体理论》，陈原译，北京：东方出版社，2010年，第243页。
② 匈牙利著名经济史学家卡尔·波兰尼（1886—1964）同样反对"人类社会应当臣膺于自律性市场"的自由主义学说，强调人类的经济活动总是嵌合在特定的社会之中。他的"双重动向论"旨在表明，市场社会内在的包含两种对立的力量，即自律性市场的对外无限扩张与社会保护自身以防经济脱嵌。为此，他梳理了传统社会到现代社会转型的几个关键性节点，并指出劳动力市场的形成之于现代市场经济体制的重要意义。但他同时指出，劳动力市场的引入不是由于市场经济扩张、资本的增殖欲望而自然产生的事情。当自由劳动力市场所带来的经济利益不能弥补它对社会造成的破坏时，不论是国家、社会团体还是基础阶级都会采取相应的方式防范市场机制本身带来的不良后果。英国1795年的《斯皮纳母兰法案》就是典型代表。在他看来，只有当证明缺少劳动力市场的危害要比引进劳动力市场所造成的危害还要大时，后者的出现才会被社会所推动。（参见［英］卡尔·波兰尼《巨变：当代政治与经济的起源》，北京：中国社会科学文献出版社，2013年，第158—159页。）
③［法］雅克·比岱：《总体理论》，陈原译，北京：东方出版社，2010年，第242页。

劳动生产率的道路。诚如马克思所分析的那样，资本主义生产方式在一开始沿用了旧有社会遗留下来的劳动生产模式与技术条件，只有当社会生产力发展到一定阶段，真正代表资本主义生产方式本质特征的特殊资本主义形式才会形成。①　然而，劳动力商品毕竟不同于一般商品：（1）一般商品在出售之后离开交换领域进入生产或消费领域，或是作为不变资本进行流通，或是作为消费品直接离开生产过程，而劳动力商品则依然停留于市场领域，它可以重返市场；（2）劳动力商品一旦被雇佣工人作为商品出卖，它就立即进入既定的组织框架之中，并同其他劳动力商品形成合作关系。比岱指认说："政治关系的范畴从这里开始运行：指挥、服从、同意、合法权利。"②　作为雇佣劳动的被统治阶级分别与统治阶级的两个派别相对应，即管理市场的所有权资本与管理组织的资质资本。这种分离随着资本主义由自由时期发展到垄断时期，以及 19 世纪末 20 世纪初的管理学革命达到其典型形态。

在比岱看来，传统马克思主义把组织权力的因素归结为资本自身的经济支配权，这是一种典型的还原论思路。实际上，组织是一种从根本上不同于市场的契约关系或经济协同形式。就雇佣劳动的具体作用方式而言，他们"在市场上为竞争关系，在组织中为竞赛关系，但他们同时又能联合起来解决这种竞争和竞赛"③。也就是说，现代社会的雇佣工人不仅处于与所有权资本的剥削关系中，而且处于与资质资本的隶属关系中，除此之外，他们还有彼此联合的能力。这种联合会导向一种在本质上不同于"资本主义"的组织形式，从而成为被统治阶级反抗现代性双重统治的根本出路所在。比岱进而提及，不论是马克思主义经典作家强调共产党作为无产阶级先锋队的作用，还是西方马克思主义先驱葛兰西提出的"夺取大众文化领导权"，他们都是在反

① 参见《马克思恩格斯文集》第 8 卷，北京：人民出版社，2009 年，第 516—517 页。
② [法] 雅克·比岱：《总体理论》，陈原译，北京：东方出版社，2010 年，第 245 页。
③ [法] 雅克·比岱：《总体理论》，陈原译，北京：东方出版社，2010 年，第 245 页。

复重申组织因素之于无产阶级革命的重要意义。但是，他们把资本的集中、生产的组织化进程同无产阶级的联合捆绑在一起，从而将组织视为代替商品形式或市场逻辑的唯一办法，忽略了组织自身的阶级效应。① 事实上，"工人阶级"与其说是一个历史的范畴，倒不如说是一个战略的概念。对于复杂现代性之下的革命斗争而言，我们必须要从市场与组织的双重维度出发把握工人阶级的实际地位，制定相应的斗争策略。基础阶级的斗争不仅是针对商品形式的斗争，而且是对既定组织形式的斗争，他们要在消灭双重中介阶级效应的前提下解放自身。

从阶级关系到现代国家结构

可以看到，比岱在"结构"部分对现代社会阶级关系的分析是一种共时化、平面化、空间化的分析。他既无意于在历史哲学层面基于生产方式的本质矛盾线索寻找社会的主导阶级，也对具体历史情境下特定阶级群体的划分不感兴趣，他的理论目标是从现代统治的双重性出发提出现代阶级的一般性概念。比岱当然承认，"在现代性中，组织极和商品极的发展不是平行的，而是在不同发展过程中交织在一起的"②。但他仍执着于从"元结构"视域出发剖析现代社会的阶级关系，是因为他看到了组织权力因素在高度发展了的现今时代中发挥着不可替代的作用。一句话，他的社会结构理论是对当代社会政治经济结构的总体性分析。

在比岱看来，把马克思主义关于社会结构的分析与当代结构功能主义的观点统一起来的困难在于：前者始终在经济基础与上层建筑的二元论解释框架中把握特定社会结构中的主导性阶级关系，从历史过程性的角度将政治权力还原为经济基础，即资产阶级是从它在经济过

---

① 参见［法］雅克·比岱《总体理论》，陈原译，北京：东方出版社，2010 年，第 266—267 页。

② ［法］雅克·比岱：《总体理论》，陈原译，北京：东方出版社，2010 年，第 263 页。

程中占有的主导地位开始逐步为自己谋取相应的政治权力的；而后者则把经济权力与政治权力视为两种不同类型的支配手段，两者互为前提且互相促进。为此，他的想法是把前者融入后者之中："只要我们把第一个选项归结到第二个选项的范围内，那么这个困难就迎刃而解了。事实上，功能性不排除结构的不同组成部分之间的发展的不平衡。"①比岱的意思是，政治与经济，两者互为原因、互为前提，掌握经济权力的阶级必然谋求相应的政治权力，而掌握政治权力的阶级也必然需要取得相应的经济职能。由此，他认为他的"元结构"理论是对历史唯物主义基本原理的彻底改写，因为它将经济基础与上层建筑、经济秩序与政治法律秩序完全统一在一个层次上。

　　这就进而带来一个问题：在现代社会中，作为阶级关系冲突调和场所的"国家"究竟扮演着什么样的角色？是像保罗·斯威齐、密利本德等传统马克思主义者所认为的那样，把国家视为大资本（尤其是金融资本）行使自己权力、实施符合自己利益政策的工具，还是像普兰查斯等结构主义者所强调的国家功能的相对自主性？比岱认为，有关国家学说的上述分歧必须要从"社会本体论"的角度予以重新诠释，既不能退回传统的还原论思路，也不能走向一种折中主义的描述。当然，他所谓的"社会本体论"就是指自己的"元结构"理论。根据"元/结构"理论部分的论述，元结构由结构提出，作为集体主体的"元结构国家"不等于以理想的方式把关于现代国家结构的理论归结为社会契约论，它指的是现代阶级国家"宣称自己符合每个人对自由、平等、理性的要求，也就是说服从这种要求与其他人的要求的可相容性"②。这意味着，现代国家结构是对"元结构国家"内含理性的工具化，它是在某种抽象层面上进一步揭示现代社会阶级关系的可能组合

---

① [法] 雅克·比岱：《总体理论》，陈原译，北京：东方出版社，2010年，第270页。
② [法] 雅克·比岱：《总体理论》，陈原译，北京：东方出版社，2010年，第271页。

方式。与此同时，从组织自身的阶级效应出发，国家机构与公民社会的组织管理部门不能混为一谈，前者通过"转化"将自身贯穿于从最高国家权力到公共社会各个层级的市场形式、组织部门与联合关系中，包括了参与阶级权力行使的全部机构。因此，"现代国家结构"的范围远远超出了"元结构国家"的范围，其中所有的阶级力量都在使得自身合法化的同时参与具体国家结构的建构。①

至此，我们有必要对上述观点做个简单的回应。从思想史上看，无论是葛兰西的市民社会理论、阿尔都塞的意识形态国家机器学说，还是福柯在《规训与惩罚》等文本中对微观权力机制的研究，他们都或多或少强调了组织权力关系（包括宏观权力与微观权力）之于现代社会阶级建构的重要意义。如果要说比岱在承袭上述思想的基础上有何新意的话，那么就是他在理性契约关系与阶级关系之间构建起了"元结构"与"结构"的辩证法，从现代社会阶级关系的一般性概念出发把基础阶级的革命斗争理解为"元结构"对"结构"的质询。比岱看到了，组织权力因素在现代社会中扮演的重要角色，并将之提高到与资本逻辑同等重要的地位，以此强调任何经济过程都不能脱离其所处的具体社会形式而独立存在。就此而言，他是对自由主义学说与经济决定论的双重批判。但问题是，对当代社会政治经济结构的一般唯物主义分析难以催生出批判的因素与解放的动力，把阶级斗争理解为理想性契约关系对现实阶级关系的质询，实际上是退回到了抽象人本主义的哲学路径。这也恰恰体现了比岱经验主义方法论的局限性。

事实上，马克思主义经典作家同样看到了法权关系或政治国家之于现代资本主义统治的巨大反作用，承担着某些直接的经济关系所不能起到的统治职能。譬如说资本主义法权关系，它作为资本主义生产

① 参见［法］雅克·比岱《总体理论》，陈原译，北京：东方出版社，2010年，第279—280页。

关系的产物，既起到了巩固特定生产关系的作用，同时又掩盖了资本主义生产关系的剥削性本质。马克思在《资本论》第一卷中论述的"商品生产所有权规律转变为资本主义占有规律"① 就是在此意义上言说的。马克思指出，法权关系直接体现的是一种意志关系，但它之所以能以自由意志的形式表现出来恰恰是由资本主义生产关系所决定的。当比岱反复指认说，"元/结构"理论的出发点主要是马克思在《资本论》中对资本主义社会抽象基础的分析时，他恰恰没有意识到自己与马克思的根本不同：马克思的出发点是"现实中的个人"②，即现实社会关系中具体的个人，而比岱的出发点是处于政治经济关系中的"自由的个人"，他们能够彼此签订契约、委托交付权利。因此，无论是个体间契约或中央契约，还是市场或组织，它们只是资本主义生产关系在不同层面、不同发展阶段的具体表现形式。另外，比岱等国外马克思主义学者将苏联社会主义模式的失败部分归因于马克思恩格斯的理论失误也是站不住脚的。马克思（包括恩格斯）在《共产党宣言》与《哥达纲领批判》等文本中，反复强调社会主义或共产主义是脱胎于资本主义生产方式的历史运动过程，工人阶级在夺取政权后需要彻底改造旧有的国家政权与国家机器，以适应新的社会形态，在生产方式的内在矛盾运动中逐步形成新的组织形式。因此，法权关系、国家政权与组织形式在本质上皆为历史性的产物，它随着生产方式的变化而变化。

进一步而言，唯物史观视域中经济基础与上层建筑的辩证关系常被西方马克思主义学者视为"老生常谈"，但他们不知道正是在这种"老生常谈"中蕴含着马克思对特定社会的基本结构与阶级革命的前提条件最根本的看法。从《德意志意识形态》对历史唯物主义基本原理的制定，到《政治经济学批判·序言》关于唯物史观的经典表述，再

---

①《马克思恩格斯全集》第 44 卷，北京：人民出版社，2001 年，第 668 页。
②［德］马克思、恩格斯：《德意志意识形态》（节选本），北京：人民出版社，2003 年，第 16 页。

到《资本论》中对特定资本主义社会经济运动规律的剖析，马克思视域中由经济基础与上层建筑共同构成的"社会结构"与"生产方式"是同一个理论的不同侧面。马克思（同恩格斯一道）旨在强调从物质生产与再生产过程去分析特定社会的基本结构，他们不仅在生产力与生产关系的矛盾运动中揭示出特定"社会结构"得以存在的历史性本质以及进一步发展的历史性动力，而且把"社会关系"本身看作是一个辩证上升的有机生理过程。由此出发，马克思恩格斯关于阶级斗争的思考与共产主义革命的论述都是建立在对资本主义生产方式内在矛盾运动的研究基础上的。对于撇开本质性的历史线索、仅从经验现象领域把握现代社会阶级关系发展的比岱而言，革命斗争就只能被设想为一种可能性空间中的战略选择。

五、"元/结构"视域中的世界体系理论

如果说比岱的总体理论旨在从某种抽象的一般性原则出发分析现代社会的总体运行逻辑，那么当现代性发展到全球化时代，即人类生活的共同世界日益联成一体的情况下，总体理论还必须要进一步阐明全球化时代现代性的本质依据与运演规则。比岱指认说，不论是马克思主义传统中的学者，还是契约论谱系中的理论研究者，他们都没有认真对待"一般"（general）与"全球"（global）这两个概念，即没有把资本主义的历史整体性当作一个理论对象来看待。沃勒斯坦是最早阐明上述两个概念之间区别的理论家，他在布罗代尔历史学方法的启示下把关于资本主义世界体系的研究推进到历史与地理的一致性方面，将世界体系的历史视为民族国家内部历史发展的更高阶段，从而以资本再生产与空间扩张相伴随的视角阐述了当代世界体系的形成、演变、

破裂与重组的过程。① 但继而带来的问题是，由"中心—边缘"主导模式所构成的帝国主义世界体系理论试图超越任何中央契约，这是否意味着"元/结构"理论只适用于现代民族国家内部，而难以在自身的展开过程中对当代世界体系加以说明呢？答案当然是否定的。比岱提出，"元结构"的分析框架为当代世界体系提供了终极视角，全球资本主义时代的主要矛盾是帝国主义世界体系中央性与"世界—国家"中央性之间的矛盾，即"元结构"的现实形式与普遍要求之间的矛盾，而构成"世界—国家"范围内的斗争应当由此加以思考。

结构与体系：从马克思到沃勒斯坦

必须承认，由资本主义全球化运动所推动的当代世界体系的形成与演变，是现代性发展的内在趋势之一。从历史上看，人类生活世界从原有的相对封闭式的疆域逐步扩展到普遍联系的整体式体系，最早出现于哥伦布发现新大陆之前。随着殖民掠夺、奴隶贸易与世界性商业的兴起，资本在全球空间范围内得以充分布展，其带来的直接后果是使得世界逐渐联系为一个统一的整体。但值得注意是，全球化资本主义或世界体系理论作为一种"现象级"的思想热潮，只是在 20 世纪七八十年代开始才成为学界探讨与争论的焦点。从根本上说，这与二十世纪下半叶人类社会历史进程息息相关，特别是两极世界格局的演变与新自由主义的普遍盛行。以何种方式把握作为"事实"的全球化进程以及世界体系的演变，关键性分歧在于，是把这种"事实"本身当作天然合理性加以接受，还是将"事实"作为历史性的事物解剖其由来、内容与发展规律。②

---

① 参见［法］雅克·比岱《总体理论》，陈原译，北京：东方出版社，2010 年，第 283—
　284 页。
② 参见唐正东《当代资本主义新变化的批判性解读》，北京：经济科学出版社，2016 年，第
　194—195 页。

在比岱看来，经典马克思主义与新马克思主义为探讨当代世界体系的实质性内容开辟了重要的方法论视角，因此在阐述"元结构"视域中的世界体系理论之前，他首先批判性地回顾了马克思主义传统谱系中的相关理论线索。

其一，马克思关于资本主义世界市场的历史性判断。比岱认为，马克思无疑是当代世界体系理论最重要的思想源头之一，虽然他最终未能完成预先设想的《资本论》篇章计划，但是他的论述逻辑、即从抽象到具体的方法论原则为探讨世界体系发展的内在动力提供了重要启示。我们知道，不论是在"五册计划"还是"六卷结构"中，"国际贸易"与"世界市场"都是马克思构想的分析焦点。但由于种种原因，马克思并没有直接留下相关论述，导致我们只能从上述篇章结构的安排中，即从《资本论》的论述策略出发分析马克思的理论贡献。比岱指认说，《资本论》主要论述的不是哪一种具体的国民经济，而是一般的、纯粹的资本主义经济，马克思"曾经把资本主义的统一性设想为一个历史时期的有头有尾的统一性，他特别强调我们只有从共时性，即从社会结构的类型开始才能设想历时性，即资本主义的历史变化、它的'趋势'（和它的起源本身）：作为自我可能再生产的社会形式、从其纯粹抽象角度理解的'资本主义生产方式'"①。也就是说，正因为马克思揭示出资本主义生产方式的内在规律，并且从生产力与生产关系矛盾运动的角度把握特定社会基本结构的演变过程，所以他能够对资本主义历史发展的基本趋势、包括资本主义的不同发展阶段做出准确的分析与判断。

但比岱同时也指出，这一纯粹理论化的分析也有自身的不足之处：它将历史转变成了地理，将民族、人种、宗教等因素融入了阶级，从而把当代世界体系的发展视为现代国家结构的必然趋势。"正是在世界

---

① ［法］雅克・比岱：《总体理论》，陈原译，北京：东方出版社，2010年，第288页。

市场飞速发展的条件下，也就是在殖民条件下，马克思从结构所特有的动力的分析出发逐渐接近了世界体系的开端。真实的整个对象的一致性产生了，这个一致性是一个时期的，而非一个空间的一致性。"①在比岱视域中，曾经清晰构想过世界市场问题的马克思没有对世界体系进行理论化，即没有把现代世界体系作为一个具体的历史总体加以剖析，他只是在现代国家结构的基础上粗略地勾画了一个资本主义的世界性整体。简言之，马克思的"体系"范畴是"结构"概念的自然延伸。为此，对于持有"元结构"观点的比岱而言，他的设想是回到《资本论》的抽象基础，即"商品与货币"："这种开头的不确定性既为特殊社会的研究，也为这些社会所组成的整体提供了线索。"② 比岱认为，马克思在探讨"商品"与"货币"等范畴时，他不是没有考虑到组织权力的因素，譬如作为固定下来的、一般等价物形式的"货币"就蕴含着国家机构的管理职能，而"世界货币"概念的出现更是反映了国家之间商品关系的作用形式。问题在于，马克思没有提出包含市场与组织双重维度的"元结构"，只是在市场一极的单纯运演中揭示资本逻辑的自我运动，这使得他一方面难以把握现代国家结构的复杂形式，另一方面也难以提出一种总体性的世界体系理论。

其二，新马克思主义对当代世界体系的理论化进程。在比岱看来，与世界体系相伴随的民族问题在马克思恩格斯的思想体系中占有重要位置，遗憾的是，作为理论范畴的"民族"概念却在他们的主导逻辑中被边缘化了。从《共产党宣言》到《资本论》，马克思（包括恩格斯）把分析的焦点始终集中于阶级关系与社会解放的维度上，这是因为"对他们来说'世界体系'实际上是不存在的，而只存在一个世界市场，它有取代国家形式的趋势，——1857年起草的计划草案曾这样

① [法]雅克·比岱：《总体理论》，陈原译，北京：东方出版社，2010年，第289页。
② [法]雅克·比岱：《总体理论》，陈原译，北京：东方出版社，2010年，第290页。

指出：'最后，世界市场。资产阶级社会越出国家的界限'"①。第二国际与苏联理论家沿着《资本论》所提供的主题线索，开辟了关于民族问题的研究。然而，不论是卢森堡对殖民主义扩展的思考、考茨基把民族问题与资本集中垄断联系在一起，还是希法亭对金融资本的创造性解读、列宁关于帝国主义是资本主义最高阶段的判断，他们实际上都还是在"市场—资本"单向性扩张的历时性层面思考现代世界性，没有从根本上勾连起现代社会结构与世界体系的辩证关系。② 事实上，只有到了 20 世纪 60 年代，随着第三世界国家革命斗争的蓬勃兴起，一种以共时性生成视角阐发的世界体系理论才得以出现。

比岱在这里引入的关于当代世界体系的经典论述，主要指的是沃勒斯坦的"世界体系理论"③。在他看来，传统马克思主义世界市场理论与沃勒斯坦的世界体系理论的差别不仅体现在描述内容方面，两者的差别主要是方法论的差别：前者把注意力集中在民族国家实体内部，从生产方式与社会构成的角度对"结构"的基本性质与历史趋势予以分析；而新马克思主义则把所有民族国家实体置于同一个整体性的空间内，将当代资本主义世界体系视为一种具体的历史整体性。如此一来，在世界体系理论框架中，资本主义从一开始就作为一种"地理政治体系"出现，而且其总体特征是按照等级设置的多层样态在全球范

---

① [法] 雅克·比岱：《总体理论》，陈原译，北京：东方出版社，2010 年，第 292 页。
② 参见 [法] 雅克·比岱《总体理论》，陈原译，北京：东方出版社，2010 年，第 293 页。
③ 沃勒斯坦的世界体系理论特别强调古代帝国主义与现代资本主义世界的区别。前者虽然是城邦世界，但却是由一个政治、行政、军事和经济的中心来协调；而后者是由不同民族国家实体组成，这些实体之间通过商品关系联系在一起。现代资本主义世界也可以称之为一个"经济—世界"，一个由经济统一起来的没有政治权力中心的世界和一个具有多个中心—边缘的复数国家的世界。处于中心的是那些最强大的国家，它们的内部特征是更先进的资本主义结构，在其中雇佣劳动和租种关系占主导地位；它们的外部特征是具有强迫外围国家接受它们的交换条件、资本、政治和文化的能力。居于外围的被统治国家承受着不平等的交换，只能以一种有限的独立主权形式在中心国家剥削之下与前资本主义形式相连，比如说土地收益分成制形式、农奴制形式、奴隶制形式或"受束缚的雇佣劳动制度"。（参见 [法] 雅克·比岱《总体理论》，陈原译，北京：东方出版社，2010 年，第 294 页。）

围内有序布展——中心国家对边缘国家的统治如同阶级统治一般，都是资本主义的本质属性与组成部分。①比岱进而指出："仅对资本主义本质上的多重性和多重国家性特点的承认就足以显示国家历史和国际的统治关系的显要地位。资本主义的历史不再是阶级斗争的历史，它同时也是（与阶级斗争相互影响）国家和人民的历史，这一历史既不能依据阶级斗争的原则，也不能从它唯一的历史观点来判断。"②

我们暂且撇开历史辩证法不论。比岱在这里想要表达的是，如果我们承认马克思从抽象到具体方法论的科学性，那么对于"具体"之科学分析的前提是"抽象"的完整性。"结构"之于"经济"而言是一种"具体"，为了剖析"结构"，就必须弥补经济的政治维度，从"元结构"的三项组合入手阐明"结构"的双极性原理；同样的，"体系"之于"结构"而言是一种"具体"，为了剖析"体系"就必须要从某种更一般性的原则出发（而不仅仅是单纯的"市场—资本"逻辑）阐明"体系"的实质内容。比岱视域中的世界体系理论之所以优越于马克思的世界市场理论、列宁的帝国主义理论，是因为前者把"世界体系"的完整性逻辑当作一般性原则，并视之为一种原始的分析维度。

我以为，就积极的方面而言，这是对机械历史进步主义的一种批判，它看到了当代资本主义在世界地理范围内的不平衡发展。诚如比岱自己表明的那样："'资本主义生产方式'具有一种特殊能力，即具有利用资本主义特有的剥削重新解释和使用一切依然是以前的社会的统治（或团结）形式。但它也指出一系列可能被视为前资本主义的或被视为'过渡形式'……资本主义在中心积聚的强力使得它能够抓住外围并对之施行史无前例的暴力。"③ 实事求是地说，无论是沃勒斯坦的世界体系理论，还是比岱将要从"元结构"视域出发阐明的"世界

---

① 参见［法］雅克·比岱《总体理论》，陈原译，北京：东方出版社，2010年，第295页。
② ［法］雅克·比岱：《总体理论》，陈原译，北京：东方出版社，2010年，第295页。
③ ［法］雅克·比岱：《总体理论》，陈原译，北京：东方出版社，2010年，第296页。

一国家"理论，它们都敏锐地捕捉到与地理空间相关联的政治权力因素在当代资本主义发展中起到的重要作用，也因此把理论的焦点转向现代国家结构与当代世界体系的联结层面。

但是，他们根本的问题还是方法论的问题。以列宁为例。我们知道，列宁之所以能够发现帝国主义条件下垄断资本主义生产关系与生产力之间的矛盾，继而指认说帝国主义是"作为一般资本主义基本特性的发展和直接继续而生长的"[①] 过渡阶段，从根本上说是因为他继承了历史唯物主义方法论。列宁既没有对帝国主义世界体系的历史现象进行某种一般性的经验描述，也没有从一种经验抽象出发把握世界体系的历史运演规则，而是在现实社会进程的本质性发展视域中看待帝国主义或垄断资本主义的历史由来与内在矛盾，其目的是为了剖析帝国主义世界体系内含的基本规律。反观比岱，在缺失内在矛盾运动线索与抽象上升环节的前提下，他把"历史科学"转变成了经验科学，致力于从平面性的政治经济结构中把握当代资本主义世界体系的组合原则。当然话说回来，这也是他的理论旨趣所在——为剖析当代世界体系的本质特征寻求一般性基础。

"元/结构"对世界体系的渗透

诚如上文所指，世界体系理论之所以为比岱高度肯定，是因为它把政治与经济勾连在了一起，这同"元结构"理论的构想不谋而合。由此出发，从"元结构"到"结构"，再从"结构"到"体系"的推论就成为一种顺理成章的事情。比岱指认说："我重复说一遍，采纳'元/结构'的观点就等于和马克思在《资本论》的开始做的事背道而驰，从构成现代社会的双极性出发，而不只是参照独一无二的市场。……因为每个社会都具有一个内在的二律背反的原理，即市场—组织，这

---

① 《列宁选集》第 2 卷，北京：人民出版社，1995 年，第 650 页。

一原理在一个空间中（或在一个边界之内）占统治地位，这一空间一方面是由生产力的发展决定的；另一方面是由军事、文化、地理等其他各种因素的偶然性决定的，——当然，接下来要做的就是确定两个决定因素之间的联系的性质。每个社会就这样与它的邻居保持着外部联系，但是通过唯一的商品关系来维持这种联系。商品关系在此不再与组织为伍。元/结构在此被分解了，市场不再与组织的联系相结合，而是与体系的关系相结合，根据中心—外围这对一般的概念，在一个中心的一体系的权力支配下，这种权力并不是一种总体或共同意志的表现。"①

　　上述论断包括两重含义。其一，比岱视世界体系理论为传统马克思主义世界市场理论的一种超越，因为前者把市场经济的统一性与国家政治的多重性统一在普遍的世界网络之中。不过区别在于，关于市场的一般概念既适用于国内市场也适用于国际市场，而组织的一般概念却局限于民族国家的领域内，没有一种既适合于国内又适合于国际的政治范畴。这既印证了，商品关系的个体间契约与组织权力的中央性契约构成了现代社会的双极性原理；同时又进一步说明，现代世界既要从民族国家内部"结构"的角度加以分析，也要从国家与国家之间关系所构成的"体系"的角度加以思考。其二，世界体系理论视域中的国际政治范畴不存在一种统一的中央契约或组织形式，它没有从经济与政治、理性与合理性最抽象的层面出发去把握现代世界的基本"世界性"，而仅仅在"中心—边缘"的主导分析模式中划分了现代政治的地理范围。比岱认为，这是一种"结构"与"体系"的外在关联，即从构成"体系"之实体的"结构"顺序角度把握的现代世界体系，而没有进而阐明"结构"与"体系"之间的内在关系——"结构"究竟是如何根据自己的一般性依据渗透到作为历史总体性的当代世界体

---

① [法] 雅克·比岱：《总体理论》，陈原译，北京：东方出版社，2010 年，第 298—299 页。

系之中的①。

清楚的是，从"元/结构"视域出发阐明当代世界体系的基本构成，必须要从现代社会所蕴含的市场与组织双极性出发把握世界经济与政治。市场一极似乎不存在问题，因为国家与国家之间的最初接合依靠的就是商品关系，而帝国主义世界体系下中心国家对外围国家的统治也是建立在上述基础上的。关键的问题是组织一极，即民族国家内部的政治结构与国际政治秩序之间存在着"断裂"。退一步而言，如果这种"断裂"难以弥合，比岱就不得不承认自己的总体理论只适用于民族国家内部，"元结构"视域中的世界体系理论是一个伪命题。但与此同时，为了要证明"元结构"的分析框架为当代世界体系提供了终极视角，比岱就必须说明两个问题：（1）在当代世界体系中或国际政治秩序之上是否存在着一种如自由市场那般基于共同政治的合理性宣称，并且此种宣称是普遍适用的；（2）组织权力关系与力量关系是如何在一般的现代国家之间进行联结的。

首先来看第一方面，即国家与国家之间或国际政治秩序中是否存在着一种合理性的宣言。在比岱看来，世界体系理论的构架中没有一种居于所有国家之上的中央协调机构，传统契约理论也把国家间的关系设想为一种弱肉强食的"自然状态"，但不能由此得出结论说国际政治关系就是一种纯粹的力量关系。这不仅是因为不可以用机械的方法分析一般权力范畴，而且在国际方面也存在着现代世界的特殊性——完全像现代国家所宣称的那样——人是自由平等理性的，它宣布了现代世界是和平的。这种"和平宣言"确立起当代世界体系的"元结构"地位，它同时代表着一种开放性的、属于各个不同现代国家结构的总前提。② 换言之，国际政治学说必定是建立在组成世界体系各个部分之

---

① ［法］雅克·比岱：《总体理论》，陈原译，北京：东方出版社，2010年，第299页。
② 参见［法］雅克·比岱《总体理论》，陈原译，北京：东方出版社，2010年，第300页。

独立自主前提下的一门和平学说，切不可把它理解为一种纯粹虚构的意识形态言论，因为它同现代国家学说一样，都是自由平等理性的现代性宣言在自身展开过程中的必然要求。一句话，现代世界（"体系"）和现代社会（"结构"）之所以区别于传统世界和传统社会，是因为它以自由、平等和理性的现代宣言作为自己的本质依据与原则纲要。

　　比岱在这里实际上强调了一种作为世界体系的"元结构"宣称的国际话语，此种话语是具有"社会本体论"地位的普遍原则："社会统治不仅在意识形态的掩饰下向前发展，其过程充满着超现实的色彩，而且在现代社会，意识形态必须是对普遍原则，即平等和自由原则加以肯定。在这方面，意识形态是陈述，陈述一词有两种意义，一种是对意义的阐明，另一种是意识到自己被怀疑的危险。"① 比岱旨在强调，由"中心—边缘"统治模式所构筑的当代世界体系不只是依靠基于国家之间力量对比建立起来的，它从根本上说依赖于一种现代性的普遍原则或共同意志。只有在体系内部的所有国家都肯定了自由平等原则的基础上，资本主义所开辟的公共空间才能以如此的方式被大家所接受。这一点是古代帝国主义与现代资本主义世界体系的根本区别所在。譬如说，历史上的罗马帝国没有必要确立一种日耳曼人可以接受的宣言，它对外邦的统治只需要建立在纯粹暴力的基础上。虽然罗马帝国内部的城邦之间也有一种道德表述的要求，但这一言语宣称基本上适用于帝国内部，只需要满足守卫自己疆域的需要。现代资本主义世界体系的统治在本质上区别于古代帝国主义，尽管它自身的霸权色彩或暴力手段并不弱于后者，但它所依仗的是现代人与现代国家都可以接受的普遍原则。②

　　继而带来的问题便是，在承认现代世界依据普遍原则构建的前提

---

① ［法］雅克·比岱：《总体理论》，陈原译，北京：东方出版社，2010年，第301页。
② 参见［法］雅克·比岱《总体理论》，陈原译，北京：东方出版社，2010年，第301—302页。

下，居于当代世界体系中的国际政治秩序为何以"中心—边缘"的模式表现出来呢？组织权力关系与力量关系是如何在一般的现代国家之间进行联结的呢？比岱指出，其中的关键在于，一种共同的全体意志不会在现代世界诞生的源头上就出现，国家与国家之间的联结首先通过商品关系的形式在世界体系的整体空间中登场。"体系"的双极性原理有别于"结构"的双极性原理：在后者即现代国家结构的内部，契约关系作为一种言语交往关系由公共话语所审视，因而可以成为某种共同的社会契约；而在前者即世界体系的发源处，民族国家处于一种由纯粹商品关系构成的个体间契约之中，中央契约在此处是暂时缺席的。① 如此一来，中心国家对外围国家的统治就建立在市场一极的特权基础上。"在'世界体系'层次上出现的矛盾是建立在国家性的契约的肯定和世界性的法律企图之间的矛盾，这种肯定在其构成的二律背反方面是和谐统一的，而这种企图利用纯粹的商品的契约的方面压制中心的契约的方面，——因此，契约的方面一点也没有契约的味道了，它实际上服从于统治体系的势力。契约就这样在体系的空间中'转化成了自己的对立面'。"② 由此，比岱指认说现代世界体系是一种"无契约的理性"，它的建立原则不是一种共同意志。虽然说具有本体论地位的"元结构"包含了现代社会建构的所有可能性形式，但是当它在世界舞台上最初呈现的时候，却是以一种特殊的形式表现了出来：组织形式在其中依赖于体系的决定，取决于中心与外围的力量关系，它不能依据双重契约协调形式加以构想③。

但这岂不是和第一点论证自相矛盾了吗？问题至此还没有结束。现代世界体系最初依照市场一极与力量关系建立起来，并不意味着组织一极的永远不在场。在比岱看来："多亏了这对概念（市场与组织），

---

① 参见 ［法］雅克·比岱《总体理论》，陈原译，北京：东方出版社，2010 年，第 303 页。
② ［法］雅克·比岱：《总体理论》，陈原译，北京：东方出版社，2010 年，第 305—306 页。
③ ［法］雅克·比岱：《总体理论》，陈原译，北京：东方出版社，2010 年，第 304 页。

第三种关系，联合的—言语的关系才被肯定，这种关系对具有实效性的公共空间的出现至关重要。"① 也就是说，国家与国家之间的结合关系是组织权力关系诞生的必要条件，它们之间由于利益诉求的不同，可以在整体范围内表达不同的话语。只是从理性立场出发的市场法则要想成为为所有国家接受的普遍规则，它必须要与组织的法则结合起来才能成为现代世界的合理性要求。在这里，比岱又一次提到了阿尔都塞的意识形态微观建构理论，即资本主义的现实统治必须要通过意识形态国家机器的传唤机制，将分散的"个人"转化为受意识形态话语支配的"主体"②。他想借此说明，现代世界共同意志的生成不是自由市场制度单方面扩张的结果，其中既包括中心国家对自己统治权力的合法化表达，又包含外围国家联合起来在抵抗斗争过程中对此种合法化表达的接受。与组织一极相对应的中央契约就在这一反复的"质询"过程中形成了。比岱进而指出，"元结构"对当代世界体系的渗透是一个基于中心国家与外围国家之间不断斗争的历史过程，切不可把帝国主义世界体系中的统治关系当作单向性的、一成不变的永久性事实。从"元结构—结构—体系"的动态发展趋势来看，对现代世界主要矛盾的剖析不能只停留于"中心—边缘"的力量对比模式中，而是要从"体系"的双极性出发去看待当代人类生活世界的主要矛盾。在现实历史中，不论是资本主义还是集体主义，它们都设想通过消灭"元结构"中的一极使得另一极普遍化，也就是要求全社会全世界都服膺于要么是市场要么是组织。20 世纪下半叶的历史证明，这一理念只具有空想的性质。他之所以强调从国家间的个体间契约与中央契约去剖析当代世界体系的发展变化，正是因为他看到了后者是建立在对"现代性"之自由平等理性诉求的不断斗争基础之上的必然结果。

---

① [法] 雅克·比岱：《总体理论》，陈原译，北京：东方出版社，2010 年，第 303 页。
② [法] 阿尔都塞：《哲学与政治：阿尔都塞读本》（下），陈越编译，长春：吉林人民出版社，2010 年，第 303 页。

从世界体系到"世界—国家"

很显然，比岱意图从"元/结构"视域出发改造世界体系理论，关键性的节点在于：或是从共时性角度证明，由言语—契约所构成的"元结构"本身就处于当代世界体系之中，不仅是"结构"提出了"元结构"的要求，而且是"体系"提出了"结构"与"元结构"的要求；或是从历时性角度阐明，一种居于世界经济与政治之上的普遍话语正在生成，它规范着当代世界体系的运演规则。在比岱看来，民族国家内部的经济活动脱离领土的限制相互渗透，继而推动全球资本主义的发展、世界逐渐联系为一个统一的整体，这是一种不以人们意志为转移的客观事实与主要趋势。但如何解读这一"事实"与"趋势"的实质性内涵却是上述问题的根本所在。① 如果我们参照"结构"部分的论述会发现，比岱是承认"元结构"蕴含两极的不平衡发展的，即组织一极相对落后于市场一极，那么到了"体系"部分，问题便转化为世界体系中是否存在着一种基于组织权力的中央契约，或者说世界体系本身能否构成一种类似于"元结构国家"的世界性国家机构？

比岱的一个基本判断是，当代世界处于一个世界体系与"世界—国家"相交融的时代。后者指的是一种与世界体系的发展性质完全不同的历史趋势，即现代世界朝着一种由"元结构"宣称所支配的世界性国家而展开。他不否认，由帝国主义霸权占主导的世界体系依然是我们今天所处时代的显著特征，但他力图引入"元结构"的分析方法旨在说明：一方面，新自由主义全球化设想只是一种"现代性神话"，现代世界体系中的组织关系受到生产力发展的影响，在"元结构"宣言的支配下正在不断生成新的形式、开辟新的联合空间，从而导致世界性国家的出现；另一方面，当代世界范围内的主要矛盾是帝国主义

---

① 参见［法］雅克·比岱《总体理论》，陈原译，北京：东方出版社，2010年，第311页。

世界体系的中央性与"世界—国家"中央性之间的矛盾，即"元结构"的现实形式与普遍要求之间的矛盾，构成世界范围内阶级斗争的思考应当由此展开。①

比岱指出，在自由主义视域中，国家机构的衰弱与国际"公民社会"王朝的出现是一种伟大的发现或自然的要求；与之相反，以沃勒斯坦为代表的世界体系理论则试图阐明，在世界地域范围内国家机构有重建的趋势，世界体系以"中心—边缘"模式构筑的帝国主义霸权形成为自己的完成标志。这意味着，如果缺少一个能够在既定空间中保证经济正常运转的权力中心的存在，作为市场与组织相互联结的资本主义就不可能出现与生存下去②。然而，正如世界体系的中心并非一成不变，资本在地域范围或全球空间内的组织形式也处于不断地调整之中。"今天以美国—欧洲—日本这一三角关系为标志的体系的中央性随着中国、印度和巴西这样的新极的出现而发生了变化。……一些实体，例如欧洲国家，之所以要结盟，那是因为它们的首要目标是对抗另外一个有着严密组织的情况（其他的两个主要极），但是世界层次上的共同规则的逻辑是为其实施所必要的国家的共同组织的逻辑。"③ 也就是说，在比岱看来，世界体系理论从历史上梳理了现代世界等级体系建构的复杂过程，并强调从特定的社会政治背景中分析当代资本主义的经济全球化进程，这无疑是它的理论贡献。但是，当代全球化运动（特别是 20 世纪 80 年代以来）以及与之相伴随的"体系的新极化"对此提出了新的要求——世界范围内的组织形式正在转型。

此处，比岱再次"回到"了一个历史唯物主义的基本原理："根据马克思主义所借用一句古老的格言，要寻找历史革命的原理就要从

---

① 参见［法］雅克·比岱、［法］厄斯塔什·库维拉基斯《当代马克思辞典》，许国艳等译，北京：社会科学文献出版社，2011 年，第 18 页。
② ［法］雅克·比岱：《总体理论》，陈原译，北京：东方出版社，2010 年，第 311 页。
③ ［法］雅克·比岱：《总体理论》，陈原译，北京：东方出版社，2010 年，第 321 页。

'生产力'的变化方面，而不是从'社会关系'方面着手。如果我们想抓住朝着超国家的形式导向的条件的话，就必须从'生产力'革命的方面看、从技术力量方面看，这种具有积累性效果和很大的有偶然效果的力量的演变颠覆了生产关系，特别是这些关系的国家的一体系的限制。"[1] 比岱自然不是从生产力与生产关系矛盾统一的视角去剖析当代资本主义全球化进程的，他在这里想表达的意思是，生产的技术条件的变化、特别是现代信息技术、交通条件与通信能力的发展，对生产国际化进程的组织方式产生了重要的影响。在当代资本主义生产与再生产过程中，不论个体间的结合方式，还是国家间的组织关系都处于不断的流动之中。具体表现为：（1）现代多媒体与网络世界的出现扰乱了国家占有与私人占有之间的分界，既使得掌握信息的强者拥有了组织生产、掌握政治文化、操纵意识形态的权力，同时又赋予了个体间或群体间直接交流的可能性，使无边界的独立组织和从未被国家机构划定的混合空间得以出现；（2）跨国公司或环球集团变得越来越不依赖任何具体国家，它们拥有某些国家、甚至是世界体系之外干预国际政治经济秩序的能力，而私人利益的活跃也在重塑与之相对的公共领域中的利益关系；（3）在由大批移民活动所带来的跨国身份认同中，国家机构在更高层次上却趋向于作为次要的组织出现，文化及理念的全球化只能在国家的保障之外诉诸一种国际宣言的承认，其保障的基础是"普遍的宽容"。[2]

实事求是地说，比岱在对上述客观变化的描述性分析中没有给出一种他所谓的"世界一国家"趋势的理论性阐释，而只是在几个经验事实的列举中给出了一种可能性趋势的主观判断。他试图表达的意思是，现代世界的发展正在催生出一种新型的组织形式，这种组织不同

---

[1] [法] 雅克·比岱：《总体理论》，陈原译，北京：东方出版社，2010 年，第 321 页。
[2] 参见 [法] 雅克·比岱《总体理论》，陈原译，北京：东方出版社，2010 年，第 322—323 页。

于世界体系理论中基于帝国主义霸权形式的集权性中央组织，而是一种多元化、分散化的组织，其中统治的因素与抵抗的潜力并存。进一步而言，组织形式的变化还提出了现代世界体系的"元结构"要求，即一种自由平等理性的国际性宣言。从表面上看，把世界联系为一体的是市场，但从实质上看，真正达成此目标的、把"结构"与"体系"联结在一起的是组织。① 比岱总结说："至少从长远看，一种超国家的超越、一种元结构的现代霸权形式，即一种合理的理性的并由假定存在的共同合法律性所宣布和担保的世界秩序似乎就这样逐步把自己强加给了世界体系。当然，这种强加是在完全否定这种霸权形式的结构的条件下进行的，这些条件还是这样的，即宣言是对统治、排除和剥削的现实的纯粹否定，但是按照诺言的表达形式，即按照一种可要求性的论断的形式进行的，这种论断具有一股真正的促使世界共和主义形成的力量。"② 也就是说，比岱构想中的"世界—国家"既由市场与组织内含的阶级因素不断推动自身展开，又受到现代性宣言之理性要求的呼唤，世界历史就在两者的内在张力中上演。如果我们套用黑格尔的话语加以描述的话，那就是处于帝国主义世界体系中的国家形式是"知性国家"，"元结构国家"是"理性国家"，而处于二者之间的、正在不断生成的"世界—国家"则是一种中间状态，它不断向着理性要求靠拢。

---

① ［法］雅克・比岱：《总体理论》，陈原译，北京：东方出版社，2010 年，第 327 页。
② ［法］雅克・比岱：《总体理论》，陈原译，北京：东方出版社，2010 年，第 324 页。

第三章

构想"另一种马克思主义"

在当前同资产阶级对立的一切阶级中，只有无产阶级是真正革命的阶级。其余的阶级都随着大工业的发展而日趋没落和灭亡，无产阶级却是大工业本身的产物。

——马克思、恩格斯《共产党宣言》

无产阶级需要国家政权，中央集权的强力组织，暴力组织，既是为了镇压剥削者的反抗，也是为了领导广大民众即农民、小资产阶级和半无产者来"调整"社会主义经济。

——列宁《国家与革命》

对于组织权能者而言，基础阶级是革命斗争的历史主体与物质力量，而对于基础阶级而言，与组织权能者联盟可以获得组织性的力量。

——雅克·比岱、迪梅尼尔《替代马克思主义》

　　以雅克·比岱为代表的当代欧洲左翼学者似乎牢记着当年马克思哲学革命的宣言——“问题在于改变世界”①。他们始终记得马克思的告诫：从改变世界的革命性维度出发解释世界，并且科学地解释世界是为了更好地改变世界。以《替代马克思主义：为了另一个世界的另一种马克思主义》（2007）② 的出版为标志，比岱哲学思想进入了第三个阶段，即正面阐述“终极现代性”时代革命实践的理论主张。如果说政治式地解读《资本论》为比岱打开了重新解释马克思历史科学的方法论入口，《现代性理论》和《总体理论》奠定了分析现代社会本质依据的“元结构”基础，那么从“元结构”视域出发提出改变世界的具体行动纲领则是比岱哲学思想的最终指向所在。一句话，“另一种马克思主义”是比岱用自己原创性的“元/结构”方法在剖析全球资本主义时代内在冲突的基础上提出的具体革命战略，它标志着为马克思主义重新“奠基”工作的完成。

　　首先需要说明的是，《替代马克思主义》是比岱与法国当代著名左派经济学家迪梅尼尔③共同完成的作品。虽然受制于现代学科分工体系，两位作者分属不同的学科领域（哲学与经济学），但他们共同合作的基础在于：（1）都强调要从当代社会结构的一般性基础出发剖析现代性的内在发展规律；（2）都申明要在政治与经济的联结中把握现代社会的阶级结构与演变趋势；（3）都致力于打破学科分工的壁垒，回归一种

①《马克思恩格斯文集》第 1 卷，北京：人民出版社，2009 年，第 502 页。

② Jacques Bidet & Gérard Duménil, *Altermarxisme：Un autre marxisme pour un autre monde*，Paris：Presses Universitaires de France（PUF），2015. 以下简称《替代马克思主义》。

③ 热拉尔·迪梅尼尔（Gérard Duménil），法国当代著名的马克思主义经济学家，法国巴黎第十大学教授，并兼任国际马克思大会主席、法国国家科学研究中心主任。长期从事利润率、信用和金融、经济危机和周期等方面的研究，著述颇丰，在国际经济学界享有较高的声誉。其代表作有《〈资本论〉中经济规律的概念》《新自由主义的危机》《大分化：正在走向终结的新自由主义》等。需要说明的是，除了《替代马克思主义》一书中明确标示由迪梅尼尔写作的部分外，本书把由比岱和迪梅尼尔共同写作的部分理解为体现了他们两人的共同观点。为了行文的流畅与便利，本书对这些内容直接标示为比岱的观点，不再一一标示“比岱与迪梅尼尔共同认为”等等，特此说明。

对当代社会的总体性分析。诚如他们在该书的"前言"中表示的那样，除了论证方式与个别论点有所不同，两位作者在一般方法论以及最后得出的政治结论上完全一致。"这是密切合作的结果，他们每个人都经常在另一个人的指导下写作，并从另一个人的纠正中获益。"①

在比岱看来，继承和发扬马克思主义的现实途径就是融合当代各学科领域的最新成果，对传统马克思主义的话语进行理论上的重新阐述。他旨在提出一种既囊括地域性又涉及全球性的当代社会秩序理论，从而为 21 世纪基础阶级的社会解放斗争作出贡献②。除导言外，《替代马克思主义》一书共分为五个部分十章③。由于该书的哲学方法论以及部分论证方式继承了《现代性理论》与《总体理论》的基本观点，为避免重复，我在这里主要探讨的是本书中呈现出来的新思想与新观点。大体而言，比岱主要从三个方面出发阐述了他的"另一种马克思主义"观。首先，比岱在马克思主义发展史视域中梳理了"另一种马克思主义"同经典马克思主义、新马克思主义的关系，分别指明了它们各自面对的独特理论问题，并着重强调三者之间的继承与发展关系。其次，他重点考察了 20 世纪新马克思主义对组织范畴的重视，指明有组织的资本主义与现实社会主义④都体现出组织权力因素之于现代社会的重要意义，因而强调要从资本与组织的双极性出发把握现代社会的阶级结

---

① Jacques Bidet & Gérard Duménil, *Altermarxisme*：*Un autre marxisme pour un autre monde*，Paris：Presses Universitaires de France（PUF），2015，p. 8.

② Jacques Bidet & Gérard Duménil, *Altermarxisme*：*Un autre marxisme pour un autre monde*，Paris：Presses Universitaires de France（PUF），2015，p. 5.

③ 第一部分"马克思的马克思主义"下设两章："为革命服务的政治经济学"和它的'宏大叙事'"。第二部分"组织的报复"下设两章："有组织的资本主义的产生和持久性"和"失败的工会组织和解放"。第三部分"新马克思主义"下设两章："第二种阶级：组织权能者"和"一个有两极构成的社会"。第四部分"替代马克思主义：新兴世界国家的帝国主义"下设两章："帝国主义与新自由主义全球化"和"从民族国家到世界国家"。第五部分"改变世界"下设两章："新马克思主义的政策"和"替代马克思主义的政策"。

④ "现实社会主义"是西方左翼学界对苏联社会主义模式，特别是斯大林社会主义模式的固定称呼。

构与阶级斗争。最后，比岱基于对当代"世界—国家"范围内结构性矛盾的分析提出了"另一种马克思主义"的阶级斗争理论，即"终极现代性"时代基础阶级进行革命斗争的战略选择与具体措施。

一、元结构视域中的马克思主义发展史

马克思主义自诞生之日起，就与人类社会历史进程紧密结合在一起。它不仅早已成为人类精神文化宝库中最珍贵的一部分，而且还凭借其革命性的理论特质深深地影响了自 19 世纪中叶以来的社会历史进程。比岱之所以提出"另一种马克思主义"的理论主张，一方面是出于批判当代资本主义的需要，另一方面也同他对马克思主义历史命运的深层理解有关。他指出，马克思主义的终极政治诉求是建立一个共同的世界，这个世界可以称之为"社会主义"或"共产主义"。它的特征是消灭任何剥削和压迫，最终实现全人类的解放。然而时至今日，曾经在一个多世纪前激动人心的革命口号已经不再回响，取而代之的是维特根斯坦的宣告——"在无法言说之处，人必须沉默"①。历史难道终结了吗？一个区别于当下、真正实现了自由与平等的共产主义社会难道真的无法被构想吗？社会主义与共产主义注定只能成为乌托邦吗？比岱的回答是，当然不！在他看来，马克思主义在今天依然具有强大的生命力。摆在当代左派学者面前的急迫任务就是"回到马克思"，即继承马克思的批判精神与科学方法，在新的社会历史条件下重新思考当代资本主义的内在矛盾，并制定切实合理的解放斗争策略。当然，"回到马克思"并不意味着回到教条主义的马克思主义，而是要

---

① Jacques Bidet & Gérard Duménil, *Altermarxisme*：*Un autre marxisme pour un autre monde*，Paris：Presses Universitaires de France (PUF)，2015，p. 11.

回到马克思及其合作者和继承者们对以资本主义为特征的现代社会的科学批判①。为此，梳理马克思主义发展史、在思想史脉络中提出新马克思主义与"另一种马克思主义"的理论主张是比岱首先要论述的问题。

经典马克思主义、新马克思主义与"另一种马克思主义"②

比岱反复申明，自己全部的理论工作可以归结成一句话——"为马克思主义重新奠基"③。在作为其哲学起点的《马克思〈资本论〉研

---

① Jacques Bidet & Gérard Duménil, *Altermarxisme*：*Un autre marxisme pour un autre monde*，Paris：Presses Universitaires de France（PUF），2015，p. 11.

② 这里有三点说明。（1）在我国学界，"经典马克思主义"与"新马克思主义"都没有形成统一的内涵与外延。从狭义上说，"经典马克思主义"指的就是马克思恩格斯创立的基本理论和学说体系；从广义上说，"经典马克思主义"是指由马克思恩格斯创立而后由各个时代和各个民族的马克思主义者不断丰富和发展的基本理论和学说体系，更为重要的是，它是被人类社会实践活动证明了的科学历史理论与无产阶级解放学说。"新马克思主义"（NeoMarxism）这个概念本身是一个相对比较含糊的概念，很多学者都用它来界定那种西方国家出现的不同于旧式马克思主义（既包括第二国际，也包括苏联的马克思主义）的新的理论倾向。当然，从狭义上看，"新马克思主义"是指20世纪五六十年代出现于东欧的、不同于苏联正统马克思主义的理论探索，代表性流派包括南斯拉夫"实践派"、匈牙利"布达佩斯学派"等。（参见张一兵主编《当代国外马克思主义哲学思潮》（上卷），南京：江苏人民出版社，2010年，第11页。）（2）纵观《替代马克思主义》一书的相关论述，比岱视域中的"经典马克思主义"指的就是马克思的理论学说（不包含恩格斯），包括唯物史观（历史科学）与政治经济学批判；而"新马克思主义"也并非指称东欧新马克思主义或西方马克思主义发展过程中的某一思想流派，而是指凡是把组织权力问题理论化的思想观点都能归为这一类别。譬如说卢卡奇对于资本主义生产过程合理化的研究、葛兰西的市民社会理论和文化霸权理论、法兰克福学派对科学与意识形态的批判、阿尔都塞再生产视域中的意识形态国家机器理论等等。就此而言，比岱的"元/结构"理论自然也属于新马克思主义的范畴，因为它始终强调要从市场与组织的双极性出发来把握现代社会的阶级结构。（3）在比岱那里，他所谓的"另一种马克思主义"是对"新马克思主义"的继承与发展，它融合了经典马克思主义与新马克思主义的全部理论成就，特别是它们关于当代社会阶级关系的探讨。只不过两者的区别在于，前者是全球资本主义时代适用于构想"世界—国家"范围内革命实践的马克思主义，而后两者仅仅适用于现代民族国家内部。

③ Jacques Bidet, *A reconstruction project of the Marxian theory*：*from Exploring Marx's Capital*（1985）*to Altermarxisme*（2007），*via Théorie Générale*（1999）*and Explication et reconstruction du Capital*（2004）. http：//jacques. bidet. pagesperso-orange. fr/indexar. htm.

究》中，比岱通过强调《资本论》各经济范畴的社会政治内涵，试图打开一条以"具体对象的具体逻辑"解读马克思历史理论的独特路径，其目的在于为剖析当代资本主义的新变化提供一种复杂性视角。到了《现代性理论》和《总体理论》，比岱以自创的"元结构"理论分析现代性问题。他一方面从《资本论》的开端处看到了科学抽象的极端重要性，另一方面又指出马克思科学起点的单一性，进而强调要在市场与组织、经济与政治的双重联结中把握现代社会的运转法则。如果说在上述两个阶段中，马克思资本主义批判理论都构成了比岱思考、研究和拓展的主要对象，那么当他已经具有自身原创性的现代社会批判理论之后，从"元结构"视域出发再来重新回顾马克思主义发展史具有两重意义。其一，自觉将自身的理论工作置于马克思主义发展史的脉络中，继而表明新马克思主义与"另一种马克思主义"实质上并没有脱离马克思主义的基本立场和科学方法；其二，在承认上述基础上，明确指认新马克思主义与"另一种马克思主义"的提问方式与解决办法，在理论与实践的辩证关系中把握 21 世纪马克思主义的前进方向。

比岱指出，与空想社会主义不同，成熟时期的马克思从来没有以描摹未来社会理想蓝图的形式阐发自己的共产主义设想，他关于共产主义的分析与论述都建立在对人类社会内在运动规律的探索基础上。马克思在历史理论领域最伟大的贡献在于，他从彻底的唯物主义立场出发把握人类社会历史的动态发展过程，将革命实践与对未来理想社会的追寻都奠基在科学探究的基础上。换言之，在马克思那里，"科学与革命、理论观点与政治实践之间是相辅相成的"①，不论是以"历史科学"为主旨的《德意志意识形态》，还是以"政治经济学批判"为主旨的《资本论》，都着重体现了马克思科学共产主义思想的坚实理论

---

① Jacques Bidet & Gérard Duménil, *Altermarxisme : Un autre marxisme pour un autre monde*, Paris: Presses Universitaires de France (PUF), 2015, p. 28.

基础。

在比岱看来，马克思通过提出剩余价值理论旨在表明："我们不是生活在一个平等交换的社会中。雇佣劳动者创造的价值超过它自身取得的实际价值，因而它处于被剥削的状态中。正是由于这种剥削，资本家的财富不断增加，即使一些人改变了他们的社会地位，也不影响资本主义体系的自我再生产。经济上占主导地位的阶级通过一整套功能性的社会制度，拥有了同时成为政治上、思想上和文化上进行统治的手段。"① 历史唯物主义始终把对现代经济规律的分析放在首位，马克思研究政治经济学并且撰写《资本论》及其手稿的目的，不仅仅是为了简单地驳斥古典经济学与庸俗经济学在经济学领域中的谬误，更深层次的原因在于，他想要探究资本主义生产过程的本质规律。根据马克思在《资本论》第 1 卷中关于"资本主义积累的历史趋势"的论述，资本的集中与生产社会化之间的矛盾必然导致社会革命的到来，而承担这一政治行动的革命主体正是由资本主义生产方式自身产生的工业无产阶级。《资本论》意图证明，无产阶级的政治联合与全社会共同占有生产资料是社会历史发展的必然。自此之后，"全世界无产者联合起来"成为激励全世界工人阶级为争取自身的解放而进行斗争的响亮口号。②

马克思恩格斯逝世之后，马克思主义的理论主导权转移到第二国际手中。总体而言，从 19 世纪末到 20 世纪的最初十年，工人运动的主要目标仍然是围绕着马克思生前所制定的社会主义革命路线进行："有计划地组织生产以满足基本的物质和文化需求，逐步实现社会政治

---

① Jacques Bidet & Gérard Duménil, *Altermarxisme：Un autre marxisme pour un autre monde*, Paris：Presses Universitaires de France (PUF), 2015, p. 11.

② 参见 Jacques Bidet & Gérard Duménil, *Altermarxisme：Un autre marxisme pour un autre monde*, Paris：Presses Universitaires de France (PUF), 2015, pp. 11 - 12。

民主"①。然而，第一次世界大战的爆发在国际马克思主义理论界内部引起了改革主义潮流和革命主义潮流之间的分裂。在此情形下，由列宁所领导的布尔什维克革命使得社会主义从理论变为实践，它不仅一并摧毁了旧有的资本主义结构与残存的前资本主义生产方式，建立起无产阶级领导下的政治经济新秩序，而且还将生产资料变为国家或集体所有，使计划生产取代市场调节。② 列宁之后，斯大林及其后继者基本奠定了苏联社会主义建设的集体化模式。与此同时，经由列宁（包含斯大林以及苏联理论家）中介过的马克思主义，即"马克思列宁主义"也成为马克思主义传播史上的经典版本。

比岱继而分析说，俄国十月革命的胜利产生了巨大而深远的影响，它激发了全球范围内如火如荼的伟大解放斗争。首先，十月革命鼓舞了第三世界国家为摆脱殖民统治而进行民族解放运动，它们在强调民族独立的同时也深受社会主义思想的熏陶。其次，在苏俄社会主义影响下，一大批国家走上了民主主义革命、社会主义革命和社会主义建设的道路，社会主义从一国变为多国，甚至在二战后逐渐形成了以苏联为首的社会主义阵营。再次，即使是在西方世界，受经典马克思主义指引与社会主义革命影响的共产党、社会民主党以及其他政党也在推动社会民主化进程中扮演着重要的作用。最后，尤为重要的是，经典马克思主义不仅在政治实践领域影响深远，深刻地改变了 20 世纪人类社会的历史进程，它同时还涉及思想文化领域，"深入渗透到各种形式的社会知识中，几乎对现代人类精神文化的方方面面都产生了全方位式的影响"③。这在历史学、社会学、人类学、文化批判，乃至文学

① Jacques Bidet & Gérard Duménil, *Altermarxisme：Un autre marxisme pour un autre monde*, Paris：Presses Universitaires de France (PUF), 2015, p. 12.
② Jacques Bidet & Gérard Duménil, *Altermarxisme：Un autre marxisme pour un autre monde*, Paris：Presses Universitaires de France (PUF), 2015, p. 13.
③ Jacques Bidet & Gérard Duménil, *Altermarxisme：Un autre marxisme pour un autre monde*, Paris：Presses Universitaires de France (PUF), 2015, p. 14.

电影、先锋艺术等领域都有所显现。

然而，关键性的转折发生在 20 世纪最后二十年。当人们以为社会主义正朝着经典作家所设想的道路大步迈进时，一系列事件使得"以马克思主义为名进行的历史性项目失败了，至少是部分地失败了"①。其中主要包括：苏联解体与东欧剧变使得国际共产主义运动陷入危机，美国霸权主导下新自由主义在全世界范围内强势崛起，欧洲各国马克思主义政党和工会组织持续萎缩，以及在文化意识形态领域内"历史终结论""马克思主义失败论"大行其道。即使是左派内部，淡忘乃至消解马克思主义也成为某种趋势，表现在抵抗运动与社会斗争上，当代生态主义运动、女权主义运动、种族主义运动、激进民主改革、边缘人群抗争等都有逐渐脱离马克思主义指导的迹象。比岱认为，当代国际共产主义的危机具有复杂的社会历史成因，现实社会主义运动的挫折不能证明马克思主义的失败。在当下，左派理论和左派运动恰恰是要"回到马克思"，这是因为一旦忽视了马克思对资本主义社会的科学批判，我们就会在解读当代资本主义的新变化方面付出沉重的代价。但进一步而言，"仅仅自我满足于'回到马克思'的提法是天真的"②，现在的问题已经不再是需不需要马克思，而是以何种方式"回到马克思"，或者说我们要从经典马克思主义那里继承什么样的理论遗产？

比岱继而指明了新马克思主义与"另一种马克思主义"重建的两个理论要点。第一，继承和发展马克思主义的前提是，必须要承认马克思主义自身存在局限性，允许其自我展开批判，即对自身学说体系的历史前提与理论界限进行反思。与之相对的是教条主义的马克思主义，它自视为永恒不变的真理体系，从来没有做过自我批评。比岱指

① Jacques Bidet & Gérard Duménil, *Altermarxisme : Un autre marxisme pour un autre monde*, Paris：Presses Universitaires de France (PUF), 2015, p.14.
② Jacques Bidet & Gérard Duménil, *Altermarxisme : Un autre marxisme pour un autre monde*, Paris：Presses Universitaires de France (PUF), 2015, p.15.

出："所要求的批评不仅涉及'以马克思主义的名义'所做的事情，马克思主义本身需要重新被考虑。因为在我们看来，它从来没有做过自我批评；它从来没有能够与自己保持距离。它从不知道如何认识它的历史真实条件，更准确地说，它的自我生产。然而，只有从这种自我批评中才能出现新马克思主义，这是重建的第一步。"① 第二，不能肢解马克思主义，即以一种机械化、零散化、碎片化的方式拼接马克思主义与其他社会理论，而是要回归对当代社会政治经济结构的总体性分析。比岱强调："笼统地说在经典马克思主义的理论传统中保留什么去除什么是不可取的，因为我们无法分辨哪些部分仍然适用于今天这个时代。"② 正确的做法是从一开始，也就是从马克思的科学抽象出发，重新梳理以资本主义为主要特征的现代社会的本质依据与运行法则。可以看到，比岱视域中的新马克思主义与"另一种马克思主义"是对作为"总体理论"的现代社会批判理论的进一步延伸，它基本上融合了比岱之前两个思想阶段的理论贡献与方法论启示：（1）为马克思资本主义批判理论重新奠基的理论旨趣；（2）强调在经济与政治的联结中把握现代社会的总体性特征；（3）对科学开端或抽象基础的高度重视。

　　循着上述思路，比岱提出了新马克思主义的观点与"另一种马克思主义"的概念。比岱指出："本书试图假定马克思主义是阶级分析的话语，同时也是阶级联盟的重要话语。从它的内容来看，它同时涉及'人民群众'——现代社会形式的基础阶级——根据本书提出的概念化内容，以及其他社会阶级范畴——它们发挥作用必不可少，特别是在20世纪：那些干部和各种承担职能的人。……这里采取的观点不是后马克思主义的观点，我们打算进行理论上的斗争，即达到马克思自己

---

① Jacques Bidet & Gérard Duménil, *Altermarxisme*：*Un autre marxisme pour un autre monde*，Paris：Presses Universitaires de France（PUF），2015，p. 17.

② Jacques Bidet & Gérard Duménil, *Altermarxisme*：*Un autre marxisme pour un autre monde*，Paris：Presses Universitaires de France（PUF），2015，p. 16.

所要求的水平，特别是要提出一个新的社会阶级理论。"① 结合上下文以及《总体理论》中业已阐明的观点，比岱在这里想要表达的意思是，继承和发展马克思主义，就必须要根据 20 世纪新的社会历史条件进一步改造经典马克思主义的阶级分析方法。他的基本思路是：马克思对资本主义经济规律的探讨从来没有脱离具体的社会政治语境，阶级主体间的斗争因素始终在其中被予以关注，因而在某种意义上，马克思是从经济与政治双重维度出发分析现代性问题的奠基者；然而，就《资本论》的逻辑起点与阐述方法而言，马克思只是从商品关系或市场逻辑一个维度构想资本主义社会发展的动态趋势，而把组织的因素归结为资本逻辑的自然延伸②。20 世纪资本主义的自我调整与现实社会主义的失误都恰恰证明，组织权力因素之于现代社会而言是一个与资本逻辑本质上不同的社会统治形式，它尤其在阶级统治与阶级建构中起到非常重要的作用。因此，与学界的一般界定不同，比岱眼中的新马克思主义是指从组织权力维度探讨当代社会阶级结构的马克思主义理论学说，凡是在经济维度之外强调社会政治维度的，或是把组织权力因素提高到与资本因素同等地位的理论学说都可以归为"新马克思主义"③。

实事求是地说，对资本主义合理性的探讨贯穿整个西方马克思主义理论历史，比岱也确实是在接着法兰克福学派和阿尔都塞往下说。但说到底，他在这里指认的"新马克思主义"概念实际上就是指自己以"元/结构"为基础的现代社会批判理论，即在"市场—资本"逻辑之外强调组织逻辑之于现代社会阶级建构的重要意义。

---

① Jacques Bidet & Gérard Duménil, *Altermarxisme：Un autre marxisme pour un autre monde*, Paris：Presses Universitaires de France (PUF), 2015, pp. 17 - 18.

② Jacques Bidet & Gérard Duménil, *Altermarxisme：Un autre marxisme pour un autre monde*, Paris：Presses Universitaires de France (PUF), 2015, p. 41.

③ Jacques Bidet & Gérard Duménil, *Altermarxisme：Un autre marxisme pour un autre monde*, Paris：Presses Universitaires de France (PUF), 2015, p. 17.

　　如果说新马克思主义提出的社会阶级理论主要还局限于现代民族国家内部的话，那么"另一种马克思主义"则对应于全球化资本主义时代的"世界—国家"①。比岱认为，他之所以提出"另一种马克思主义"这个概念，其目的不是为了表明经典马克思主义和新马克思主义已经过时，而仅仅是因为它们各自面对的具体历史条件以及所处的问题域有所差别。"另一种马克思主义"不仅不否定经典马克思主义与新马克思主义的理论成就，而且还自觉站立在前两者的基础上。就其本质而言，"另一种马克思主义"是全球资本主义时代的社会阶级理论和革命斗争学说，它主要探讨的是基础阶级如何在人类政治的统一性层次上实现自身的解放。具体而言，它可以细分为四个方面："基础阶级的团结政策。与阶级伙伴结成同盟的联合政策。人民面对帝国暴力的政策。人类政治，作为一个新的主体，能够形成一个'我们'，所有人都能相互认识。"②

　　比岱同时也指出，"另一种马克思主义"要想成为一个合法的概念，要想成为真正能够推动社会运动和阶级革命的科学理论，它也面临着理论上的双重挑战：一方面，资本主义全球化运动使得资本剥削与当代各种社会问题紧密联系在一起，譬如说女权、生态、种族、移民等等，如何将多元社会运动以及各种形式的抵抗融入基础阶级的根本性斗争中是"另一种马克思主义"亟须解决的问题；另一方面，"另一种马克思主义"旨在强调基础阶级通过与组织一极联盟对抗资本一极，但问题在于，基础阶级与组织权能者的联盟何以可能，以及联盟之后会不会再次出现的新的阶级问题，这些都是"另一种马克思主义"需要加以探讨的。

---

① Jacques Bidet & Gérard Duménil, *Altermarxisme：Un autre marxisme pour un autre monde*, Paris：Presses Universitaires de France (PUF), 2015, p. 18.

② Jacques Bidet & Gérard Duménil, *Altermarxisme：Un autre marxisme pour un autre monde*, Paris：Presses Universitaires de France (PUF), 2015, p. 19.

元结构视域下经典马克思主义的理论贡献与局限

既然"另一种马克思主义"承认经典马克思主义的理论意义，并且自觉将自身置于后者的影响之下，那么批判性地回顾经典马克思主义的理论贡献与局限便是接下来的任务所在。比岱的一贯想法是，马克思的资本主义批判理论为剖析当代社会的基本政治经济结构提供了重要的方法论启示，因此关于经典马克思主义理论得失的探讨不能脱离对《资本论》及其手稿的研究。值得注意的是，比岱在此处主要展现的理论观点基本延续了他前两个思想阶段的研究成果，即社会政治式地解读《资本论》，从"元结构"视域出发解读马克思资本主义批判理论与历史理论。由于相关部分的论述已在上文中有所提及，因此这里主要涉及的是比岱对马克思哲学与历史思想的总体评价。

比岱首先指出，《资本论》给予我们分析当代社会最重要的启示就是它的科学方法，即"从抽象到具体"的叙述逻辑，然而这一科学方法的确立经历了一个动态调整的过程。他指认说："起初马克思认为，他可以从作为资本主义核心事实的剥削问题开始展开自己的论述。在他的第一个伟大的草案《大纲》的最后一页，他发现必须采取不同的方式：资产阶级财富的第一个范畴是商品。因此，他能够以连贯的方式展开他的论述。他立即致力于他所认为的作品的最终写作：《政治经济学批判》（1859），致力于商品理论。《资本论》从第一句就强调，对商品的分析必然构成起点。"[1] 大体而言，比岱的上述论断是准确的。从 1850 年前后的相关文本到《资本论》及其手稿来看，马克思一开始关于资本主义社会结构的分析的确是从"具体"入手的，即以阐明具体的劳资矛盾为突破口揭示资本主义社会的本质特征。写作《大纲》

---

[1] Jacques Bidet & Gérard Duménil, *Altermarxisme：Un autre marxisme pour un autre monde*, Paris：Presses Universitaires de France（PUF），2015，p. 43.

时期的马克思虽然隐约地意识到，在第二章"货币"与第三章"资本"之前还应当存在一个作为抽象基础的价值理论部分①，但是从实际写作状况来看，他依然是从分析货币问题开始的。直至《大纲》的最后部分，马克思才真正确立"商品"范畴作为剖析资本关系的逻辑起点："表现资产阶级财富的第一个范畴是商品的范畴。"② 随后，"商品"概念构成了 1859 年《政治经济学批判（第一分册）》的主要论述对象，并进而成为《资本论》整体范畴演绎的逻辑起点。

比岱进而认为："通过这种方式，马克思打算遵循从'抽象'到'具体'的方法。在其术语中，最'抽象'的是现代生产形式的最一般背景：市场作为劳动协调的社会模式，产品是商品。更'具体'的，在这里并不是指经验的事物，而是给定的（市场）这个最一般概念的复杂的结果，导致了更复杂的概念（资本）。用马克思的话说，这种'具体'是'思维的具体'。从这个意义上说，逻辑顺序必然从市场的抽象概念开始，并在更具体的资本概念中发展。"③ 实事求是地说，比岱把马克思"从抽象上升到具体"的科学方法当作是以思维逻辑的方式把握现代社会辩证运动的过程，这没有问题；把作为抽象基础的"商品"概念理解为现代资本主义生产的最一般形式，把作为具体生产形式的"资本"范畴当作剩余价值生产的具体形式，也未尝不可。但关键的分歧在于，他不是从历史辩证法的角度去理解抽象上升法的，而是自己提出了一种"元结构"式的解读方案。比岱强调："让我们在更为一般的背景下提及这个更为抽象的背景，它是在以'元结构'为名义的阶级'结构'背景下。就马克思和马克思主义而言，这是一个术语创新，而不是概念创新。因为它首要的目的只是为了使马克思主

---

① 参见《马克思恩格斯全集》第 30 卷，北京：人民出版社，1995 年，第 144 页。

②《马克思恩格斯全集》第 31 卷，北京：人民出版社，1998 年，第 293 页。

③ Jacques Bidet & Gérard Duménil, *Altermarxisme：Un autre marxisme pour un autre monde*, Paris：Presses Universitaires de France (PUF), 2015, p. 43.

义问题更加清晰地显现出来。从这个意义上说，元结构/结构将成为我们分析的核心。"①

具体而言，在比岱看来，马克思在《资本论》中从抽象到具体展开论述，确切地说从抽象的市场逻辑出发剖析具体的资本逻辑，具有两重"元/结构"意义。其一，勾连起价值理论与剩余价值理论的内在关联，科学说明剩余价值的来源及其实质，并揭示出资本主义生产的本质特征。比岱分析说，商品关系确立起资本关系的"元结构"前提，它代表了现代生产的一般性逻辑，即自由竞争条件下以私有财产为基础、以交换为目的的生产形式。马克思正是在市场逻辑的竞争性结构中揭示出衡量价值的社会必要劳动时间范畴，经由劳资交换的特殊中介，进而说明资本主义条件下剩余价值的生产只能源自资本对特殊劳动力商品的过度式消费。② 其二，通过市场逻辑与资本逻辑之间的辩证转化的立场，马克思揭示出资本主义社会剥削、统治与异化并存的特征，而这些特征恰恰被掩盖在自由平等交换的商品关系或市场逻辑中。比岱指出："在资本主义生产关系中，现代人在'元结构'中的宣称平等（1）、理性（2）和自由（3）在具体结构的位置上是相反的。它具体地在剥削、抽象（也就是异化、破坏）和统治中实现。"③ 商品关系除了定义现代生产的一般形式外，它还蕴含着一种现代性的立场，即声称现代人是平等、自由与理性的人。马克思通过商品和货币向资本的转化，亦即元结构向结构的过渡，旨在表明现代性宣言在其自身展开过程中走向自己的对立面。换句话说，资本主义社会的种种现实问题都以自由平等的形式展现出来，而深层的剥削与压迫只有通过市场逻

---

① Jacques Bidet & Gérard Duménil, *Altermarxisme*：*Un autre marxisme pour un autre monde*, Paris：Presses Universitaires de France (PUF), 2015, p. 44.

② 参见 Jacques Bidet & Gérard Duménil, *Altermarxisme*：*Un autre marxisme pour un autre monde*, Paris：Presses Universitaires de France (PUF), 2015, p. 42。

③ Jacques Bidet & Gérard Duménil, *Altermarxisme*：*Un autre marxisme pour un autre monde*, Paris：Presses Universitaires de France (PUF), 2015, p. 48.

辑到资本逻辑的辩证倒置才能被清晰地揭示出来。

在此意义上,比岱将马克思指认为现代性批判理论的先驱,因为后者在上述两个层面上的贡献已经足以为剖析当代社会的本质内容与基本结构提供丰富的理论资源。但是,仍然使他感到不满意的是,马克思对"资本主义历史趋势"的判断似乎过于简单,并且存在着严重的历史目的论嫌疑。比岱指出,就理论特质而言,马克思资本主义批判理论的方法论基础不是一种泛道德主义的人本学谴责,而是一种基于特定社会政治经济结构分析的科学批判。因此,对资本主义动态趋势的判断就不能脱离对此种结构主要特征的科学剖析。然而,马克思对资本主义历史演变的说明是从"市场—资本主义"直接过渡到"组织—社会主义",即从一种无序的自由主义市场生产与交换,过渡到一种有序的、以全社会共同占有生产资料为基础的计划协调生产的组织模式。此种论证方式在反对历史辩证法的比岱那里自然是无法被接受的。在他看来,20世纪的社会历史和精神文化都反复证明,这无非是马克思对现代历史发展的"宏大叙事"①。当马克思以抽象到具体的方法解剖资本主义社会的基本结构时,他无疑是成功的,但是当他以某种特定的政治目标作为结构之动态趋势时,他没有很好地解决论述前提与政治结论之间的逻辑过渡。

由此出发,比岱视域中的"历史共产主义"思想必须加以改造,而改造的具体方式则是要回到《资本论》的开头部分,对马克思的"科学抽象"进行丰富,即从市场与组织、经济与政治的辩证关系中把握现代社会得以建立的原则纲要。他指认说:"现代社会生产的一般逻辑不仅仅只由'理性'来定义(这是'经济人'假设的幌子),它同样相应地要求法律和政治方面的自由与平等。从这个意义上讲,理性要

---

① Jacques Bidet & Gérard Duménil, *Altermarxisme*: *Un autre marxisme pour un autre monde*, Paris: Presses Universitaires de France (PUF), 2015, p. 42.

求合法性。商品交换者不仅将对方视为所有者与交换者，而且把对方当作自由和平等的合作伙伴。因此，马克思在同一个初始概念（商品）中将自由主义的经济概念与自由的法律范畴联系在一起。这是现代性的社会本体论基础。"① 也就是说，比岱把《资本论》中的"商品"概念解读为商品生产与流通的统一结构，这个结构对于具体的资本主义生产结构而言是一种更广泛的抽象形式，他称之为居于特定结构之上的"元结构"②。更进一步而言，作为商品生产与流通之统一的"元结构"不仅包含了经济学意义上的生产与交换，它还同时蕴含着政治法律层面的自由与平等。如此一来，从市场逻辑过渡到资本逻辑，就不单单是理性的经济协调形式倒置为剥削性的资本主义生产，而且也包括政治层面的阶级统治以及社会层面的抽象异化。在比岱看来，通过丰富马克思"商品"概念的理论内涵并从"元结构"到"结构"辩证转化的角度重新解读《资本论》，这样做的好处是可以帮助我们更准确地把握现代社会的阶级结构与运行原则，即"一个声称自己是实现了自由平等理性的社会是如何走向自己的对立面，成为剥削异化与统治并存的阶级社会"③。

总的说来，比岱在"元结构"视域中解读经典马克思主义的理论贡献与局限，一方面是因为他敏锐地捕捉到了当代资本主义自身结构的调整，另一方面也是基于对马克思历史辩证法的放弃，转而从经验主义视角探究现代社会的复杂构成情况。"元结构"理论的提出，恰恰是要形成"元结构—结构—实践"这样一个逻辑论证。与之相对应的，他批判马克思抽象基础的单一性，似乎马克思的"元结构"只有市场

---

① Jacques Bidet & Gérard Duménil, *Altermarxisme：Un autre marxisme pour un autre monde*, Paris：Presses Universitaires de France (PUF), 2015, p. 42.

② Jacques Bidet & Gérard Duménil, *Altermarxisme：Un autre marxisme pour un autre monde*, Paris：Presses Universitaires de France (PUF), 2015, p. 44.

③ Jacques Bidet & Gérard Duménil, *Altermarxisme：Un autre marxisme pour un autre monde*, Paris：Presses Universitaires de France (PUF), 2015, p. 47.

一个维度，而没有组织权力这个维度，也是为后面说明现代性的动态趋势做铺垫。对于比岱而言，如果说政治权力因素或组织一极没有从一开始就出现于抽象基础部分的话，那么它无论如何也无法成为历史自身运动的必然结果。因而新马克思主义与"另一种马克思主义"旨在表明，市场与组织不是非此即彼的选择关系，现代社会的基本结构与动态趋势必须要在两者的相互蕴含中加以把握。

实际上，比岱哲学的方法论基础与其说是唯物辩证法，倒不如说是套着辩证法外衣的形式逻辑推演。其中的关键在于，他不是在社会历史自身的内在矛盾运动中把握资本主义的历史进程，而是在同一个平面结构上，通过要素之间的归纳与演绎揭示出现代社会的具体政治经济形式。在解读比岱对历史唯物主义的重建主张时，除了方法论的差异以外，还有两个重要的理论观点值得我们注意。

其一，在当今西方学界，不仅是比岱，还有许多学者把"商品"和"货币"等概念视作马克思继承了斯密等古典经济学家关于自由市场的论述。在他们看来，马克思通过"从货币到资本的转化"的论述，意图揭示出自由平等的市场交换是如何颠倒为剥削统治的阶级关系。譬如说大卫·哈维，他在解读《资本论》第一卷"商品和货币"章之理论内涵时，指认说："马克思接受了亚当·斯密所提出的原子式的市场交换理论，在这种市场中，所有商品交换都发生在一个自由制度适当发挥作用的、非强制性的环境中，而自由、平等、产权和边沁规则是以这样的方式发挥作用的。"[1] 这是大有问题的。事实上，作为《资本论》起始范畴的"商品"概念是内含使用价值与价值二重因素的矛盾性概念。[2] 使用价值与价值虽然是一对简单矛盾，但它却蕴含着资本主义社会各个阶段、各个层次的复杂矛盾。马克思正是通过简单矛盾

---

[1] ［美］大卫·哈维：《跟大卫·哈维读〈资本论〉》（第一卷），刘英译，上海：上海译文出版社，2014年，第311页。
[2] 参见《马克思恩格斯全集》第44卷，北京：人民出版社，2001年，第47页。

的逐级上升，在历史与逻辑的相对统一中揭示出资本运动过程的内在规律与发展界限。马克思意在说明，资本主义生产方式是一种历史性的生产方式，它从既往的、旧有的生产方式中发展而来，而不是天然的、合理的、唯一的生产方式。以抽象劳动为基础的等价交换原则只是商品生产发展到一定的程度才出现的事物。原始社会遵守的是礼物馈赠法则或自然丛林法则，封建社会遵守的是等级政治依附法则，它们都不遵循商品的等价交换原则，更是对价值增殖或资本增长漠不关心。当比岱指认说"商品"作为"元结构"虚设指称着一种自由平等理性的现代性宣言时，他恰恰是以承认资本主义合理性为论证前提的，把马克思那里矛盾性的分析方法转化为形式逻辑的推演方式。

其二，《资本论》不仅仅是一部经济学著作，为剖析资本主义经济规律提供了科学的分析框架，它在深层意义上还是一部历史哲学著作，是马克思历史唯物主义哲学在经济学领域的演绎与深化。我们知道，《资本论》的副标题是"政治经济学批判"。政治经济学批判的意义不仅在于确立资产阶级政治经济学的逻辑前提——资本主义生产方式不是天然、合理的唯一生产方式，它是既往历史性生产发展的结果，而且还通过剖析资本运动的本质规律进一步揭示出资产主义生产的历史界限。换言之，商品生产和资本主义生产具有历史限度，它不是永恒的，它从以往生产方式的内在矛盾运动中而来，又以自身的内在矛盾走向更高的阶段。在《资本论》第1卷临近结尾部分，马克思以历史辩证法论证了资本主义发展的历史趋势，从资本自身的矛盾运动过程中证明了资本主义生产方式的历史前提和发展界限，并进而指出共产主义的历史必然性。马克思指出："从资本主义生产方式产生的资本主义占有方式，从而资本主义的私有制，是对个人的、以自己劳动为基础的私有制的第一个否定。但资本主义由于自然过程的必然性，造成了对自身的否定。这是否定的否定。"① 这是一种基于历史本质过程层

---

① 《马克思恩格斯全集》第44卷，北京：人民出版社，2001年，第874页。

面的分析而得出的结论。对于撇开历史辩证法、仅仅以分析的方式解读《资本论》的比岱而言，自然无法理解其中的奥妙。

有组织的资本主义与现实社会主义

上文提及，比岱之所以要将组织权力因素提高到与"商品关系"一样的"科学抽象"地位，一方面是出于理论的原因，即他在解读《资本论》时放弃了历史辩证法，从形式逻辑归纳演绎的角度探讨市场逻辑与资本逻辑的关系问题，另一方面也是源于他对 20 世纪世界历史和精神文化的现实反思。在他看来，尽管我们承认资本主义仅仅是人类历史过程中的一个阶段，但至今为止还依然看不到它的历史界限在哪里。资本主义制度在 20 世纪曾遭遇几次重大危机，诸如 20 世纪 30 年代的经济大萧条、两次世界大战、殖民战争等等，但是它却凭借自身的不断调整克服了一次又一次的危机，继续保持着强劲的增长势头。与之相对应的是无产阶级革命与共产主义运动反而陷入低谷。[①] 比岱指出，其中最为关键的便是"组织"的问题，即一种与市场协调模式相反的对立物。如果我们以"组织"作为核心概念来解读 20 世纪世界历史的话，那么就可以同时考虑两种相反的现象：有组织的资本主义的产生与发展以及现实社会主义的失败。

1. 有组织的资本主义

马克思恩格斯曾在《共产党宣言》中指出："资产阶级除非对生产工具，从而对生产关系，从而对全部社会关系不断地进行革命，否则就不能生存下去。"[②] 资本主义由于其内含的本质矛盾必然会引发外部的经济危机，它只有通过持续性的改革和调整才能逐步缓和危机、继续生存。在比岱看来，马克思是基于他自身所处的自由竞争资本主义

① 参见 Jacques Bidet & Gérard Duménil, *Altermarxisme*：*Un autre marxisme pour un autre monde*, Paris: Presses Universitaires de France (PUF), 2015, p. 55。
② [德] 马克思、恩格斯：《共产党宣言》(单行本)，北京：人民出版社，1997 年，第 30 页。

时代做出了资本主义即将走向灭亡的乐观判断，现实的情况却是自十九世纪末以来，资本主义通过"组织"制度的设计和引入成功拯救了自身，在一定意义上克服了生产的"无政府状态"①。值得注意的是，组织的出现在资本主义历史上是一个渐进的过程，资本主义生产方式一开始沿用的是旧有生产方式遗留下来的组织形式。这也是"元结构"理论所强调的市场与组织相互蕴含的理论要点。在他的构想中，组织与市场的发展是不平衡的，前者甚至一度依附于后者，譬如说马克思在《资本论》中就对资本主义由工场手工业发展到机器大工业做了相关分析。但重要的是，当组织关系发展到一定程度，即当它不再成为市场或资本的附庸而独立成为某种一般性的生产逻辑时，它便获得了特殊的意义。

比岱认为，组织的引入对于资本主义的发展而言是一场"彻底的革命"，因为它从根本上改变了原有的生产模式，使得资本主义生产获得了全新的内涵。简单说来，组织革命主要发生于 19 世纪末和 20 世纪 30 年代的美国，诞生背景大多都是资本主义经济危机的爆发。前三次革命分别是：（1）公司制度革命，企业由传统企业向股份制公司和大型垄断公司转型；（2）金融领域革命，银行成为大公司融资的直接代理人，为指导生产、把握市场走向提供决策咨询；（3）管理革命，资本所有权以金融资本的形式与管理权相分离。② 1929 年由经济大萧条所带来的罗斯福新政则彻底引发了宏观经济革命，"强调以政府干预的方式刺激经济的发展，旨在建立一个完全脱离市场的集中协调过程"③。二战后，虽然各资本主义国家的经济发展采取了不同的形式，但以政府

---

① Jacques Bidet & Gérard Duménil, *Altermarxisme：Un autre marxisme pour un autre monde*, Paris：Presses Universitaires de France (PUF), 2015, p. 58.

② 参见 Jacques Bidet & Gérard Duménil, *Altermarxisme：Un autre marxisme pour un autre monde*, Paris：Presses Universitaires de France (PUF), 2015, pp. 58 - 59。

③ Jacques Bidet & Gérard Duménil, *Altermarxisme：Un autre marxisme pour un autre monde*, Paris：Presses Universitaires de France (PUF), 2015, p. 63.

干预（强调大型企业管理的重要意义、加强对银行金融系统的控制以及制定相应的宏观经济政策）指导社会经济运转已成为主要资本主义国家的某种共识。这样一来，作为与市场完全不同的组织协调形式就通过上述四个方面渗透到资本主义生产方式的内部。

通过梳理组织革命的历史进程，比岱总结说，组织和市场始终处于一种十分矛盾的关系中。一方面，引入组织的目的为了拯救自由市场，弥补市场的先天缺陷；另一方面，组织与市场是两种完全不同的经济协调形式，前者的出现势必会给后者带来威胁。市场和组织之间的矛盾不可能从根本上解决，而只能加以调和。譬如说，19世纪末的管理革命，"资本所有权与管理权的分离被认为是组织化进程中企业管理的真正诞生，它促进了大型企业以专业化的方式进行生产运营，但它同时也导致了资本所有权需要面临的潜在威胁。……面对这种情况，资本家只好通过集中金融机构的权力来维持对大经济部门的控制，部分地解决了所有权对管理权的控制与监督问题。"[1] 从当代资本主义发展的角度来看，组织之于自由市场与资产阶级而言，既会有威胁，也会有风险，但更多的是拯救的意义，即延续了资本主义的历史。比岱指出，与当代新自由主义极力宣传的、要求完全自由竞争性市场相反，现实的情况是，资本家不仅不反对组织，而且随着现实历史的发展越来越认识到组织之于资本主义制度的重要意义。在当代以新自由主义为底色的全球化过程中，"霸权国家的货币政策、跨国公司的联合形式"[2] 等组织因素都扮演了重要的角色。

2. 现实社会主义

20世纪的历史不仅是资本主义的历史，也是社会主义的历史，是

---

① Jacques Bidet & Gérard Duménil, *Altermarxisme：Un autre marxisme pour un autre monde*, Paris：Presses Universitaires de France (PUF)，2015, p. 64.

② Jacques Bidet & Gérard Duménil, *Altermarxisme：Un autre marxisme pour un autre monde*, Paris：Presses Universitaires de France (PUF)，2015, p. 69.

社会主义从理论到实践、从一国到多国、从无到有又从高潮回落低谷的历史。在比岱看来，组织不仅构成了 20 世纪资本主义自身调整的关键范畴，它同样还是社会主义革命与建设赖以存在的前提条件。他指出，历史上社会主义革命的胜利不是按照马克思原先设想的、在欧洲几个先进的资本主义国家率先实现，而恰恰是列宁抓住了"帝国主义链条上最薄弱的一环"，成功领导较为落后的俄国走上了社会主义道路。从苏俄社会主义革命以及之后的中国革命的具体经验来看，"组织的任务先于革命的胜利，这是革命进程的一个基本特征"[1]。就理论而言，列宁曾经在《怎么办?》中分析了工人阶级内部存在的改革主义倾向，并进而指出他们无法自觉承担起积极推翻资本主义统治的革命运动的领导作用，因此把有意识的组织任务交到了作为无产阶级先锋队的共产党及其革命干部的手里。[2] 俄国革命和中国革命的现实经验都表明了组织的事先逻辑之于社会主义革命的重要性。

革命胜利后，作为无产阶级先锋队的共产党还肩负着带领人民群众从落后的生产方式向现代化社会生产迈进的重要任务，而革命和战争给他们留下的是一个由新生国家政权所支持的政治军事组织。比岱指认道："在夺取政权后的几年时间里，现代化任务与俄国落后的社会现状之间的矛盾起到了决定性作用。在列宁的推动下，现实主义在俄国取得了胜利，在新的经济政策中接受了与资产阶级的妥协，即所谓的'新经济政策'。这第一种选择加上第二种选择，可能对未来产生更大的影响：在经济现代化过程中选择最先进的变体，目标是从德国和美国引进新的技术和组织形式。关于这一问题的讨论，以前的观点经常被描述为泰勒制和福特制的，但实际上从更一般的形式看，它是第

① Jacques Bidet & Gérard Duménil, *Altermarxisme*：*Un autre marxisme pour un autre monde*, Paris：Presses Universitaires de France (PUF), 2015, p. 74.
② Jacques Bidet & Gérard Duménil, *Altermarxisme*：*Un autre marxisme pour un autre monde*, Paris：Presses Universitaires de France (PUF), 2015, p. 74.

三章所描述的'管理革命'。这一选择很重要,因为我们知道,该组织的代理人过去是、现在仍然是支持他们的管理人员和雇员。如同资本主义国家一样,这些组织形式加剧了直接生产者与生产资料之间的分离。"① 斯大林模式的形成与巩固可以被认为是终结上述历史趋势的"伟大转折点",它代表着现实社会主义官僚制度的典型形态。它宣告自己彻底消灭了资本主义生产关系,以高度集中的计划指令取代了自由调节的市场机制,继而整个经济社会的运转都建立在以苏共为核心的层层政治组织之上。

比岱进而指出,组织(计划)取代市场不但没有消灭剥削和压迫,没有取消阶级结构和阶级关系,反而还催生出一个以政治权力为核心的极权社会。苏联社会主义模式之所以失败,与其在 20 世纪下半叶所呈现的社会分层严重、阶级结构固化、官僚机构冗杂等具体情况有着密切的关联。② 实际上,列宁十分重视革命和建设过程中产生的干部与群众的关系问题,但现实社会主义的建设模式都没有妥善处理这个问题。曾有学者将苏联社会主义模式的失败归因于苏共领导层的腐化变质,在他们看来,之所以当苏联后期改革遇到强大阻力时没有人民群众站出来保卫苏共与苏联,是因为苏共领导层早已脱离人民群众转而成为一个只为特权集团谋取利益的统治阶级。但问题是,此种论证方式是从主观意志角度剖析现实社会主义的失败根源,明显违背了历史唯物主义的基本原理。比岱强调:"从苏联社会主义建设的教训来看,组织产生阶级关系是一个历史过程,它不是建立在某种社会秩序之前就业已存在的一类框架结构中,而是从一个革命先锋队逐渐转变为官僚阶级结构的过程。"③

---

① Jacques Bidet & Gérard Duménil, *Altermarxisme*:*Un autre marxisme pour un autre monde*,Paris:Presses Universitaires de France (PUF), 2015, pp. 75 – 76.

② 参见 Jacques Bidet & Gérard Duménil, *Altermarxisme*:*Un autre marxisme pour un autre monde*, Paris:Presses Universitaires de France (PUF), 2015, p. 77。

③ Jacques Bidet & Gérard Duménil, *Altermarxisme*:*Un autre marxisme pour un autre monde*, Paris:Presses Universitaires de France (PUF), 2015, p. 78.

换句话说，组织同市场一样，也是现代社会的一种一般性生产逻辑，它同样可以催生出基于政治权力的阶级结构和阶级关系。

总之，比岱此处的中心论点是，作为一种基本的经济协调形式，组织关系拥有自身独特的逻辑，它同资本主义市场关系紧密联系在一起，共同构成现代社会统治形式的两极。另外，组织关系难以成为马克思所构想的、能够产生其他社会形态的基础性生产关系，因为它早已处于资本主义生产关系之中，并且其内含的阶级因素与共产主义社会所要求的无阶级差别相矛盾。不难发现，与上一个思想阶段相比，比岱的哲学方法论与中心论点没有改变，他实际上是在"元结构"的理论视域中梳理20世纪的历史进程，以期进一步凸显"元结构"理论的思想史意义与客观解释效力。如果要说前后两个阶段有所差异的话，那么这主要体现在理论焦点与具体论证方式上：《总体理论》致力于从政治哲学角度证明市场与组织的相互蕴含构成了现代性的本质特征，而《替代马克思主义》则主要基于20世纪人类历史的重大变化探讨组织因素的革命性效应。

二、新马克思主义对现代社会阶级结构的分析

通过考察经典马克思主义在20世纪世界范围内的成败得失，比岱逐步把分析的焦点转向了组织问题。他指出，马克思曾设想的因缺乏社会化协调而必然灭亡的资本主义由于组织关系的引入成功地拯救了自身，与之相反，基于计划协调生产的苏联社会主义却因为组织机构的日益官僚化反而葬送了自己。从这个意义上讲，他把20世纪的历史称为"组织的报复"[①]，而报复的对象自然是指以马克思名字命名的马

---

① Jacques Bidet & Gérard Duménil, *Altermarxisme：Un autre marxisme pour un autre monde*，Paris：Presses Universitaires de France (PUF)，2015，p. 83.

克思主义。然而，比岱也同时承认，马克思不是没有考虑到组织问题，只不过组织问题本身在马克思资本主义批判理论中的位置不够明确、意义不够清晰。为此，他首先考察了马克思的组织理论及其哲学意义，继而分析了 20 世纪"资本干部主义"① 的出现以及代表组织行使权力的干部阶级或组织权能者阶级。他一方面寄希望于从经典作家那里汲取相关分析思路，另一方面也试图在 20 世纪资本主义的历史进程中把握组织范畴的重要意义。最后比岱强调，另一种马克思主义主张在"元结构"的基础上，即市场与组织的相互蕴含中重建对现代社会阶级结构与阶级关系的分析。

马克思的组织理论及其哲学意义

虽然比岱和迪梅尼尔从不同的理论视域（政治哲学与宏观经济学）出发指责经典马克思主义忽视了组织的独特作用，但他们却一致认可马克思是组织理论的大师。实际上，在以《总体理论》为代表的上一个思想阶段中，当比岱提出要从市场与组织的双极性出发修正马克思的科学抽象基础时，这一观点就已经有所展现。他指出，当马克思在分析资本主义由"工场手工业"发展到"机器大工业"时，他就已经将资本与组织这两个因素衔接在一起，只不过他是把组织的职能一并

---

① "资本干部主义"（capito-cadrism）是比岱和迪梅尼尔创造的词汇，他们用此来指称区别于自由资本主义的市场机制与组织形式相混合的资本主义形态。与之相对，他们把苏联社会主义模式称之为"纯粹干部主义"或"单一干部主义"（cadrisme pur）。之所以要用"干部"这个词汇，是因为比岱和迪梅尼尔着重从阶级结构与阶级关系的角度分析 20 世纪资本主义与社会主义的现实情况。在他们看来，"资本干部主义"是一种事先协调的组织系统与事后平衡的市场机制彼此结合的资本主义样态，它诞生于 19 世纪末 20 世纪初资本主义制度自我调整的"四次革命"（公司制度、金融部门、管理革命、政府干预）。自此之后，国家在宏观经济运行中扮演着重要的角色。在"资本干部主义"社会，管理人员不论是处于私有企业部门还是国家机构中，他们作为"干部"形成了特定的利益集体，都属于统治阶级的一个部分。在一定意义上，"资本干部主义"相当于美国管理学家所谓的"管理资本主义"或者欧洲经济学家经常谈论的"混合经济"。（参见 Jacques Bidet & Gérard Duménil, *Altermarxisme : Un autre marxisme pour un autre monde*, Paris : Presses Universitaires de France (PUF), 2015, p. 92。）

归结为资本的支配权。① 到了这里，比岱进而指认说，马克思既是最早提出把市场与组织当作两种不同的经济协调形式的思想家，又在《资本论》中基于对资本主义生产过程的分析将二者有机结合了起来，为剖析现代社会的动态运转提供了科学视角②。具体而言，他主要从以下三个方面阐述了马克思组织理论的思想贡献。

第一，马克思继承并发展了亚当·斯密的分工理论，进而将对"工场手工业分工"的分析推进到对更为现代化的整个公司内部组织结构的分析。分工理论是斯密经济学的两大支柱之一，他的基本观点是：分工最大的效用在于提高劳动生产率；在实施劳动分工的手工工场内部，雇佣工人之间的协调关系由组织承担，而非市场。如此一来，从整个社会范围来看，工场手工业内部的分工（组织）与手工工场之间的自由竞争机制（市场）紧密结合在一起，它们共同构成资本主义生产方式的不同经济协调机制③。马克思对斯密分工理论的继承与突破主要体现为两点：（1）把"工场手工业分工"作为一种新的社会生产逻辑进行分析，这种组织形式的出现有别于《资本论》起始部分关于"商品关系"的论述；（2）从更为宏观的角度考察了现代公司内部的分工与组织形式，即从生产场所到整个公司组织运转的基本法则。比岱认为，马克思对组织形式的探讨贯穿于他对资本主义生产总过程的分析中，虽然他将组织形式或管理职能看作是生产资料所有权的附属品或派生物，因而把组织或管理职能定义为"非生产性劳动"，但是却坚持认为它们在资本主义生产过程中发挥着生产性功能，并且起到了不可或缺

---

① 参见［法］雅克·比岱《总体理论》，陈原译，北京：东方出版社，2010年，第210页，注释①。
② Jacques Bidet & Gérard Duménil, *Altermarxisme：Un autre marxisme pour un autre monde*, Paris：Presses Universitaires de France (PUF), 2015, p. 83.
③ Jacques Bidet & Gérard Duménil, *Altermarxisme：Un autre marxisme pour un autre monde*, Paris：Presses Universitaires de France (PUF), 2015, p. 86.

的重要作用①。

第二,马克思除了分析企业内部的组织制度,还探讨了金融领域中的组织形式。比岱指出,在分析金融领域中资本集中的趋势时,马克思把金融指认为一种"社会资本的管理形式",他"已经明确地提出了现代金融机构的使命,即管理融资资本。以银行为代表的现代金融机构将融资资金借贷给各个公司,这一'信贷'行为的目的是使得资本在不同领域中更为有效地实现价值增殖"②。在比岱看来,马克思对金融领域中组织形式的分析已经远远越出了传统企业的范围,他是站在整个社会层面上探讨另一种区别于市场机制的经济协调形式。由此出发,可以肯定的是,马克思同样看到了随着资本主义的进一步发展,整个社会生产和再生产层面会趋向于一种社会组织化的进程。当然,由于历史的局限,马克思还未能料想到20世纪"宏观经济政策"的出现将会给社会生产带来巨大的影响。

第三,马克思将资本主义的历史趋势归结为"市场—资本主义"转变为"组织—社会主义",即将组织取代市场看成是人类社会生产形式发展的历史性结果。比岱指出,马克思除了在分析资本主义由"工场手工业"发展到"机器大工业"时着重强调了组织形式的重要作用,《资本论》中的另一处即"资本主义积累的历史趋势"部分,组织因素更是扮演了至关重要的角色③。马克思在这里提出的判断是,资本的集中伴随着生产的社会化进程使得资本主义生产关系成为社会化大生产的桎梏,因而要求突破原有的生产方式,由无产阶级共同占有生产资料,在共同协作基础上组织社会生产。换言之,随着资本主义的进一

---

① Jacques Bidet & Gérard Duménil, *Altermarxisme*:*Un autre marxisme pour un autre monde*,Paris:Presses Universitaires de France (PUF),2015,p. 86.

② 参见 Jacques Bidet & Gérard Duménil, *Altermarxisme*:*Un autre marxisme pour un autre monde*,Paris:Presses Universitaires de France (PUF),2015,p. 87。

③ Jacques Bidet & Gérard Duménil, *Altermarxisme*:*Un autre marxisme pour un autre monde*,Paris:Presses Universitaires de France (PUF),2015,p. 87.

步发展，公司规模不断扩大、数量却不断减少，"公司内部的组织理性也会逐渐侵入市场理性的领域，进而取代市场形成另一种新的社会协调模式"①。这种以组织为基础的新秩序就是马克思意义上的社会主义或共产主义，即建立在全社会共同占有生产资料基础上的民主协调与计划生产模式。

在揭示出马克思组织理论的三重哲学意义后，比岱随即笔锋一转："尽管组织问题在马克思历史共产主义的思想脉络中如此重要，但《资本论》对它的处理却相当草率——不仅没有作为单独篇章或专题章节的计划，即使是在'工场手工业'和'机器大工业'的论述中，马克思对组织问题的探讨也是潜藏在对剩余价值研究的一般论证之中。"② 也就是说，在比岱看来，尽管《资本论》对组织问题的探讨具有启发意义，但马克思没有把它提高到应有的理论高度。归结起来，他对马克思组织理论的批判主要集中在以下三点。

首先，《资本论》从"商品"概念出发分析资本主义生产方式，没有从一开始就考虑组织这一维度。比岱强调："马克思只是在他对资本主义的历史动态的分析中真正地整合了'组织'这个事实，而这一事实有力地证明了这一解释。根据上述分析，马克思将组织因素排除在其抽象开端之外，是因为他将组织视为资本主义的一项趋势成就，主要是将组织的发展置于较高级的阶段。"③ 也就是说，在比岱看来，马克思在《资本论》中的论述策略是把资本主义的发展看作组织关系形成演化的前提条件，但实际上，这"并不能排除组织以胚胎的形式存

---

① Jacques Bidet & Gérard Duménil, *Altermarxisme：Un autre marxisme pour un autre monde*, Paris：Presses Universitaires de France（PUF），2015，p. 88.

② Jacques Bidet & Gérard Duménil, *Altermarxisme：Un autre marxisme pour un autre monde*, Paris：Presses Universitaires de France（PUF），2015，p. 88.

③ Jacques Bidet & Gérard Duménil, *Altermarxisme：Un autre marxisme pour un autre monde*, Paris：Presses Universitaires de France（PUF），2015，p. 89.

在于简单商品形式中"①。根据"元结构"理论,市场的出现必须有组织形式的保障,两极分别对应且相互蕴含,不能脱离组织维度去设想一种纯粹自律性的市场。其次,在对资本主义管理职能的分析中,即在从工场手工业到机器大工业的分析中,马克思发现了一种新的社会职能以及对应的社会阶级。"企业内部承担组织职能的管理人员既不是资产阶级,也与无产阶级有着本质的不同,他们的出现改变了原有的阶级结构和阶级关系。"② 但是,马克思对此没有给予太多的理论关注,反而在历史目的论的推演方式中把自己提出的问题一并取消了。最后,20世纪的历史和理论皆证明,"同市场关系一样,组织关系也是阶级关系产生的土壤,是新型社会阶级关系的载体"③。不论是在西方国家,还是现实社会主义国家(苏联),承担组织职能的干部或管理人员与处于组织关系底层的群众之间有着巨大的阶级差别,他们各自形成了不同的利益团体。比岱指出,马克思曾以为组织取代市场就可以消灭剥削和压迫、取消阶级关系,进而实现共产主义,但他始终没能料想到组织也可以催生出阶级统治。

必须承认,比岱以组织问题为突破口敏锐地捕捉到了20世纪资本主义的重大变化以及现实社会主义建设的历史教训,他试图将组织因素引入基础理论建构的层面,为剖析当代社会的阶级结构与阶级关系找到正确的方向。然而话又说回来,尽管他认可马克思组织理论的思想贡献,并且声称自己是基于理论与历史的双重反思进一步发展马克思的思想,但是两者显然是在不同的层面加以言说:从历史哲学转向基于一般唯物主义的政治经济学。换句话说,马克思历史性的组织理

---

① Jacques Bidet & Gérard Duménil, *Altermarxisme*:*Un autre marxisme pour un autre monde*,Paris:Presses Universitaires de France (PUF), 2015, p. 89.
② Jacques Bidet & Gérard Duménil, *Altermarxisme*:*Un autre marxisme pour un autre monde*,Paris:Presses Universitaires de France (PUF), 2015, p. 89.
③ Jacques Bidet & Gérard Duménil, *Altermarxisme*:*Un autre marxisme pour un autre monde*,Paris:Presses Universitaires de France (PUF), 2015, p. 90.

论到了比俗那里转变成了静态结构中的经验阐释，他无法洞悉马克思组织理论的深层哲学内涵，而只能以外在拼接的方式把唯物主义历史发生学转化成形式逻辑结构分析法。在此，我们根据《资本论》及相关文本仅做几点理论上的回应。

其一，从起源来看，资本主义组织形式或管理职能最初产生于资本主义雇佣劳动关系，是劳动对资本的从属关系赋予了资本对劳动的支配权和指挥权。马克思指认说："一旦从属于资本的劳动成为协作劳动，这种管理、监督和调节的职能就成为资本的职能。"[1] 尽管在资本主义之前，组织或管理业已存在，但是资本主义生产方式赋予了组织形式新的社会历史内容。劳动力商品与资本相交换，继而成为可变资本创造剩余价值；资本消费劳动力商品的过程就是资本的生产过程。雇佣劳动之所以要听从资本的指挥，是因为它已经将自身让渡给资本——不是为自己劳动，而仅仅是被资本消费。"协作"赋予资本主义生产过程以新的内容："许多人在同一生产过程中，或在不同的但互相联系的生产过程中，有计划地一起协同劳动，这种劳动形式叫作协作。……这里的问题不仅是通过协作提高了个人生产力，而且是创造了一种生产力，这种生产力本身必然是集体力。"[2] 值得注意的是，协作赋予资本的支配权本质上不是由资本自身的职能产生的，而仅仅是因为特殊的资本主义生产关系使得资本掌握了对生产过程的指挥权。由是观之，资本主义组织形式的形成与发展都根源于资本主义生产关系与雇佣劳动制度，对组织关系与管理职能的探讨不能离开本质性的劳资关系。

其二，从性质来看，资本主义组织形式具有二重性，既承担着一般组织形式提高社会劳动生产力的作用，也体现着资本主义生产关系

---

[1]《马克思恩格斯全集》第 44 卷，北京：人民出版社，2001 年，第 384 页。
[2]《马克思恩格斯全集》第 44 卷，北京：人民出版社，2001 年，第 378 页。

所决定的特殊剥削性质。资本主义生产过程是劳动过程和价值增殖过程的辩证统一，同理，对生产过程的管理活动也具有二重性：一方面是制造产品或提供服务的社会劳动过程，另一方面也是资本的价值增殖过程①。马克思指出："资本家的管理不仅是一种由社会劳动过程的性质产生并属于社会劳动过程的特殊职能，它同时也是剥削一种社会劳动过程的职能，因而也是由剥削者和他所剥削的原料之间不可避免的对抗决定的。"② 也就是说，资本主义组织形式不同于一般社会化生产组织形式的地方在于，前者本质上是以牺牲劳动者为代价来实现资本价值增殖的组织管理模式，它蕴含着不可避免的本质矛盾性与阶级对抗性。进一步而言，资本主义组织形式或管理职能的二重性不会因为资本所有权与管理权的分离而消失，即使资本家把组织权力或管理职能让渡给专门的经营管理人员，只要这种组织形式或管理活动仍然从属于资本的自我增殖运动，那么它必然也具有二重性。

其三，从结果来看，资本主义条件下组织形式或管理活动的社会生产力表现为资本的生产力，并且"资本主义的管理就其形式来说是专制的"③。在资本主义生产过程中，雇佣工人一旦同资本完成交换进入生产过程，它便被并入资本，成为资本的可变部分发挥作用。"作为协作的人，作为一个工作有机的肢体，他们本身只不过是资本的一种特殊存在方式。因此，工人作为社会工人所发挥的生产力，是资本的生产力。"④ 尽管组织形式所带来的社会劳动生产力的提高并不是资本本身的职能，但在资本主义社会中，工人劳动的组织形式是经由雇佣劳动制度的特殊中介为资本所支配的，因而它内在地表现为资本的生产力。与此同时，资本主义生产虽然在社会分工层面上显示出生产的

---

① 参见《马克思恩格斯全集》第 44 卷，北京：人民出版社，2001 年，第 385 页。
②《马克思恩格斯全集》第 44 卷，北京：人民出版社，2001 年，第 384 页。
③《马克思恩格斯全集》第 44 卷，北京：人民出版社，2001 年，第 385 页。
④《马克思恩格斯全集》第 44 卷，北京：人民出版社，2001 年，第 387 页。

无政府状态，商品生产者之间的联系是通过价值规律实现的，但它却在资本主义企业内部实行严格的专制，因为它的根本目的在于尽可能多地占有剩余价值。

总的来看，比岱混淆了企业内部分工与社会分工，在分工理论上犯了同亚当·斯密一样的错误。他难以识别不同历史形式下组织形式的根本差别，只是因为看到了组织因素在现代社会发挥的重要作用，进而将其作为一个形而上学的范畴加以理论化。实际上，他所强调的"组织"概念在内涵上相当含混：既没有清晰地区分经济生产的组织形式与社会政治的组织形式，也没有准确把握资本主义组织形式的二重属性。与之相反，马克思通过考察资本逻辑的运动规律，科学地揭示出生产的社会化要求同资本主义私有制关系构成了资本发展的界限。企业内部分工与社会分工虽然有着一定的社会历史联系，但它们在本质上是两个不同的理论范畴。进一步而言，在马克思历史辩证法视域中，尽管共产主义的组织形式脱胎于旧有的生产方式，但它在根本上不同于资本主义的市场形式与和组织形式，而是一种全社会共同占有生产资料、进行组织化协调生产的新型历史形式。一句话，马克思组织理论最大的特色就是他把组织因素放回社会历史过程中加以考察，而不是像比岱那样泛泛而谈。应当说，比岱从二十世纪的历史现实出发重视组织因素在现代社会阶级建构中的作用，这是没有问题的，但他将"现实社会主义"的建设失误归因于经典马克思主义的理论错误却是完全站不住脚的。

组织权能者阶级与"资本干部主义"

从根本上说，新马克思主义对经典马克思主义的批评在于，它把组织逻辑提高到与资本逻辑同等的理论地位，并将二者一并视为现代性的根本要求。在新马克思主义的视域中，存在着一种特定的组织关系，此种组织关系与资本关系一样也是阶级关系的载体。这意味着，现代社会在其可能性上拥有两套完全不同的社会关系体系："一种是资本主义，其主导阶级是资本家和无产者，它的本质特征与运行规律已被经典马克思主义所指认；另一种是干部主义，其主导阶级是在组织关系中占优势地位的干部阶级与处于底层的人民群众，其现实载体就是苏联的社会主义模式。"① 比岱指认说，他对于当代社会阶级关系的探讨始终遵循着历史唯物主义的基本原则，即从生产关系出发探讨社会阶级关系与国家结构形式。组织关系之所以能够催生出阶级关系，正是因为它在现代经济中成为一种基本的生产协调形式。值得注意的是，比岱在这里把基于组织逻辑的、在组织体系中占据一定地位的统治阶级称为"干部"，在他看来，"之所以'干部'一词比'组织者'或'管理者'一词更适合于用来指称这种特定的阶级关系形式，是因为前者更能反映它赖以构建的原则秩序：一定的等级体系。"② 毫无疑问，这里的"干部"是指那些在特定的组织结构或等级体系中被赋予特定权力的人，它们统治地位的获得依仗着组织关系中特定权力的赋予。

我们知道，在《总体理论》一书中，比岱从"元/结构"视域出发把握现代社会的阶级关系，提出了区分"资本二重性"与"雇佣劳动二重性"的思想，继而将与所有权资本相联系的阶级指认为资本家阶级，将与资质资本相联系的阶级指认为组织权能者阶级。组织权能者或资质资本持有者，涉及一切事先协调的、从"市场—企业"到"组织—国家"各个领域内的职位，包括所有类别的经营者、管理者、公务员和国家干部。他们之所以能够在组织层级中占据一定的位置，前提是因为他们在社会生产与再生产过程中发挥了一定作用。③ 实际上，

① Jacques Bidet & Gérard Duménil, *Altermarxisme*：*Un autre marxisme pour un autre monde*，Paris：Presses Universitaires de France (PUF)，2015，p. 91.

② Jacques Bidet & Gérard Duménil, *Altermarxisme*：*Un autre marxisme pour un autre monde*，Paris：Presses Universitaires de France (PUF)，2015，pp. 90 - 91.

③ 参见［法］雅克·比岱《总体理论》，陈原译，北京：东方出版社，2010年，第253页。

在比岱这里，无论是组织权能者，还是干部，两者本质上属于一类范畴，它们都被用以指称在现代社会区别于资本家阶级的另一种统治阶级。所有权资本与资质资本，或资本家与干部，虽然他们共同构成现代社会阶级统治的两极，但是两者在权力来源、社会实践、生活方式、文化模式等方面有着根本的不同①。

比岱认为，尽管市场与组织作为两种基本的经济协调形式分别对应不同的社会统治逻辑，但这仅仅是在形式构建的可能性上加以探讨。20 世纪现实历史的实际情况是，市场与组织总是交织在一起构成现代社会的具体运作模式，并且组织因素在经历了数次生产革命后愈发显示出自己的重要作用。因此，现代社会不能被叫作"纯粹资本主义社会"，而应被视为"资本干部主义"社会②。在他看来，他所谓的"资本干部主义"与美国管理学家彼得·德鲁克、阿尔弗雷德·钱德勒、约翰·加尔布雷斯等所探讨的"管理资本主义"，以及欧洲学者惯常谈论的"混合经济"有相似之处③，三者都强调从市场与组织两种不同的协调形式出发分析社会经济关系。但是，"资本干部主义"区别于后两者的地方在于：一方面它将组织因素视为可以脱离资本关系的独立逻辑，譬如说单纯基于组织维度的"纯粹干部主义"（cadrisme pur）就是现代性的一种特殊变体；另一方面，它始终致力于从阶级结构与阶级斗争的角度分析当代社会的基本运转，即在市场与组织的相互蕴含中把握现代社会的多元阶级关系。

在比岱看来："对于熟悉马克思工作的人而言，同一社会形态中两类不同性质的社会关系并存，这种提法不是混乱的，因而'资本干部

---

① Jacques Bidet & Gérard Duménil, *Altermarxisme：Un autre marxisme pour un autre monde*, Paris：Presses Universitaires de France（PUF），2015，p. 95.

② Jacques Bidet & Gérard Duménil, *Altermarxisme：Un autre marxisme pour un autre monde*, Paris：Presses Universitaires de France（PUF），2015，p. 92.

③ Jacques Bidet & Gérard Duménil, *Altermarxisme：Un autre marxisme pour un autre monde*, Paris：Presses Universitaires de France（PUF），2015，p. 100.

主义'是可以成立的。最明显的先例是封建社会中资本主义关系的出现。"① 显然，比岱在这里以举例论证的方式意在说明：从封建社会转变为资本主义社会不是一蹴而就的事情，其间有一个逐渐过渡的过程，在此过程中旧有的封建生产关系与新兴的资本主义生产关系，以及以生产关系为基础的阶级关系都复杂交织在一起，构成一种复合型的"杂交式社会形态"②；同理，在从资本主义走向"后资本主义"（或社会主义、共产主义）的过程中，其间也有一种复合型的社会形态，即组织关系出现在资本关系之中。在他看来，尽管组织关系一开始来源于资本权力的部分让渡，但是一旦当组织关系成为稳定的经济协调形式之后，它就从根本上不同于资本关系构成一种拥有自己独特统治逻辑的社会关系。我们看到，如果说在前两个思想阶段，比岱还是把组织作为与市场既对立又蕴含的经济协调形式来看待的话，那么到了这里，他已经把组织因素上升为一种可以主导某种人类社会形态的基本生产形式。对他而言，这种以组织因素为主导的计划协调生产模式不是马克思意义上共产主义社会的基本特征，恰恰相反，它能够催生出一个以政治权力为主导的新型社会阶级结构。

那么，这种复合型的"资本干部主义"是怎样产生的呢？它在当下又有何种表现呢？比岱指出，从历史上看，组织逻辑的凸显以及以组织因素为基础的干部阶级的出现晚于资本逻辑的充分布展。正如马克思在《资本论》中所分析的那样，组织关系或管理关系一开始从属于资本关系③。由于资本主义生产过程经由劳资交换的特殊中介，资本获得了对劳动力商品的指挥权和支配权，原先并不属于资本职能的组

① Jacques Bidet & Gérard Duménil, *Altermarxisme：Un autre marxisme pour un autre monde*, Paris：Presses Universitaires de France (PUF), 2015, p. 93.
② Jacques Bidet & Gérard Duménil, *Altermarxisme：Un autre marxisme pour un autre monde*, Paris：Presses Universitaires de France (PUF), 2015, p. 93.
③ Jacques Bidet & Gérard Duménil, *Altermarxisme：Un autre marxisme pour un autre monde*, Paris：Presses Universitaires de France (PUF), 2015, p. 94.

织职能与管理职能也一并归入资本。在这种情况下，即使资本家把部分管理职能交付给特定的经营管理人员，他们也具有对后者的支配权与统治权，这是因为对生产过程进行管理的根本目的没有发生变化——始终是资本增殖。然而，随着生产规模的进一步扩大与生产要求的进一步提高，资本不得不进一步让渡管理权给特定的组织人员。"这些组织权能者尽管同雇佣工人一样也是资本购买所得，但是他们无论是在直接的薪资报酬方面，还是在生产活动中所起到的作用方面都有着巨大的差别。"① 其带来的后果便是资本所有权与管理权相分离，组织权能者或干部群体作为一种新型的社会阶层出现在资本主义社会内部。资本家也逐渐意识到，新型组织管理阶层的出现势必会对自己的利益产生威胁与影响，因而也会通过控制金融资本、节制管理活动等手段进行调整。

比岱进而指认说，真正使得组织权能者从一个阶层上升为一个阶级的是资本主义从 19 世纪末到 20 世纪上半叶的四次重大调整：垄断公司形成、金融体系发展、管理革命与宏观经济革命。② 组织关系的引入不仅有效缓解了资本主义的几次经济危机，而且政府干预经济的整体运行使得资本主义脱离了原有的自由阶段，转向一种依托于组织权力的"资本干部主义"③。组织权能者或干部在社会经济运行中发挥着举足轻重的作用，整个社会的生产与再生产不单单就资本增殖一个目的，而且还有组织权力的相对平衡与再生产。干部阶级一方面能够对资本权力进行有效地遏制，资本所有者与管理者之间的差距愈发缩小；另一方面他们与基础阶级之间的差距也进一步扩大，逐渐成为具有自

① Jacques Bidet & Gérard Duménil, *Altermarxisme：Un autre marxisme pour un autre monde*, Paris：Presses Universitaires de France（PUF），2015，p. 96.
② 参见 Jacques Bidet & Gérard Duménil, *Altermarxisme：Un autre marxisme pour un autre monde*, Paris：Presses Universitaires de France（PUF），2015，pp. 59 - 60。
③ Jacques Bidet & Gérard Duménil, *Altermarxisme：Un autre marxisme pour un autre monde*, Paris：Presses Universitaires de France（PUF），2015，p. 97.

身组织优势的干部阶级。上述情况在二战后的欧美国家表现得尤为突出，所有权资本与资质资本的双极统治成了战后资本主义黄金时代的重要标志。进一步而言，即使是 20 世纪 80 年代新自由主义崛起之后，即当资产阶级意识到自己需要把组织管理权收归自身之后，"资本干部主义"的发展趋势依旧没有终止。"当代极力鼓吹新自由主义的霸权国家一方面声称要减少任何不必要的组织形式和外部干预，另一方面却在组织形式与宏观干预的联合作用下把自己的触手伸向了全球。"① 比岱总结说，仅仅从所有权资本出发已经无法准确理解现代社会的阶级关系，我们所处时代最大的特征就是资本与干部的双重统治。我们无法去构想此种"资本干部主义"究竟会朝着什么方向发展，但是我们可以参照马克思《资本论》的科学方法在阶级结构的动态演变中寻找基础阶级的斗争策略。

重建现代阶级结构：从两极统治到三方游戏

我们知道，自政治式地解读《资本论》开始，比岱就一直强调《资本论》科学方法的重要意义。在他看来，马克思资本主义批判理论的当代价值，既不在于人本主义异化批判，也不在于提出了"两个必然"的革命宣言，而是它的分析框架与科学方法，即"从抽象到具体"的叙述逻辑②。继而在《总体理论》中，比岱仿照"从抽象到具体"的形式构建出"元/结构"理论，即从"元结构向结构转化"的角度阐述现代社会的动态运演机制，试图在市场与组织双重中介的相互蕴含中把握现代社会的阶级结构与统治形式。总体而言，《替代马克思主义》一书基本继承了上述思路，但值得注意的是，虽然两位作者都强调组

① Jacques Bidet & Gérard Duménil, *Altermarxisme*：*Un autre marxisme pour un autre monde*, Paris：Presses Universitaires de France (PUF), 2015, pp. 98 - 99。
② Jacques Bidet, *Exploring Marx's Capital*：*Philosophical*, *Economic and Political Dimensions*, Trans. By David Fernbach, Leiden · Boston：Koninklijke Brill, 2007, p. 173.

织权力因素之于现代性的重要意义，但他们在具体论证过程中的着眼点有着些许差别。在比岱看来，作为经济学家的迪梅尼尔受制度主义经济学派的影响，只是强调了任何经济形式都必须依赖特定的组织制度背景，而没有从源头上、即在理论建构的抽象部分就思考组织权力或政治契约形式的重要作用。① 而他在这里试图探索另一条道路："它一方面是哲学性质的工作，另一方面与刚才呈现的经济学分析相融合。然而，它在更一般的性质上有所不同，即在现代性理论的背景下解决了这个问题。"② 为此，比岱接下来所要做的工作就是从"元结构"视域出发进一步阐明"资本干部主义"的历史本质与发展趋势，并在此基础上提出基础阶级当下的革命战略选择，而不仅仅是在历史学层面阐述 20 世纪资本主义自我调整过程中的某些局部经验现象。

比岱指出，虽然马克思把资本主义社会的主要矛盾定位为劳资矛盾，但是《资本论》没有以直接性的劳资对抗关系作为自己的论述起点，它选择的切入点反而是现代社会的一般性经济协调形式，即"市场"形式。在他看来，马克思就是在此处，即《资本论》的"商品和货币"章，继承了"自由主义的理论遗产"③，把现代社会区别于传统社会的本质原则确定为"自由平等理性"的人际关系原则。但是，马克思的深刻之处在于，他既没有从某种外在的理想性关系出发构想现代社会运行的一般原则，也没有直接面向经验具体，而是在抽象与具体的辩证关系中、更确切地说是市场逻辑与资本逻辑的辩证关系中把握现代性的本质特征。比岱的解读思路是这样的：马克思把自由平等理性的社会秩序视为一种"抽象"，而现实资本主义社会的劳资对抗关

---

① 参见 Jacques Bidet & Gérard Duménil，*Altermarxisme：Un autre marxisme pour un autre monde*，Paris：Presses Universitaires de France（PUF），2015，p. 124。

② Jacques Bidet & Gérard Duménil，*Altermarxisme：Un autre marxisme pour un autre monde*，Paris：Presses Universitaires de France（PUF），2015，p. 108.

③ Jacques Bidet & Gérard Duménil，*Altermarxisme：Un autre marxisme pour un autre monde*，Paris：Presses Universitaires de France（PUF），2015，p. 116.

系是一种“具体”；作为“具体”的资本逻辑只能以作为“抽象”的市场逻辑的客观存在为自己的前提，但与此同时，是“具体”提出了“抽象”要求。换句话说，“是现实阶级社会的剥削、统治和压迫提出了作为自由平等理性之现代性宣言的要求。”① 马克思正是通过这种“从抽象到具体”的论述方法揭示出市场逻辑与资本逻辑的双重联结关系，并进而表明现代社会的深层统治是以自由平等的形式显现出来的。

　　由此出发，比岱将马克思指认为“元/结构”理论的先驱。他进而指出，马克思对以资本主义为主要特征的现代性的批判无疑是深刻的，但却是不完整的。他对资本主义历史趋势的错误诊断源于其对资本主义抽象基础的认识不足②。实际上，“作为现代性宣称前提的‘元结构’具有双重面相，它不仅提出了经济理性的要求，还赋有政治合理性的要求。从合理性视角下的政治契约形式来看，它包含两个极，个体间契约与中央契约；与之相应，从理性视角下的经济协调形式来看，它也包含两个极，市场与组织。”③ 进一步而言，个体间契约与中央契约，或市场与组织，两者互为前提且相互蕴含，它们共同构成现代社会的一般性原则。而“元/结构”的过程，或者说“元结构向结构的转化”，就是自由平等理性的社会秩序倒置为剥削统治压迫的阶级关系的过程。在“元/结构”视域中，“辩证转化”不能从历史哲学的角度加以把握，它包含着三重含义：（1）只有双重的才是辩证的；（2）辩证转化的过程就是“元结构”走向自己的对立面的过程；（3）转化的动力是阶级建构与阶级斗争。

　　比岱强调，只有通过弥补马克思“科学抽象”部分的不足，我们

---

① Jacques Bidet & Gérard Duménil, *Altermarxisme：Un autre marxisme pour un autre monde*, Paris：Presses Universitaires de France（PUF），2015, pp. 116 – 117.

② Jacques Bidet & Gérard Duménil, *Altermarxisme：Un autre marxisme pour un autre monde*, Paris：Presses Universitaires de France（PUF），2015, p. 116.

③ Jacques Bidet & Gérard Duménil, *Altermarxisme：Un autre marxisme pour un autre monde*, Paris：Presses Universitaires de France（PUF），2015, p. 118.

才能在市场与组织的双重中介中构想现代社会的阶级结构与阶级关系。这是因为，"元/结构"理论表明，现代社会不仅仅是资本一极的单独统治，而且还包含组织一极。他指认说："通过这样做，人们可以对现代社会关系有更真实的理解。'元/结构'理论融合了近代以来社会学领域的重要贡献（特别是韦伯和布尔迪厄），它表明现代社会的统治阶级不仅是指生产资料所有者，还有同样多的经理、组织者或主管。"[1]比岱的意思是，资本家或组织权能者分别占据着现代社会统治阶级的两端，它们虽然在阶级基础、实践方式与权力更替等方面各有不同，甚至还会一度处于对立冲突状态，但两者本质上的相互蕴含关系使得它们共同构成现代社会阶级结构的两极。在这种情况下，"与统治阶级相对应的是作为被统治阶级的基础阶级，它们分散在市场与组织的等级网格之中"[2]。与马克思仅仅从生产资料所有制角度理解"资本"之内在含义不同，在比岱看来，现代社会由于组织权力的介入，"资本"范畴应当要从更广泛的意义上去把握。在劳资交换环节，雇佣劳动不仅可以把自己作为劳动力商品让渡给资本家，还可以出卖给特定的组织，后者不仅包含私人公司，还有各个层级的政府管理机构、社会服务部门、甚至是劳动协会或工人组织。资本指挥下雇佣劳动的生产过程，即剩余价值的生产过程，不仅可以为所有权资本所占有，还可以为资质资本所支配。但是，无论在哪一种情况下，雇佣劳动始终处于市场与组织的统治网格之中，或是通过市场形式与所有权资本相联系，或是通过组织形式与资质资本相联系，又或是处于两种形式的交融状态中。

如此一来，现代社会的主要矛盾就不能被简要地表述为资产阶级

---

[1] Jacques Bidet & Gérard Duménil, *Altermarxisme*：*Un autre marxisme pour un autre monde*, Paris：Presses Universitaires de France (PUF), 2015, p. 121.

[2] Jacques Bidet & Gérard Duménil, *Altermarxisme*：*Un autre marxisme pour un autre monde*, Paris：Presses Universitaires de France (PUF), 2015, p. 122.

与工人阶级之间的矛盾，而是资本家、组织权能者与基础阶级三者之间的矛盾。比岱进而认为，"元结构"理论超越历史辩证法的地方在于，它是在政治与经济的结构性分析中，而非从历史目的论角度揭示现代社会的动态发展趋势。如果以"元/结构"方法来洞悉现代社会阶级斗争的话，那么它就不是资产阶级与工人阶级的"主奴辩证法"，而是资本家、组织权能者与基础阶级之间的"三方游戏"①。"元/结构"过程，或从元结构到结构的转化，历来就不是单向度的历史发生过程，因而不能被理解为统治阶级自上而下的权力布展过程，而是统治阶级与基础阶级之间围绕阶级斗争不断生成现代性历史的过程。作为现代社会公开性宣言的"元结构"具有对现实社会阶级结构的"质询"功能，它能够使得市场与组织双重中介以联合的方式不断审视自身，从而为基础阶级自身的解放提供客观条件。

在比岱看来，"元/结构"理论为揭示现代社会的所有可能性形式打开了空间，因为"元结构"蕴含的三项组合涵盖了现代社会所有的演化状况。其中，直接性的言语合作关系既会导向不同的契约中介，同时又是对现实阶级社会的理想化超越。这意味着，基础阶级可以通过直接的言语沟通进行"自由联合"——自己决定生产与分配、交换与共享。但问题是，"以结合性为特征的工人协会或联合团体一旦形成，它便会转向组织形式，并逐渐建立起组织中介所特有的等级结构，进而陷入现代社会双重中介的统治形式中。"② 正如 20 世纪集体主义的历史经验所表明的那样，"组织本身就像市场一样，它也是一种阶级因素，会催生出阶级关系。"③ 比岱指出，直接的言语合作之于市场和组

---

① Jacques Bidet & Gérard Duménil, *Altermarxisme：Un autre marxisme pour un autre monde*, Paris：Presses Universitaires de France (PUF), 2015, p. 191.

② Jacques Bidet & Gérard Duménil, *Altermarxisme：Un autre marxisme pour un autre monde*, Paris：Presses Universitaires de France (PUF), 2015, pp. 126 - 127.

③ Jacques Bidet & Gérard Duménil, *Altermarxisme：Un autre marxisme pour un autre monde*, Paris：Presses Universitaires de France (PUF), 2015, p. 129.

织而言，"不是替代关系，而是一种监管理念，一种指导原则"①，是一种最终意义上审视现代社会人际关系的根本法则。换言之，比岱视域中基础阶级解放斗争的最终目标不是消除作为社会基本协调原则的市场形式或组织形式，而是消灭双重中介的阶级因素，是以直接的合作形式改造市场与组织，使之为无阶级、无特权的共产主义社会服务。

说实话，比岱对当代社会阶级关系的分析有可取之处，他敏锐地捕捉到了自 19 世纪末以来、特别是管理革命以来，伴随着资本主义生产过程的合理化进程所带来的社会效应，组织管理者在社会生产与再生产过程中发挥着越来越重要的作用。但有必要指出的是，他经验化的解读思路与马克思的历史唯物主义有着较大的偏差，两方不是站在同一层面进行对话。在马克思那里，阶级不仅是一个政治范畴，而且是一个社会历史范畴，马克思是深入到历史本质性的生产关系层面去探讨特定阶级的历史由来、现实表现与未来发展的。而比岱则更偏向于社会学层面的经验化分析，他所谓的组织权能者或干部群体在概念上过于宽泛，缺乏特定的社会历史属性。

诚如上文所指，马克思在《资本论》中业已揭示出资本主义管理的二重性：组织管理之于资本的运动过程而言，既承担着某些一般的社会管理职能，同时又从根本上服务于资本的价值增殖目的。② 按照马克思的分析，即便资本的所有权与管理权相分离，对资本主义生产过程的管理活动仍然具有二重属性，因此，资本主义社会中的组织权能者必须按照其职能特征的不同具体加以探讨。从根本上说，无论组织管理职能在生产过程中发挥多大的作用，只要它们附属于资本，服务于资本的自我增殖，它们在本质上都属于资本支配下的社会劳动生产力。另外，就组织因素本身是否具有阶级效应而言，比岱的论证也过

---

① Jacques Bidet & Gérard Duménil, *Altermarxisme*: *Un autre marxisme pour un autre monde*, Paris: Presses Universitaires de France (PUF), 2015, p. 127.

② 参见《马克思恩格斯全集》第 44 卷，北京：人民出版社，2001 年，第 385 页。

于独断。他所谓的"组织"与马克思科学共产主义视域中的"组织"不是一回事：前者是脱离社会历史过程的抽象因素，因而具有多种多样的构建方式和演化形态；后者则是指特定的超越资本主义生产方式的计划协调生产模式，其前提是生产资料归全社会共同占有。实际上，苏联社会主义模式，特别是其后期高度集中的政治经济体制，确实使得一个官僚特权集团得以诞生，但这恰恰是背离了共产主义生产方式以及共产党之基本组织原则的直接后果。

三、"另一种马克思主义"对当代社会斗争性质的阐述

就理论旨趣而言，《替代马克思主义》是一本"战斗宣言"①。它的主要目标倒不在于从学理上推进作为"总体理论"的现代社会批判理论，也不在于对马克思主义发展史进行学术性的回顾，而是寄希望于在既有思想的基础上解决当代社会革命斗争的具体策略问题。比岱指认说，他之所以提出新马克思主义与"另一种马克思主义"，就是为了要寻求一种"总体的政治路线"②，为基础阶级的自身解放找到一条切实可行的路径。他此处的主导思路是，作为基础阶级的绝大多数人的解放不仅仅是一个历史观问题，而且是一个政治问题。既然"元结构"理论已经奠定了对复杂现代性进行科学分析的抽象基础，那么从"元结构"视域出发阐明具体的革命斗争策略便是顺理成章的事情。一方面，从新马克思主义的视角看，现代社会处于市场与组织的双重统治之中。在资本家、组织权能者与基础阶级的三方游戏之中，基础阶级

---

① Jacques Bidet & Gérard Duménil, *Altermarxisme：Un autre marxisme pour un autre monde*, Paris：Presses Universitaires de France (PUF), 2015, p. 5.
② Jacques Bidet & Gérard Duménil, *Altermarxisme：Un autre marxisme pour un autre monde*, Paris：Presses Universitaires de France (PUF), 2015, p. 168.

只有将自身联合为一个统一的整体，继而与组织权能者联合对抗资本家，才能获得自身的真正解放。另一方面，就"另一种马克思主义"针对当代全球资本主义的分析而言，"世界—国家"时代的到来为基础阶级的解放斗争提供了客观条件与现实机遇。当前基础阶级的解放斗争既是为建立"世界—国家"而进行的斗争，也是为反对"世界—国家"而进行的斗争。摆在左派知识分子面前的任务就是在世界性"元结构"前提的质询下找到革命主体，并且致力于推动一种共同的行动原则。

联合、联盟与自我革命

众所周知，马克思主义区别于其他哲学社会科学思潮最显著的特征就是科学性与革命性的高度统一，即从"改变世界"的革命性维度出发科学地"解释世界"，并且科学地"解释世界"是为了更好地"改变世界"。在比岱看来，他之所以从"元结构"视域出发揭示现代性的内在逻辑与发展趋势，其目的就是在当代经济与政治的结构性分析中寻求基础阶级自身解放的科学依据。既然新马克思主义强调要从市场与组织双重中介出发把握现代社会的阶级关系，当代社会的阶级斗争是资本家、组织权能者与基础阶级的"三方游戏"，那么接下来要追问的是，基础阶级如何能够在这场游戏博弈中取得胜利呢？为此，比岱以"新马克思主义政策"[①] 的名义制定了"三步走"战略。

第一步，联合，即基础阶级的联合或统一。比岱指出，历史唯物主义群众史观的要点在于，"历史的运动既不能从开明精英的观点中去理解，也不能从随意的个体行为与其影响的纯粹的相互作用中理解……在我们这个时代，人类可以给自己设定一个普遍的视角，这个

---

① Jacques Bidet & Gérard Duménil, *Altermarxisme：Un autre marxisme pour un autre monde*, Paris：Presses Universitaires de France (PUF), 2015, p. 169.

视角只能从作为绝大多数人的'诸众'的力量出发，他们每天的工作给世界带来活力"①。马克思曾把伴随着资本主义大工业发展而诞生的工业无产阶级视为推动社会历史进步的革命主体，工人阶级事实上也在国际共产主义运动中发挥了至关重要的作用。然而，历史与现实两个方面都证明，工人阶级在当代社会的中心地位已经丧失。"虽然在当今世界范围内生产商品或服务的工人的数量并没有减少，但是作为历史主体的工人阶级已经失去其中心地位并且逐渐消失。"② 比岱做此判断的理由有如下两点：其一，有组织的资本主义的出现使得社会结构发生了深刻的变化，工人阶级已经成为更广泛、更多元化的雇佣制度的一部分；其二，随着资本主义内部结构的深刻变化以及新自由主义的崛起，工人阶级的统一性在新的技术、金融和政治环境中被破坏，甚至陷入了严重的分裂。③ 因此，当下阶级革命的主体已经不再是工业无产阶级，而是广泛的雇佣劳动者。根据新马克思主义的分析，这些雇佣劳动者处于市场与组织的双重统治之下，说得更明确一点，他们包括市场上的自由劳动者、私有企业的雇员、政府部门或公共组织的雇员等等。

　　进一步而言，基础阶级不仅包含所有的雇佣劳动者，还应当包括当代双重资本统治下的其他社会斗争人群，譬如生态主义者、女权主义者、社会边缘群体等等。比岱指认说，当代资本主义包含着双重矛盾：第一重矛盾是资本家与雇佣工人之间的矛盾，资本家榨取雇佣工人的剩余价值体现出资本的掠夺性特征；第二重矛盾是资本家和全人类之间的矛盾，"资本竭力追求抽象财富的欲望从根本上改变了人类的

---

① Jacques Bidet & Gérard Duménil, *Altermarxisme：Un autre marxisme pour un autre monde*, Paris：Presses Universitaires de France（PUF），2015, p. 170.

② Jacques Bidet & Gérard Duménil, *Altermarxisme：Un autre marxisme pour un autre monde*, Paris：Presses Universitaires de France（PUF），2015, p. 170.

③ 参见 Jacques Bidet & Gérard Duménil, *Altermarxisme：Un autre marxisme pour un autre monde*, Paris：Presses Universitaires de France（PUF），2015, pp. 170 - 171.

生产方式和生存方式，人类和地球都走向了不可逆转的生态轨迹"①，这体现出资本的破坏性特征。在比岱看来，第二重矛盾不仅关系到传统的劳资矛盾，而且是资本与居于地球之上的整个人类之间的矛盾，因而是资本与作为绝大多数人的基础阶级之间的矛盾。他指出，不同于奈格里从神学政治传统中发现"诸众"在"帝国"时代的革命意义，他自己是在当代社会的经济和政治分析中找到了基础阶级的团结基础与斗争方向。② 劳资矛盾与其他矛盾不可分割，基础阶级的革命斗争应被理解为"从日常生活、文化、保护自然、两性平等诸角度捍卫所有生命价值的具体的斗争"③。因此，当代革命斗争的第一步便是基础阶级的联合，即从马克思恩格斯曾在《共产党宣言》中强调的"全世界无产者联合起来"进一步提升为"全世界被剥削者、被压迫者、被排挤者都联合起来"。

第二步，联盟，即基础阶级与组织权能者达成联盟以对抗资本家阶级。相较于马克思主义经典作家对于政党问题的高度重视，即强调共产党作为工人阶级先锋队的重要作用，比岱在此问题上论述得比较模糊。一方面，他的确也提及基础阶级的团结与联合有赖于"建立统一的政党"④，但另一方面，他更倾向于认为，基础阶级同组织权能者联盟才是对抗资本家阶级的有效途径。这里提出的问题是：（1）联盟的必要性。基础阶级为什么必须要与组织权能者联盟才能解放自身？

---

① Jacques Bidet & Gérard Duménil, *Altermarxisme*：*Un autre marxisme pour un autre monde*, Paris：Presses Universitaires de France（PUF），2015, p. 172.
② 在《替代马克思主义》一书以及多篇文章中，比岱反复提及自己的"基础阶级"概念不同于奈格里的"诸众"范畴。比岱指出，在奈格里那里作为革命主体的"诸众"范畴不是在对现代社会的阶级关系分析中得到的，后者未能看到组织权能者与统治阶级的内在联系。比岱的一贯立场是，必须要恢复马克思主义的阶级分析方法，用以剖析当代社会的阶级结构和阶级关系。
③ Jacques Bidet & Gérard Duménil, *Altermarxisme*：*Un autre marxisme pour un autre monde*, Paris：Presses Universitaires de France（PUF），2015, p. 177.
④ Jacques Bidet & Gérard Duménil, *Altermarxisme*：*Un autre marxisme pour un autre monde*, Paris：Presses Universitaires de France（PUF），2015, p. 178.

（2）联盟的可能性。作为两极统治者之一的组织权能者是否愿意同基础阶级进行联合？（3）联盟的具体措施。假使两者达成同盟以后，联盟的斗争工作应当如何开展？

比岱指出，在当今世界范围内，尤其是在欧洲，资本家通常掌握着根本性的社会权力，作为基础阶级的人民大众往往与组织权能者达成联盟以对抗资本家阶级。这一联盟的必要性源自下述事实，即"资本家将组织生产运作的权力逐渐让渡给权能者"①。换言之，组织权力因素在现代社会生产过程中起到越来越重要的作用，基础阶级只有广泛联合组织权能者才能真正掌握社会生产。而联盟的可能性，或组织权能者阶级之所以愿意同基础阶级进行联合，一方面是出于他们共同的利益和立场，即从原则上反对所有权资本以及资本主义生产关系，另一方面是两者之间存在着一定的互补性——"对于组织权能者而言，基础阶级是革命斗争的历史主体与物质力量，而对于基础阶级而言，与组织权能者联盟可以获得组织性的力量"②。组织权能者虽然也构成当代社会统治阶级的一极，但是与资本家不同，他们是在所有人之间建立合理的契约关系以超越个体之间的单纯理性关系。在基础阶级与组织权能者达成联盟后，联盟的斗争围绕着两条战线开展：其一，以民主化的组织形式节制所有权资本（包含金融资本），在保留市场配置资源的同时，国家需要对就业条件和公共服务制定标准，以消除市场的任意性弊端；其二，反对专业知识的垄断以及一切官僚等级特权的生产与再生产，向普通大众开放组织管理的职位，以保证机会的平等以及权力的透明公开。③

---

① Jacques Bidet & Gérard Duménil, *Altermarxisme：Un autre marxisme pour un autre monde*, Paris：Presses Universitaires de France（PUF），2015，p. 186.
② Jacques Bidet & Gérard Duménil, *Altermarxisme：Un autre marxisme pour un autre monde*, Paris：Presses Universitaires de France（PUF），2015，p. 183.
③ 参见 Jacques Bidet & Gérard Duménil, *Altermarxisme：Un autre marxisme pour un autre monde*, Paris：Presses Universitaires de France（PUF），2015，pp. 191-192。

　　第三步，自我革命，即新型组织内部不断地自我革命以消除阶级结构产生的条件。在比岱看来，对于基础阶级而言，不论是自我联合成为统一的革命型政党，还是同组织权能者联盟进而构成新型的革命组织，摆在他们面前的共同问题是，如何处理新型组织内部的阶级结构与统治权力问题。这是因为，根据"元结构"理论，组织也是催生阶级因素的人际协调形式，20世纪的苏联社会主义模式就是现实的例证。比岱指认说："尽管苏联共产党实行的民主集中制在历史上起到过重要的作用，在革命与建设初期体现出积极正面的影响，然而不可避免的是，政治管理的日益复杂化及其所要求的指挥能力和领导魅力，都使得苏共从一个革命型政党逐渐蜕变为官僚特权型政党。"①

　　他进而指出："阶级联盟不是与人民的敌人相妥协。作为一种霸权方式，阶级联盟旨在引出合作伙伴的'同意'，联合者必须找到自己的理由加入。但合作伙伴仍然是阶级对手，阶级矛盾依旧存在。"②也就是说，作为基础阶级的人民群众之所以要联合组织权能者，只是因为双方的斗争立场一致以及互有所需。在革命胜利以后，基础阶级仍然需要对既有的组织权力体系进行彻底的改造，以杜绝新形式的阶级结构得以形成。新型革命联盟既是针对所有权资本的斗争，也是针对资质资本的斗争，既把废除一切财产私有权作为自己的目标，也把消灭一切特权等级体系作为自己的目标。从"元/结构"的观点来看，基础阶级的解放是一个长期的历史过程——"元结构"向"结构"的辩证转化意味着阶级结构与元结构、统治形式和共同宣言的历史循环。正是在作为现代性之共同宣言的"元结构"的质询下，基础阶级通过阶级斗争不断实现自由、平等、理性等人际价值诉求。

---

① Jacques Bidet & Gérard Duménil, *Altermarxisme：Un autre marxisme pour un autre monde*, Paris：Presses Universitaires de France (PUF), 2015, p. 193.
② Jacques Bidet & Gérard Duménil, *Altermarxisme：Un autre marxisme pour un autre monde*, Paris：Presses Universitaires de France (PUF), 2015, p. 204.

构成"世界—国家"范围内的斗争

上文已经提及，在《总体理论》中，比岱不仅从"元结构"视域出发剖析了现代社会的阶级结构和阶级关系，而且还强调要站在当代世界的整体性高度去理解全球范围内政治经济秩序的新变化，即从"结构"到"体系"的逻辑推演中把握当下的全球资本主义世界。[①] 到了《替代马克思主义》这里，比岱基本上继承了上述思想阶段中"元结构—结构—体系"的分析思路。他指认说，《替代马克思主义》一书共有两个理论目标：其一，揭示现代性的一般逻辑与本质依据，强调必须在市场与组织的相互蕴含中理解现代社会的阶级关系；其二，如果说新马克思主义的主要立足点是对现代民族国家内部的阶级分析，那么"另一种马克思主义"则不再只考虑单个的民族国家，"它的着眼点是全人类居住的地球，它力求从世界的整体性出发分析当代世界的具体构成和发展趋势"[②]。

比岱指出，从思想史上看，马克思主义经典作家为剖析资本主义全球化进程提供了重要的方法论视角，但实事求是地说，他们都只是站在资本动态扩张的层次上理解资本主义的全球化进程。马克思和恩格斯对资本主义剥削关系的分析主要停留于民族国家内部。虽然在构想《资本论》篇章计划的过程中，马克思曾经几度提及"国际贸易"和"世界市场"，但从最终的编排思路与论述方法来看，他仅仅把帝国主义剥削视作民族国家内部资本增殖的逻辑推论。马克思恩格斯之后，列宁的帝国主义理论看似为经典马克思主义增加了一个空间的维度，然而此种"空间"与其说是理论化的概念，倒不如说是资本增殖在空

---

① 参见［法］雅克·比岱《总体理论》，陈原译，北京：东方出版社，2010年，第283页。
② Jacques Bidet & Gérard Duménil, *Altermarxisme：Un autre marxisme pour un autre monde*, Paris：Presses Universitaires de France (PUF), 2015, p. 166.

间层面的自然延伸。① 换言之，比岱不满足于从民族国家的内部"结构"出发直接推论出当代世界"体系"的一般情况。在他眼中，仅仅从市场普及、资本扩张的角度难以理解当代资本主义国家的多重形态以及帝国主义世界体系。他指认说，真正以共时态视角即站在世界的整体性层次上探讨这一问题的是沃勒斯坦及其学派。后者表明，"资本主义将自身表现为多个独立的实体，而不是单一权威下的统一整体"②，在此基础上，帝国主义世界体系以"中心—边缘"的模式呈现在我们面前。

应当说，世界体系理论之所以为比岱所肯定，是因为它在普遍的世界网络中把市场经济的统一性与国家政治的多重性联结了起来，这与"元结构"方法不谋而合。比岱认为，"元结构"理论旨在构建一个剖析现代性之全部可能性的综合框架，"以资本主义为主要特征的现代社会最早诞生于较小的地理单位，经由各式各样民族国家的中介，最后发展为帝国主义世界体系。"③ 资本主义现代性之所以一开始没有以世界体系的形式出现，而恰恰采取了民族国家的样态，这取决于当时的生产力发展水平。在"元结构"理论的视域中，现代社会建构具有双重性——市场需要组织、个体间契约需要中央契约、经济需要政治。它的两极即市场和组织，其发展规模受到特定生产力水平、特别是技术条件的限制。"在生产力不够发达的情况下，现代性的社会逻辑不可能一下子大规模的出现……随着生产力水平的提高、特别是技术条件的发展，民族国家之间通过市场将彼此联系在一起。"④ 然而值得注意

① 参见 Jacques Bidet & Gérard Duménil，*Altermarxisme：Un autre marxisme pour un autre monde*，Paris：Presses Universitaires de France（PUF），2015，p. 141。

② Jacques Bidet & Gérard Duménil，*Altermarxisme：Un autre marxisme pour un autre monde*，Paris：Presses Universitaires de France（PUF），2015，p. 151.

③ Jacques Bidet & Gérard Duménil，*Altermarxisme：Un autre marxisme pour un autre monde*，Paris：Presses Universitaires de France（PUF），2015，p. 150.

④ Jacques Bidet & Gérard Duménil，*Altermarxisme：Un autre marxisme pour un autre monde*，Paris：Presses Universitaires de France（PUF），2015，p. 151.

的是，作为一个整体，世界体系的内部结构不仅与民族国家的内部结构不同，甚至相反。比岱指认说："在各国之间，存在着商业交换和贸易往来，但是所有国家之间的市场关系并未由一个共同的组织所涵盖，后者据称受到所有人的控制。"①

进一步而言，在比岱看来，世界体系理论尽管对传统马克思主义的世界历史观有所修正，但是它并未完全满足观察现时代的要求。为此，他提出的重要判断是，当代资本主义全球化运动正在催生出一个"世界—国家"，我们正在逐步进入"世界—国家"的时代。与《总体理论》中对"世界—国家"基本特征的经验现象描述不同，比岱在这里对"世界—国家"的指认依赖于对当代全球化资本主义本质逻辑的全新认知。他指出，以 20 世纪中叶为界，由资本主义推动的全球化进程大体上可以分为两个阶段。这两个阶段之间的划分主要依据的是两者之间内在动力机制的差别：前一个阶段大致从 18 世纪中叶到 20 世纪中叶，它以帝国主义殖民为核心；后一个阶段承接着前一个阶段，它兴盛于 20 世纪 80 年代之后，以国际贸易为主要手段。② "世界—国家"的出现，意味着原先潜藏于民族国家内部的两极逻辑，即市场与组织，越出地域的疆界，成为居于全球之上的社会逻辑与运行法则。

比岱进而指出，上述结论不是在历史理性与历史目的论的逻辑中推导出来的，而是"对当代国际政治经济秩序的一种可能性判断"③。"世界—国家"与帝国主义世界体系的主要区别是，前者被赋予了世界性的"元结构"地位，它宣布现代国家之间是自由、平等与理性的关系，并且全球性的统一市场由相应的政治经济组织得以支撑。由此出

---

① Jacques Bidet & Gérard Duménil, *Altermarxisme*：*Un autre marxisme pour un autre monde*，Paris：Presses Universitaires de France (PUF)，2015，p. 152.

② 参见 Jacques Bidet & Gérard Duménil, *Altermarxisme*：*Un autre marxisme pour un autre monde*，Paris：Presses Universitaires de France (PUF)，2015，p. 139。

③ Jacques Bidet & Gérard Duménil, *Altermarxisme*：*Un autre marxisme pour un autre monde*，Paris：Presses Universitaires de France (PUF)，2015，p. 155.

发，"另一种马克思主义"视域中的现代性并非仅仅是由帝国主义世界体系所表征，从根本上说，它是帝国主义世界体系和"世界—国家"的混融交替产物。他强调，尽管帝国主义在当今世界范围内依旧存在，但是它的存在方式却不同以往。帝国主义霸权国家不能再以直接纯粹的暴力手段实现对殖民地或外围国家的统治和控制，它必须要与后者一道接受"元结构"的明言规则。从这个意义上讲，当代全球范围内的主要矛盾是"正在生成的'世界—国家'与原先帝国主义世界体系之间的矛盾"①。因此，当代全球范围内的斗争应当结合第三世界国家的民族解放运动，在"世界—国家"范围内形成一种新的、具有现代世界"元结构"宣称的人类政治共同体。

我们知道，国家作为一种历史现象必然消亡的观点是马克思主义国家学说的基本观点，但近年来，反复强调资本主义全球化进程必然导致民族国家过时与消亡的却是新自由主义经济学。当然，一些持中立立场的政治哲学家，譬如哈贝马斯，也有关于超越民族国家、构建一种跨国人类政治共同体的思考。与新自由主义鼓吹民族国家消亡是为资本主义经济开辟道路不同，哈贝马斯是从履行原先民族国家的社会福利职能、共同承担风险、维护世界和平与人权等角度去阐发超民族政治共同体的存在意义与现实价值的。② 与前两者相比，比岱提出"世界—国家"理论的主要贡献在于，他既没有从意识形态的维度出发，简单地否定资本主义全球化运动的客观意义，也没有像一些左派政治学者那样，天真地以为超民族的国际公民社会的建立可以解决多数矛盾与问题。他是将"世界—国家"的出现视为一种客观的发展趋势，并且把这种发展趋势理解为"基于特定历史阶段之价值诉求的政

---

① Jacques Bidet & Gérard Duménil, *Altermarxisme: Un autre marxisme pour un autre monde*, Paris: Presses Universitaires de France (PUF), 2015, p. 157.

② 参见［德］哈贝马斯《超越民族国家?》，载《全球化与政治》，王学东、柴方国等译，北京：中央编译出版社，2000年，第73—82页。

治斗争的结果"①。比岱强调，一方面，对于帝国主义世界体系而言，正在生成中的"世界—国家"是一种历史进步，但决不可高估后者的人类解放意义，因为它标志着世界整体性层次上两极统治逻辑的生成。当前基础阶级的解放斗争既是为建立"世界—国家"而进行的斗争，也是为反对"世界—国家"而进行的斗争。另一方面，"世界—国家"时代的到来为基础阶级的解放斗争提供了客观条件与现实机遇，为此，摆在左派知识分子面前的任务就是在世界性"元结构"前提的质询下找到革命主体，并且致力于推动一种共同的行动原则。

"终极现代性"时代的共同行动原则

从《现代性理论》开始，比岱就反复强调，他所理解的"现代性"是"元结构"视域中的"现代性"。换言之，在比岱的理解中，现代社会区别于传统社会的本质特征就在于，市场与组织双重中介相互蕴含且共同构成社会运行的基本逻辑。因此，在如何理解当下我们所处时代之基本性质的问题上，比岱的判断是，它没有超出"现代性"的范围，因而"后现代"的指称并不可靠。我们当今所处的依然是为市场和组织双重中介所支配的现代社会。但进一步而言，就现代性的内在发展阶段来看，我们正在逐步迈向"终极现代性"（ultimodernité）时代②。后者意味着市场和组织的双重统治逻辑冲破民族国家的界限，在世界整体性层次上达到统一，即一个真正把全球联系成一体的"世界—国家"正在生成。在比岱看来，作为一种客观趋势，"世界—国家"的出现没有宣告"历史的终结"，更不代表新自由主义在全球范围内的全面胜利。恰恰相反，它的到来不仅为人类选择自己的未来命运提供

---

① Jacques Bidet & Gérard Duménil, *Altermarxisme：Un autre marxisme pour un autre monde*, Paris：Presses Universitaires de France (PUF)，2015，p. 162.
② Jacques Bidet & Gérard Duménil, *Altermarxisme：Un autre marxisme pour un autre monde*, Paris：Presses Universitaires de France (PUF)，2015，p. 158.

了新的契机，而且使得基础阶级重新获得了整合自己力量、选择斗争方向的机遇。① 为此，他主要从以下三个方面阐述了"另一种马克思主义"对"终极现代性"时代革命性质与斗争策略的思考。

首先，"世界—国家"的出现有助于形成具有普遍意义的历史政治主体，即"世界人民"②，这意味着人类在政治共同体中崛起。比岱指出，随着生产力的发展，特别是技术条件的进步，作为社会形式和阶级关系的资本主义需要更广阔的空间：从原先的"城市—国家"到后来的"民族—国家"，从现今初具规模的"大陆—国家"到正在生成中的"世界—国家"，市场和组织两极中介在不断扩展自己的运作范围的同时，基础阶级也在不断地统一和联合起来。同民族国家内部的阶级结构和阶级关系相似，"世界—国家"在直接意义上也呈现出所有权资本和资质资本的两极统治，与此同时，"世界—国家"范围内的阶级斗争转变为类似于民族国家内部的"三方游戏"③。如果说"新马克思主义"的政策——即在民族国家内部，基础阶级联合组织权能者以对抗资本家——还不具有全球性意义的话，那么针对"世界—国家"时代的"另一种马克思主义"则体现出基础阶级的国际性联合。

其次，既然当今世界范围内的主要矛盾仍旧是帝国主义世界体系与"世界—国家"之间的矛盾，那么当前"世界人民"的斗争也应当融合第三世界国家的民族解放斗争，使被压迫民族从殖民统治中解放出来，构成独立自主的民族国家。在比岱看来，帝国主义是既源于资本主义又不同于资本主义的第二种统治和剥削形式。在帝国主义世界体系中，占主导地位的国家凭借其政治经济优势可以实现对外围国家

---

① 参见 Jacques Bidet & Gérard Duménil, *Altermarxisme：Un autre marxisme pour un autre monde*, Paris：Presses Universitaires de France (PUF), 2015, pp. 161-162。
② Jacques Bidet & Gérard Duménil, *Altermarxisme：Un autre marxisme pour un autre monde*, Paris：Presses Universitaires de France (PUF), 2015, p. 214.
③ Jacques Bidet & Gérard Duménil, *Altermarxisme：Un autre marxisme pour un autre monde*, Paris：Presses Universitaires de France (PUF), 2015, p. 216.

和殖民地的统治和剥削。而它的所有阶级,几乎都是帝国主义世界体系的直接受益者(尽管不同阶级依据其所占的地位受益程度有所不同)。在此情形下,"经典马克思主义曾设想的国际联合方式——即各国工人阶级彼此团结一致,每个国家的工人阶级都先在本国发动革命,然后实现国际联合——失去了实际的意义"①。在"世界—国家"的背景下,帝国主义制度很容易被辨别出来。其中的关键在于,与帝国主义国家的对抗是不同于阶级斗争的另一种形式的对抗,它反对的是帝国主义的霸权形式和强权政治。

最后,"终极现代性"时代的革命斗争应当秉承团结大多数的原则,积极联合多元社会运动,在人类政治的层面上推动一种共同的行动原则。比岱指出:"'世界人民'不仅仅是一种道德主体,也不仅仅是一种理想参照,他们是当代全球政治经济结构中催生出来的具有普遍意义的政治主体。他们捍卫自己的权利,并且这种权利是所有人共同意志的体现。"② 具体而言,比岱视域中的"世界人民"一方面以基础阶级主导,同时反对所有权资本的经济剥削与资质资本的官僚统治,另一方面与女性主义、生态主义、种族主义等多元社会运动相结合,反抗资本积累对全人类造成的威胁。进一步而言,"世界人民"通过工会组织合作生产,以联合占有的方式改造资本主义市场和组织的阶级因素,使之为全人类服务。比岱由此总结说:"'世界人民'面临的最终挑战是在全球范围内说'我们'的能力,这是因为,'世界人民'是从地区到国家、从大陆到世界的公民,他们团结和联合的过程就是'世界—国家'范围内人类政治共同体的形成过程,同时也是基础阶级走向具有

---

① Jacques Bidet & Gérard Duménil, *Altermarxisme*: *Un autre marxisme pour un autre monde*, Paris: Presses Universitaires de France (PUF), 2015, p. 210.

② Jacques Bidet & Gérard Duménil, *Altermarxisme*: *Un autre marxisme pour un autre monde*, Paris: Presses Universitaires de France (PUF), 2015, p. 229.

普遍意义的历史政治主体的过程。"①

至此，我们有必要对比岱的"另一种马克思主义"观做一个简单的评价。我们知道，马克思主义经典作家对历史唯物主义主体向度的论述，或者换一种表达方式，人类主体的命运、无产阶级革命的前途、共产主义实现之可能性，都是建立在对客体向度（社会历史的内在矛盾运动）的不断深入理解的基础之上的。科学社会主义的核心，既不是无视人类主体的实践活动，把社会历史发展视为某种恒定的过程（这是资产阶级的自由主义意识形态），也不是撇开对社会历史内在矛盾运动规律的分析，而只是弘扬主体的革命性和能动性（这是空想社会主义的乌托邦）。以我之见，但凡只强调主体向度的批判性，大多都是无视或片面理解社会历史本身的内在矛盾运动规律。在后来的科学社会主义运动与实践中，不管是列宁领导的十月革命，还是毛泽东领导的中国革命，弘扬人的主体能动性是一个极为突出的方面，但这种主体能动性的发挥并不是随意的发挥，而是建立在对特定历史条件下革命内在规律的深刻认知基础上的。十月革命的成功离不开列宁对资本主义发展的帝国主义阶段的判断；中国革命的成功也离不开毛泽东对中国社会性质的分析，以及对落后国家革命规律的探索。

与拉克劳、墨菲等"后马克思主义"学者极力推崇多元社会运动不同，从"元结构"视域出发构想的"另一种马克思主义"致力于将碎片化的多元抵抗力量整合为统一的政治行动主体，并且把以雇佣劳动为核心的基础阶级置于反抗资本主义制度的中坚地位。从这个意义上说，比岱确实是在当代政治与经济的结构性矛盾分析中推演出现实的解放路径与革命策略。他强调，现代社会的阶级斗争不仅仅是资产阶级和工人阶级的双方对抗，而是资本家、权能者与基础阶级的三方

① Jacques Bidet & Gérard Duménil, *Altermarxisme：Un autre marxisme pour un autre monde*, Paris：Presses Universitaires de France (PUF)，2015，p. 229.

博弈；进一步而言，在当下以"世界—国家"为特征的"终极现代性"时代，情况变得更为复杂，基础阶级也应当团结并联合多元社会运动，"团结并联合一切由资本追求抽象财富而被剥削、统治、异化、排挤的社会群体"①。在比岱看来，当下语境中的共产主义意味着一种"终极现代性"时代的斗争可能性，即基础阶级应当联合权能者以对抗资本一极，进而改造市场和组织中的阶级因素，最终形成属于全人类的政治共同体。

通过分析"另一种马克思主义"的理论基础与内在逻辑，我们不难看出：

其一，比岱是从单纯的政治斗争线索去理解阶级矛盾与阶级对抗的，他对无产阶级之历史使命与革命作用的论证是从自由平等理性之未能实现的角度予以把握的。他没有，事实上也不可能像马克思主义经典作家那样深入到社会历史内在矛盾运动的层次去探讨无产阶级革命的科学基础与现实途径问题。

其二，同西方大多数左翼学者一样，比岱尽管重视马克思的资本主义批判理论与阶级斗争学说，但忽视甚至反对经过列宁主义中介的经典马克思主义。国际共产主义运动的历史和实践反复证明，工人阶级革命运动的成功离不开先进政党即共产党的领导。列宁在丰富和完善马克思主义政党组织理论的同时，特别强调无产阶级革命不是任意的、无条件的，当资本主义社会的内在矛盾发展到一定阶段继而产生全国性的危机时，革命才是可能的。比岱无视列宁主义所强调的作为工人阶级先锋队的共产党的作用，反而给予了基础阶级的自发性以崇高的地位，且过分注重多元社会运动的抵抗作用。

其三，工人阶级及其先锋队的组织问题在比岱的解放路径中是缺

---

① Jacques Bidet & Gérard Duménil, *Altermarxisme：Un autre marxisme pour un autre monde*, Paris：Presses Universitaires de France (PUF), 2015, p. 177、191.

席的，基础阶级联合组织权能者以对抗资本，更多依靠的还是基础阶级的自发性。在"元结构"理论中，比岱虽然充分关注了构成现代社会统治阶级两极之一的组织权能者，但这仅仅指涉居于统治阶级的组织形式，他没有对基础阶级的组织形式、政党问题予以充分关注。当然，这也能理解，因为在比岱的观念中，组织是催生阶级因素的两大经济协调形式之一。实际上，此组织非彼组织，比岱正是由于把市场和组织看作是超历史的因素，因而会从抽象的"元结构"视域出发探讨三项组合的可能性以及革命斗争的具体策略问题。上述问题同样体现出"元结构"方法与历史辩证法的理论视差。

结束语

雅克·比岱哲学思想的当代审视

纵观比岱的学术生涯，我们不难发现，他全部理论工作的目标是"为历史唯物主义寻求更具现实性的基础和更加广阔的当代视野"①，以"元结构"视域中的现代性批判理论为马克思的历史唯物主义重新奠基，以期在"元结构—结构—实践"的分析框架与动态趋势中把握当代资本主义的新变化及其内含的解放动力。正如他自己所承认的那样："我所提出的，以及我所为之而工作的，并非一种哲学，而是一种理论。我将'理论'理解为一种通过概念形式的创造将经济、政治、社会和文化等方面的思考结合在一起的研究纲领。'理论'所要做的就是在其复杂性中对现时代予以揭示。"②也就是说，比岱在主观意图上有意将自己的理论工作区别于早期西方马克思主义与西方马克思学，相较于以马克思历史辩证法为中介结合其他西方哲学思想资源对现代资本主义进行激进文化批判，或以某种"中立立场"严肃地对待经典马克思主义文献，比岱更愿意从规范性的"元理论"视域出发构建分析当代资本主义内在趋势的解释模型。换言之，在比岱的思考中，马克思历史唯物主义要想在当代介入社会生活过程，就必须重新建立起它的合法性基础，丰富其自身所具有的规范性内涵，在这一点上，他的整

---

① Jacques Bidet, *Exploring Marx's Capital*：*Philosophical*, *Economic and Political Dimensions*, Trans. By David Fernbach, Leiden·Boston：Koninklijke Brill, 2007, p. xxii.

② 吴猛：《当代法国哲学语境中的元结构理论——雅克·比岱访谈录》，载《国外马克思主义研究报告（2012）》，北京：人民出版社，2012年，第483页。

261

体理论路向同中后期的哈贝马斯更为接近①。

在比岱的全部哲学构想中，对《资本论》及其手稿的社会政治式阅读，以及由此出发在现代性视域中建构的"元结构"理论是其哲学思想的基础部分，亦即为马克思主义重新奠基的"基石"所在；从元结构到结构、再从结构到体系的转化，即对以资本主义为特征的现代社会的矛盾性分析是其理论面对现实的中介环节；"另一种马克思主义"、即强调"终极现代性"时代的共同行动原则是他面对新的历史情境提出的一种革命战略选择。在此种意义上，比岱哲学思想是对早期西方马克思主义"总体性"哲学逻辑与阿尔都塞结构主义科学逻辑的弥补整合。比岱恰恰是想勾连马克思主义的科学批判传统与自由主义的契约论传统，在他这里，价值批判的"应该"与科学批判的"是"都被统筹在"元/结构"理论之中。"元结构"的三项组合代表着"应该"的层面，"元结构向结构的转化""结构向体系的过渡"都意味着由"应该"向"是"的倒转，但怎么从"是"复归于"应该"呢？比岱没有直接用"应该"层面去批判"是"的层面，而是在"是"的结构性矛盾中，找到了所谓历史主体的斗争方向，但无论如何，这种"是"的层面背后依然蕴含着"应该"的维度。

一

在比岱的哲学思想中，最具原创性以及标志性的思想无疑是"元结构"理论。尽管我们可以说，比岱的"元结构"理论既从阿尔都塞

---

① 从 20 世纪 90 年代开始，比岱的理论旨趣同哈贝马斯相仿。由于他们都不相信历史辩证法，且认为在晚期资本主义时代历史唯物主义已经失去其解释效力，因此要以自己的方式重建历史唯物主义，为马克思主义重新奠基。进一步而言，他们的批判理论都将分析现代性问题作为核心指向，旨在建立一个规模宏大、系统完备的理论分析体系。

所开创的"结构主义马克思主义"那里受到了重要的启发，又在以韦伯、罗尔斯、哈贝马斯等人为代表的现代政治哲学和社会哲学那里汲取了足够的养分，但从根本上说，对他影响最大、同时也是他力图改造的是马克思的资本主义批判理论。毫不夸张地说，对《资本论》及其手稿的研究与批判始终贯穿比岱的全部学术生涯——即使是在中后期，当比岱不再专门研究文献学问题转而阐发自己的原创性思想时，《资本论》的阐释与重建工作始终与正面阐述作为"总体理论"的现代性批判理论交织在一起。应当说，"元结构"理论直接得益于《资本论》的科学抽象与阐述方法。

作为早期"奠基"工作，比岱对《资本论》的社会政治式阅读具有一定启发意义。当他提出，要把对《资本论》的经济式阅读、政治式阅读、文化式阅读等等上升为"政治经济学"的阅读时，这一点无可厚非。破除从狭隘的学科分工视野出发揭示《资本论》的理论意义与当代价值，强调以总体性的观点把握马克思资本主义批判理论的方法论真谛，这是比岱早期理论工作的突出贡献。更为重要的是，区别于其他政治式地解读《资本论》的左派学者通过彰显某种核心要素（譬如商品形式或货币形式）来推进基于阶级斗争的解读思路①，比岱将理论重点放在了《资本论》的科学抽象与阐述逻辑方面。他特别重视市场逻辑与资本逻辑之间的辩证关系，因而在学理上显得较为深刻。

我们看到，对科学开端的重视以及对"抽象上升法"的关注，这两者都构成比岱"元结构"思想得以产生的理论基础。正如他在《总体理论》和《〈资本论〉的阐释与重建》中反复指认的那样，"元结构"就相当于马克思在《资本论》中制定的科学抽象范畴，即"商品"概念。比岱把马克思认作"元结构"理论的先驱②，只不过在他看来，马

---

① 参见唐正东《深化中国〈资本论〉研究的方法论自觉——国际学界对〈资本论〉的政治式阅读及其评价》，《哲学动态》2017年第8期，第10页。
② [法]雅克·比岱：《总体理论》，陈原译，北京：东方出版社，2010年，第44页。

克思只构想"元结构"的一个极，没有从三元性的复杂视角出发制定剖析现代社会的抽象基础。同样的，"元结构向结构的转化"，或"元/结构"过程是"货币转化为资本"的升级版表述。比岱认为，马克思是从自由平等的交换关系推进到剥削统治的资本关系，而"元/结构"则力图从市场与组织两重中介的倒置角度把握现代社会的阶级结构和阶级关系。

客观地说，对《资本论》科学抽象的高度重视，即强调准确理解"商品"概念之于把握《资本论》内在逻辑的重要意义，这是完全正确的。但关键性的问题仍在于，以何种方式解读马克思的科学抽象范畴，或者我们用比岱的话说，如何理解马克思的"元结构"理论？说实话，比岱在《马克思〈资本论〉研究》中对"商品和货币"章的解读独具匠心。在他看来，马克思的"商品"概念不仅仅指涉商品交换关系，它在深层次上反映的是"一种由生产和流通所构成的统一结构"①，是一种社会生产关系。比岱想要以此强调，《资本论》从一开始就是生产法则，而非交换法则，正是普遍商品化的市场逻辑构成了特定资本主义生产方式的基础。但此处的问题是，同西方许多学者一样，比岱仅仅把商品生产交换所体现的市场逻辑理解为自由平等的关系，以此作为资本关系的"元结构"虚设，这无论如何都与马克思的历史辩证法背道而驰。马克思的"元结构"或《资本论》中的"商品"概念，既不是一种人与人之间自由平等的交换关系，也不是一种现代社会的公开诉求或共同意志，而是一种具有内在矛盾性的社会经济关系。马克思以作为资本主义经济的"细胞"形式的商品概念为起点，恰恰是要贯彻从抽象上升到具体的科学方法，从个别到一般、从简单到复杂构建出资本自我运动的科学分析体系，以历史辩证法清晰揭示资本主义

---

① Jacques Bidet, *Exploring Marx's Capital*：*Philosophical*, *Economic and Political Dimensions*, Trans. By David Fernbach, Leiden·Boston：Koninklijke Brill, 2007, p. 138.

生产方式的生理过程和历史趋势。上文已经反复强调，商品内含的二重因素使用价值与价值之间的矛盾虽然是一对简单矛盾，但恰恰是这对简单矛盾可以发展出整个资本主义经济过程的各个层次、各个阶段的矛盾。

　　进一步而言，当比岱指认《资本论》的阐述逻辑是"从抽象到具体"① 而非"从抽象上升到具体"时，他早已经与马克思的历史辩证法擦肩而过。比岱指认说，《资本论》中"商品"、"货币"和"资本"的关系是，前者是后者的抽象前提，即商品关系是资本关系的"元结构"虚设。马克思正是在资本逻辑之前首先探讨了作为抽象基础的市场逻辑，才能展开对资本主义社会阶级结构的分析。实际上，在马克思那里，市场逻辑与资本逻辑的关系不是对立的关系，似乎资本逻辑是违反了市场逻辑，是市场逻辑在自身展开的过程中发生了倒置才转化为资本逻辑。正因为比岱将市场逻辑仅仅理解为自由平等理性的主体间交往关系，而将资本逻辑理解为剥削与统治的现实社会关系，因此他才会将二者对立起来。就《资本论》中的"抽象上升法"而言，马克思所设定的"抽象"是从历史形式中抽象出的为人类社会生活共有的一般要素，这种"抽象"是由社会历史过程自身发展而凸显出来的本质抽象；"具体"也并非是经验具体，而是"思维中的具体"；"上升"则意味着用一般性的抽象去更好地把握不同"思维具体"的特殊性与本质内容。② 当马克思"从抽象上升到具体"来剖析资本主义生产过程时，他实际上是要指认资本主义生产关系的内在矛盾性。因此，市场逻辑与资本逻辑之间的关系是辩证发展的关系，市场逻辑是资本逻辑的一般的、抽象的形式，而资本逻辑是市场逻辑的进一步发展与自我完成形式。比岱由于不懂得历史辩证法，但却又想要研究具体的丰富

① Jacques Bidet, *Exploring Marx's Capital*：*Philosophical*, *Economic and Political Dimensions*, Trans. By David Fernbach, Leiden·Boston：Koninklijke Brill, 2007, p.173.
② 参见《马克思恩格斯全集》第30卷，北京：人民出版社，1995年，第26—27页。

内容，因而他直接面对现实具体本身，强调"具体"在经验层面的复杂性，似乎每种"具体"都是由多种要素决定的。在他看来，《资本论》中的核心概念都离不开特定的社会关系形式，离不开阶级关系与阶级斗争的复杂视角。事实上，比岱所谓的"具体"不是马克思意义上的"思维中的具体"，而是"经验具体"，他所谓的"从抽象到具体"的过程只是在同一个平面结构中，各种要素通过斗争、不断转化的经验过程。这样一来，他把马克思的"历史辩证法"改造为"要素斗争说"。由此带来的最大问题便是，此种阐述逻辑缺乏社会历史性，它无法把握不同生产方式的本质特征与运动规律。

二

必须再次强调，马克思"从抽象上升到具体"的科学方法论，是站在一定的历史发展阶段上，从一段历史过程共同蕴含的社会内容中科学抽象出某种抽象的一般，再以这个抽象的一般来考察具体的资本主义生产方式。这样一来，他就可以把握资本主义生产方式区别于其他历史形式的独特性与特殊性。反观比岱，他的"元结构"尽管也是一种现代社会的抽象，但这种抽象不是为了阐明资本主义社会经济结构在历史发展过程中的本质规定与独特特征，而是为了归纳出分析现代社会所有构建形式共有的具体要素。他所谓的"从抽象到具体"的运动，仅仅是一种形式逻辑的推理演绎方法，而非社会历史自身的矛盾运动过程。比岱认为，《资本论》的科学抽象部分（即"元结构"）必须要以现代资本主义的社会构成和阶级结构（即"结构"）为出发点，并且只有在后者的动态变化与实践发展中才能提出这一前提假设。实际上，他是把资本主义社会经济结构作为一个现实的经验具体，从经验具体的自身发展中提取出了所谓的"元结构"的虚设。

　　"元结构"理论的核心主张是，对于资本主义社会关系的分析不能仅仅建立在"商品—市场交换"的逻辑基础上，因为市场关系依赖特定的组织形式。为此，比岱以直接的言语合作为起点，通过市场与组织的双重中介，构建出了"元结构"的三项组合形式①。形象地说，比岱的前辈阿尔都塞是把上层建筑领域中的意识形态因素往下拉，把它放置在与生产和再生产同一个层级上加以探讨，由此得出了"意识形态国家机器在保障着资本主义生产关系的生产与再生产"②的结论。而比岱则是把组织权力关系（法权、国家）往下拉，把它们放在同资本主义生产与再生产同一个层级上加以分析。这样做的好处是，让我们清晰地知道，资本主义就其总体而言是一个复杂的结构，它包含着经济剥削、权力建构与意识形态统治等多重维度。然而与此同时带来的问题在于，它仅仅停留于承认社会现实的复杂性层面，而没有对社会现实本身作出进一步的深刻解读。

　　首先，就直接意义而言，比岱将马克思对作为资本前提的商品的分析简单归结为市场逻辑，这是大有问题的。资本的形成与发展需要以商品交换和商品流通为前提，但资本自身的运动又会在新的阶段产生出新的规定性。换言之，资本的确具有比岱所说的组织权力的维度，但这种维度同市场交换原则一样，不是一种超历史的存在，不是自然合理的东西，而是历史性的、生成性的关系。如果我们将组织维度放在社会历史发展过程中加以考察，那就会发现，它在本质上由社会生产关系决定，是派生出来的。不同的生产方式决定不同的社会运行法则与认知规律，商品生产的认知规律不能推演到前资本主义社会，也不能适用于社会主义和共产主义。从根本上说，所谓的"元结构"三项组合（市场、组织和直接的言语合作）只是资本主义社会商品交换

———————————

① [法] 雅克·比岱：《总体理论》，陈原译，北京：东方出版社，2010 年，第 14 页。
② [法] 阿尔都塞：《哲学与政治（下）》，陈越译，长春：吉林人民出版社 2011 年，第 285 页。

原则和法权契约关系的一种经验抽象，它们绝不是能适用于一切历史形式的抽象元素，而比岱的问题恰恰在于试图将其泛化到其他历史形式之中。

其次，法权关系、契约关系尽管来自自觉个人的相互作用，因而被人们想象为自然的权利（天赋人权），或者自由意志的表现，但实际上，这里的出发点不是自由的社会的个人，而是一种社会权力，并且是一种历史性的社会权力。换言之，法权关系的内容是由经济关系决定的，它背后是特定的生产关系。[①] "元结构"理论试图打开的是一条从具体的社会行动者逻辑探讨主体行动与客观结构关系的思路，为此，比岱的理论出发点是由直接性的言语关系所表征的主体间交往关系，以及由交往关系构成的经济协调关系和政治契约关系。不难发现，其理论实质就是"个人构成社会"的直观唯物主义思路。马克思则相反，自实现哲学方法论上的彻底突破之后，他就反复强调"不是个人构成社会"，这是他批判的直观唯物主义，而是"社会构成个人"。在《关于费尔巴哈提纲》中，马克思说："直观的唯物主义，即不是把感性理解为实践活动的唯物主义至多也只能达到对单个人和市民社会的直观。"[②] 也就是说，在马克思那里，是社会关系、更确切地说是一定历史条件下的社会生产关系决定"现实的个人"的基本属性。《资本论》抽象部分的"商品"概念不是对资本主义所处市场关系的经验抽象，不是指自由平等理性的主体间交往关系，而是指已经处于资本主义社会中并且可以剖析资本主义社会各层次矛盾运动的最简单、最基础的矛盾范畴。社会关系或生产关系尽管离不开个体主体自主的、有意识的活动，但构成社会总体的各种交往联系和矛盾关系却并不存在于个人的意识之中，更不为单个人的意志所支配。相反，正是社会关系中

[①] 参见《马克思恩格斯全集》第 44 卷，北京：人民出版社，2001 年，第 103 页。
[②]《马克思恩格斯文集》第 1 卷，北京：人民出版社，2009 年，第 502 页。

的矛盾与冲突成了居于个体主体之上的异己的社会权力。

最后，"元结构"理论使得我们进一步思考如何理解"社会"这一经典问题。从根本上说，对社会的不同理解导向不同的分析路径与批判思路。如果像比岱这样把社会看成是一种基于"元结构"宣称诉求不断斗争的历史过程，那就会特别强调从政治维度上发掘阶级斗争的重要意义。那么，马克思是如何理解"社会"的呢？我们可以从《关于费尔巴哈的提纲》《德意志意识形态》到《政治经济学批判·序言》《资本论》中去寻找答案。简单地说，在马克思那里，社会是一定生产力条件下的生产关系以及竖立其上的上层建筑的总和。这里至少包含两个论点：其一，社会是一定实在主体的自我运动的产物，生产力与生产关系的矛盾运动是构成特定社会形式的基础，这是《德意志意识形态》反复揭示的历史唯物主义基本原理；其二，社会是一个有机的总体、辩证联系的范畴。《资本论》正是从"商品"这一最抽象的简单矛盾出发，通过解剖特定资产阶级社会各层次、各阶段的复杂矛盾，以此揭示资本主义社会的生理过程和发展规律。

三

从思想倾向性来看，比岱一方面否认历史辩证法、反对研究历史规律的"陈词滥调"，另一方面也不同于人本主义马克思主义对主体性的弘扬。他既不赞同早期法兰克福学派对科学技术和理性精神持彻底批判立场的浪漫主义，又同样不认可哈贝马斯以交往行动理论所构建的对话政治学。他寄希望于在"元结构—结构—体系"的动态推演中、即在对当代政治经济关系的一般唯物主义分析中得出现实可行的斗争政治学。由是观之，比岱"元结构"思想与马克思历史辩证法之间的分歧关键是方法论之间的差异。对于持有历史经验主义立场的比岱而言，科学意味着一种包罗万象、囊括所有可能性的分析模型和解释体系，科学理论的科学性源于其直面现实发展的解释力与推测力。正如他在《现代性理论》和《总体理论》中反复指出，现代性的"元结构"理论打开了"分析现代社会所有可能性的总体性框架"①。但是，站在唯物主义历史辩证法的立场上看，科学不是指更加符合经验具体、更加符合经验现象就是科学，科学恰恰是要剖析特定对象的内在联系、生理过程与发展规律。一句话，历史科学是对历史规律的本质性分析。

　　"元结构"理论力图从现代社会政治经济结构的内部出发，揭示出当代资本主义"世界—国家"体系的内在结构性矛盾，以此为"基础阶级"进行共产主义革命做理论论证与革命策略分析。从这一层面来看，比岱的原初理论意图是发展"客观辩证法"，他所要探寻的是社会历史自身的客观规律。但问题是，比岱在构建"从抽象到具体"的表述中，一方面放弃了马克思的历史辩证法，将作为"抽象"的"元结构"（自由—平等—理性）视为某种永恒不变的自在前提，另一方面局限于叙述静态层面各种要素的转化与斗争，局限于描述经验层面的具体变化，虽然在某种意义上也构建起了现代社会各个层次的结构性矛盾，但这并非是社会历史的客观本质性矛盾。由此出发，比岱也就转向了一种以主客体相对抗为基础的看似是"主客体统一的辩证法"。实际上，马克思历史辩证法所强调的主客体统一，并非是无产阶级主体性与资本主义实体性的对抗，而是在社会历史自身的矛盾运动中揭示出资本主义走向灭亡的客观逻辑、无产阶级革命的可能性与现实解放路径。当比岱从"元结构"出发来构想所谓现代性的结构性矛盾时，恰恰是陷入了一种"现代性的形而上学"（类似于他的法国前辈蒲鲁东的"政治经济学的形而上学"）。他所思考的"终极现代性"时代的任何共同行动原则，实际上都是强调作为历史主体的基础阶级的作用，

―――――――――――

① [法]雅克·比岱：《总体理论》，陈原译，北京：东方出版社，2010年，第204页。

即基础阶级同代表组织一极的权能者联合以此来对抗市场一极的资本家，凡此种种，最终皆难免滑入带有某种空想色彩的"主观辩证法"。

如果说马克思当年批判的蒲鲁东是"法国的黑格尔"，那么现在我们面对的比岱就是"当代的蒲鲁东"。蒲鲁东在《贫困的哲学》中一方面不愿意与资产阶级经验实证主义者一样仅对客观事实作实证式的解读，他想要找出历史过程背后的"意义"，可另一方面又由于不懂得经济因素的社会关系本质，不懂得社会关系的客观历史性内容，因而使他无力从现实经济因素内部来挖掘出历史过程之意义的真正的生成路径①，只能以"经济矛盾的体系"搭建出"政治经济学的形而上学"。比岱同样如此，他一方面想要以"元结构"理论对当代社会的客观矛盾做一个基础层面的分析，可另一方面他却又不懂得社会结构中诸因素的社会关系本质，不懂得社会关系的客观历史性内容，而把历史性生成的社会关系范畴永恒化，这也就在深层次上认同了资产阶级新自由主义非历史的意识形态本质，所谓"元结构—结构—体系"的逻辑推演从根本上说只是一种"现代性的形而上学"。

---

① 张一兵主编：《马克思哲学的历史原像》，北京：人民出版社，2009 年，第 339 页。

参考文献

一、马克思主义经典著作

1. 《马克思恩格斯全集》中文第 2 版第 3、30、31、32、33、34、35、36、42、43、44、45、46 卷,北京:人民出版社,2002 年、1995 年、1998 年、1998 年、2004 年、2008 年、2013 年、2015 年、2016 年、2016 年、2001 年、2003 年、2003 年
2. 《马克思恩格斯全集》中文第 1 版第 3、4 卷,北京:人民出版社,1960 年、1965 年
3. 《马克思恩格斯文集》第 1—10 卷,北京:人民出版社,2009 年
4. [德] 马克思:《1844 年经济学哲学手稿》(单行本),北京:人民出版社,2000 年
5. [德] 马克思、恩格斯:《德意志意识形态(节选本)》,北京:人民出版社,2003 年
6. [德] 马克思、恩格斯:《共产党宣言》(单行本),北京:人民出版社,1997 年

二、雅克·比岱的主要论著

(一) 法文部分

1. Jacques Bidet, *Théorie de la modernité*; *suivi de Marx et le marché*, Paris: Presses Universitaires de France (PUF), 1990

2. Jacques Bidet & Georges Labica, *Libéralisme et État de droit*, Paris: Presses Universitaires de France (PUF), 1992

3. Jacques Bidet & Jacques Texier, *Le nouveau système du monde*, Paris: Presses Universitaires de France (PUF), 1994

4. Jacques Bidet, *John Rawls et la théorie de la justice*, Paris: Presses Universitaires de France (PUF), 1995

5. Jacques Bidet & Jean-Marc Lachaud, *Habermas, une politique deliberative*, Paris: Presses universitaires de France (PUF), 1998

6. Jacques Bidet, *Théorie générale: Théorie du droit, de l'économie et de la politique*, Paris: Presses universitaires de France (PUF), 1999

7. Jacques Bidet，*Que faire du 'Capital'? Philosophie, économie et politique dans le Capital de Marx*，Paris：Presses Universitaires de France（PUF），2000

8. Jacques Bidet& Eustache Kouvélakis（eds.），*Dictionnaire Marx contemporain*，Paris：Presses universitaires de France（PUF），2001

9. Jacques Bidet，*Explication et reconstruction du 'Capital'*，Paris：Presses Universitaires de France（PUF），2004

10. Jacques Bidet & Gérard Duménil，*Altermarxisme：Un autre marxisme pour un autre monde*，Paris：Presses Universitaires de France（PUF），2007

11. Jacques Bidet，*L'État-monde：libéralisme, socialisme et communisme à l'échelle globale*，Paris：Presses universitaires de France（PUF），2011

12. Jacques Bidet，*Foucault avec Marx*，Paris：La fabrique，2014.

13. Jacques Bidet，*Le néo-libéralisme：Un autre grand récit*，Paris：Les Prairies Ordinaires，2016

14. Jacques Bidet，*Marx et la loi travail*，*Le corps biopolitique du Capital*，Paris：Les Editions Sociales，2016

（二）英文部分

1. Jacques Bidet，*Exploring Marx's Capital：Philosophical, Economic and Political Dimensions*，Trans. By David Fernbach，Leiden • Boston：Koninklijke Brill，2007

2. Jacques Bidet & Stathis Kouvelakis（eds.），*Critical Companion to Contemporary Marxism*，Leiden • Boston：Koninklijke Brill，2008

3. Jacques Bidet，*Foucault with Marx*，Trans. By Steven Corcoran，London：Zed Books Ltd，2016

（三）中文译著和译文

1. ［法］雅克·比岱：《总体理论》，陈原译，北京：东方出版社，2010 年

2. ［法］雅克·比岱、［法］厄斯塔什·库维拉基斯：《当代马克思辞典》，许国艳等译，北京：社会科学文献出版社，2011 年

3. ［法］雅克·比岱：《现代社会的元结构和社会主义》，李朝晖摘译，载《走向 21 世纪的社会主义》，李会滨等编，北京：中央编译出版社，1996 年

4. ［法］雅克·比岱：《论当代视域中的马克思主义革新》，魏小萍译，《南京大学学报（哲学·人文科学·社会科学）》2003 年第 1 期

5. ［法］雅克·比岱：《现代社会中的阶级和政党：对资本主义和社会主义的反思》，高静宇译，《国外社会科学》2003 年第 1 期

6. ［法］雅克·比岱：《何谓今日的马克思主义?》，赵协真译，载《国外马克思主义研究报告（2007）》，俞吾金主编，北京：人民出版社，2007 年

7. ［法］雅克·比岱：《福柯和自由主义：理性，革命和反抗》，吴猛译，《求是学刊》

2007 年第 6 期

8. ［法］雅克·比岱:《宗教与现代性———一种元结构的探讨》,张双利译,载《现代外国哲学》,俞吾金主编,北京:人民出版社,2011 年

9. ［法］雅克·比岱、吴猛:《当代法国哲学语境中的元结构理论———雅克·比岱访谈录》,吴猛访谈、整理、翻译,载《国外马克思主义研究报告(2012)》,俞吾金主编,北京:人民出版社,2012 年

10. ［法］雅克·比岱:《现代性和全球历史》,陈喜贵译,《马克思主义与现实》2013 年第 1 期

11. ［法］雅克·比岱:《马克思的〈资本论〉、阶级结构、世界体系和世界—国家》,员俊雅译,《哲学动态》2013 年第 2 期

12. ［法］雅克·比岱:《再论马克思的共产主义:哲学、预言和理论的视角》,夏莹译,《江海学刊》2013 年第 4 期

13. ［法］雅克·比岱:《请你重读阿尔都塞》,吴子枫译,《国外理论动态》2013 年第 6 期

14. ［法］雅克·比岱:《马克思经由福柯得以再造?》,林青译,载《当代国外马克思主义评论(12)》,复旦大学当代国外马克思主义研究中心编,北京:人民出版社,2015 年

15. ［法］雅克·比岱:《新自由主义及其主体:一个元结构的视角》,吴猛译,《哲学动态》2016 年第 2 期

三、雅克·比岱研究的相关论著

（一）国外部分

1. James G. Colbert, *Que faire du Capital? Matériaux pour une refondation by Jacques Bidet*, Studies in Soviet Thought, Vol. 34, No. 4 (Nov., 1987), pp. 280 - 282

2. Gilles Labelle, *Jacques Bidet*, *Théorie de la modernité. Suivi de: Marx et le marché*, Paris, PUF (coll. 《Questions》), 1990, 320 p.. Philosophiques, 23(2), pp. 449 - 451.

3. Delacroix Christian, *Illusion d'optique: Jacques Bidet*, *Théorie de la Modernité*, In: Espaces Temps, 49 - 50, 1992. Ce qu'agir veut dire. Boltanski, Thévenot, Callon, Latour, Pollack, Quéré: une percée en sciences sociales ? pp. 137 - 138

4. Jean-Pierre Thouez, *BIDET, Jacques. John Rawls et la théorie de la justice*. Paris, PUF, 《Actuel Marx Confrontation》, 1995, 144p. Études internationales, 27(2), pp. 429 - 431.

5. Bonraisin Anne, *Jacques Bidet et Jacques Texier (dir.). Le nouveau système du*

monde. In：Politique étrangère，n°2，1995，pp. 530 - 531

6. Michel Roussel，*Le nouveau système du monde by Jacques Bidet and Jacques Texier Review*，Canadian Journal of Political Science / Revue canadienne de science politique，Vol. 28，No. 1（Mar.，1995），pp. 183 - 185

7. *À plusieurs voix sur Théorie générale*，Mouvements，2002/2（n⁰ 20），pp. 154 - 162.

8. Alex Callinicos，*Foreword to the English Translation of Jacques Bidet's Que faire du Capital*，in Jacques Bidet，*Exploring Marx's Capitals*，Leiden • Boston：Koninklijke Brill，2007

9. John Hoffman，*Critical Companion to Contemporary Marxism by Jacques Bidet and Stathis Kouvelakis*，Science & Society，Vol. 73，No. 3（Jul.，2009），pp. 411 - 413，Guilford Press

10. Vjeran Katunarić，*Zašto postoje države-nacije，a ne svjetska država? Prilog raspravi o teoriji moderne Jacquesa Bideta*，Politička misao，god. 46，br. 2，2009，str. 81 - 95

11. Frédéric Monferrand，*Jacques Bidet，L'État-monde. Libéralisme，socialisme et communisme à l'échelle globale. Refondation du marxisme*，Terrains/Théories [En ligne]，2015(2)

12. ［英］阿列克思·卡里尼克斯:《马克思是否把资本看作一种主体?》,许振旭译,载《当代国外马克思主义评论(12)》,复旦大学当代国外马克思主义研究中心编,北京:人民出版社,2015 年

13. ［意］史丹弗诺·匹托皮娅尼:《雅克·比岱对马克思〈资本论〉的重构》,伍洋译,载《当代国外马克思主义评论(12)》,复旦大学当代国外马克思主义研究中心编,北京:人民出版社,2015 年

（二）国内部分

1. 俞吾金、陈学明:《国外马克思主义哲学流派新编(西方马克思主义卷)》,上海:复旦大学出版社,2002 年

2. 周穗明等:《20 世纪末西方新马克思主义》,北京:学习出版社,2008 年

3. 景维民等著:《经济转型中的市场社会主义:国外马克思主义的分析与实践检验》,北京:经济管理出版社,2009 年

4. 陈学明主编:《20 世纪西方马克思主义哲学历程》(第四卷),天津:天津人民出版社,2013 年

5. 曾枝盛:《法国学者雅克·比岱谈契约关系与现代社会》,《国外理论动态》1998 年第 5 期

6. 魏小萍:《契约原则是否带来了自由和平等:国外马克思主义者与自由主义者的论战——雅克·比岱的元结构与罗尔斯的正义理论》,《哲学研究》2002 年第 3 期

7. 魏小萍:《马克思主义与自由主义论战的哲学基础》,《现代哲学》2003 年第 1 期

8. 魏小萍:《两种契约模式及其超越——剖析雅克·比岱对马克思主义的政治哲学诠释》,《社会科学研究》2003 年第 4 期

9. 周凡:《元结构与现代性:比岱的"批判的马克思主义"的理论建构》,《马克思主义与现实》2004 年第 5 期

10. 王晓升:《描述历史规律还是批判资本主义——略论马克思历史观的理论主旨》,《福建论坛·人文社会科学版》2011 年第 6 期

11. 张秀琴:《〈资本论〉中的意识形态观与恩格斯的贡献——以当代国外马克思主义学者的视野为例》,《学习与探索》2014 年第 1 期

12. 王喆:《组织与管理新阶层——雅克·比岱与热拉尔·迪梅尼尔对新阶级关系的分析》,《哲学动态》2014 年第 3 期

13. 范帆:《雅克·比岱新型社会关系演变及国民理性建构理论探析》,《求索》2015 年第 3 期

14. 许国艳:《雅克·比岱"元结构的马克思主义"阐释路径解读》,《理论观察》2015 年第 11 期

15. 唐正东:《雅克·比岱对〈资本论〉的"元结构"式解读及其评价》,《南京政治学院学报》2017 年第 1 期

16. 唐正东:《深化中国〈资本论〉研究的方法论自觉——国际学界对〈资本论〉的政治式阅读及其评价》,《哲学动态》2017 年第 8 期

17. 唐正东:《言语的本体论地位及其批判功能——雅克·比岱的现代性批判理论研究》,《武汉大学学报(哲学社会科学版)》2019 年第 1 期

四、其他研究论著

1. [英]亚当·斯密:《国富论》,章莉译,南京:译林出版社,2012 年

2. [英]大卫·李嘉图:《政治经济学及赋税原理》,郭大力等译,南京:译林出版社,2014 年

3. [英]约翰·斯图亚特·穆勒:《政治经济学原理》,金镝、金熠译,北京:华夏出版社,2009 年

4. [德]黑格尔:《精神现象学》(上下卷),贺麟、王玖兴译,北京:商务印书馆,1979 年

5. [德]黑格尔:《小逻辑》,贺麟译,北京:商务印书馆,1980 年

6. [德]黑格尔:《法哲学原理》,范扬等译,北京:商务印书馆,2013 年

7. [匈]卢卡奇:《历史与阶级意识》,杜章智等译,北京:商务印书馆,2012 年

8. [意]安东尼奥·葛兰西:《狱中札记》,曹雷雨等译,北京:中国社会科学出版社,2000 年

9. [匈]卡尔·波兰尼:《巨变——当代政治与经济的起源》,黄树民译,北京:社会科

学文献出版社,2013 年

10. [法]让-保罗·萨特:《存在主义是一种人道主义》,上海:上海译文出版社,2012 年

11. [法]阿尔都塞:《哲学与政治》,陈越译,长春:吉林人民出版社,2011 年

12. [法]路易·阿尔都塞:《保卫马克思》,顾良译,北京:商务印书馆,2010 年

13. [法]路易·阿尔都塞、艾蒂安·巴里巴尔:《读〈资本论〉》,李其庆等译,北京:中央编译出版社,2001 年

14. [法]路易·阿尔都塞:《来日方长:阿尔都塞自传》,上海:上海人民出版社,2013 年

15. [法]米歇尔·福柯:《规训与惩罚》(第四版),刘北成等译,北京:三联书店,2014 年

16. [法]米歇尔·福柯:《疯癫与文明》(第四版),刘北成等译,北京:三联书店,2012 年

17. [联邦德国]罗斯多尔斯基:《马克思〈资本论〉的形成》,魏埙等译,济南:山东人民出版社,1992 年

18. [德]阿尔弗雷德·索恩-雷特尔:《脑力劳动与体力劳动——西方历史的认识论》,谢永康等译,南京:南京大学出版社,2015 年

19. [美]马丁·杰伊:《法兰克福学派史》,单世联译,广州:广东人民出版社,1996 年

20. [日]见田石介:《资本论的方法研究》,张小金等译,北京:中国书籍出版社,2012 年

21. [日]广松涉:《资本论的哲学》,邓习议译,南京:南京大学出版社,2013 年

22. [法]皮埃尔·布迪厄:《实践感》,蒋梓骅译,南京:译林出版社,2012 年

23. [美]约翰·罗尔斯:《正义论》,何怀宏等译,北京:中国社会科学出版社,2001 年

24. [德]尤尔根·哈贝马斯:《重建历史唯物主义》,郭官义译,北京:社会科学文献出版社,2013 年

25. [德]尤尔根·哈贝马斯:《合法化危机》,刘北成等译,上海:上海人民出版社,2000 年

26. [波]亚当·沙夫:《结构主义与马克思主义》,袁晖等译,济南:山东大学出版社,2009 年

27. [意]奈格里:《〈大纲〉:超越马克思的马克思》,张梧等译,北京:北京师范大学出版社,2011 年

28. [美]迈克尔·哈特、[意]安东尼奥·奈格里:《帝国》,杨建国等译,南京:江苏人民出版社,2005 年

29. [美]大卫·哈维:《资本社会的 17 个矛盾》,许瑞宋译,北京:中信出版集团,2016 年

30. [美]大卫·哈维:《新自由主义简史》,王钦译,上海:上海译文出版社,2016 年

31. [法] 弗朗索瓦·多斯:《从结构到解构:法国 20 世纪思想主潮(上下卷)》,季广茂译,北京:中央编译出版社,2004 年

32. 俞吾金主编:《国外马克思主义研究报告》(2007—2014),北京:人民出版社,2007年—2014 年

33. 孙伯鍨:《孙伯鍨哲学文存》(第 1—4 卷),南京:江苏人民出版社,2010 年

34. 张一兵主编:《马克思哲学的历史原像》,北京:人民出版社,2009 年

35. 张一兵、胡大平:《西方马克思主义哲学的历史逻辑》,南京:南京大学出版社,2003 年

36. 张一兵主编:《当代国外马克思主义哲学思潮》,南京:江苏人民出版社,2012 年

37. 唐正东:《从斯密到马克思——经济哲学方法的历史性诠释》,南京:江苏人民出版社,2009 年

38. 唐正东:《当代资本主义新变化的批判性解读》,北京:经济科学出版社,2016 年

39. 刘怀玉:《现代性的平庸与神奇——列斐伏尔日常生活批判哲学的文本学解读》,北京:中央编译出版社,2006 年

40. 陈学明等:《二十世纪西方马克思主义哲学》,北京:人民出版社,2012 年

41. 鲁品越:《鲜活的资本论——从〈资本论〉到中国道路》(第二版),上海:上海人民出版社,2016 年

42. 陈岱孙:《从古典经济学派到马克思——若干主要学说发展论略》,北京:商务印书馆,2016 年

43. 顾海良、张雷声:《20 世纪国外马克思主义经济思想史》,北京:经济科学出版社,2006 年

44. 顾海良主编:《百年论争——20 世纪西方学者马克思经济学研究述要》,北京:经济科学出版社,2015 年

45. 曾枝盛:《"元马克思主义"及其肇始者》,《马克思主义与现实》1996 年第 2 期

46. 吴晓明:《现代性批判与"启蒙的辩证法"》,《求是学刊》2004 年第 4 期

47. 邹诗鹏:《重思斯宾诺莎的启蒙思想》,《南京大学学报(哲学·人文科学·社会科学)》2018 年第 1 期

48. 魏小萍:《国外马克思主义哲学的发展轨迹和趋势》,《社会科学管理与评论》2005年第 2 期

49. 唐正东:《马克思政治经济学批判的逻辑层次》,《中国社会科学》2016 年第 10 期

50. 唐正东:《马克思的两种商品概念及其哲学启示》,《哲学研究》2017 年第 4 期

51. 唐正东:《马克思劳动价值论的双重维度及其哲学意义》,《山东社会科学》2017年第 5 期

52. 刘怀玉:《论阿尔都塞的政治哲学及其幽灵》,《世界哲学》2014 年第 5 期

53. 孙乐强:《文献学视阈中的〈资本论〉研究——从罗斯多尔斯基的〈马克思〈资本论〉的形成〉谈起》,《马克思主义与现实》2017 年第 3 期

54. 赵文:《"后马克思主义"谱系中的斯宾诺莎政治哲学——对巴里巴尔〈斯宾诺莎与政治〉的评注》,《马克思主义与现实》2014 年第 4 期

55. 王一成:《一般劳动、雇佣劳动与社会劳动——〈资本论〉及其手稿中"劳动"概念的逻辑层次》,《四川大学学报(哲学社会科学版)》2018 年第 1 期

56. 王一成:《历史与逻辑的统一——〈资本论〉第 1 卷"所谓原始积累"章的地位与意义》,《马克思主义研究》2018 年第 9 期

后　记

　　对于当前的中国哲学界与马克思主义理论界而言,雅克·比岱是一位"熟悉的老朋友"。这是因为,比岱教授不仅常年担任"国际马克思大会"的主席与荣誉主席、《今日马克思》杂志的主编,始终致力于团结当今世界范围内的左派群体,而且还多次到访中国,参与学术会议,举办理论讲座,其"元结构"思想也为大多数中国学者所熟知。然而,与齐泽克、朗西埃、奈格里、大卫·哈维等其他左翼思想家在当下中国学界的火热状况相比,比岱的哲学思想显然少有人问津。在我看来,导致这一状况的原因是多方面的,但其中最为重要的一点莫过于,与精神分析、生命政治、空间批判等时髦主题相比,从政治经济学传统入手为历史唯物主义重新奠基的"元结构"理论因为其过于"正统"而多少显得有些"不合时宜",且稍有不慎就会被贴上"宏大叙事"的标签。

　　实际上,以我的判断,不同于后现代主义与后结构主义热衷于制造零散化、碎片化、平民化的现实体验,比岱哲学思想是对早期西方马克思主义总体性哲学逻辑的一种回归。它致力于从主客体辩证统一的视角去弥合具体的社会行动者逻辑与客观的社会政治经济结构,以期在历史辩证运动的过程中寻求基础阶级的解放路径。尽管我们可以不赞同比岱重建历史唯物主义的某些结论,甚至可以批判他的"元/结构"方法是对历史辩证法的完全偏离,但是对于他提出的一些真问题,譬如说如何理解《资本论》的科学方法与阐述逻辑,如何把握现实社会的辩证运动过程,以及组织权力关系之于当代资本主义发展变化的重要意义,我们必须加以重视。这促使我们进一步思考,究竟什么才是历史唯物主义的深层方法论主旨,以及如何使得马克思主义科学方法论走向当代。

本书是我在博士论文的基础上修改而成的。首先需要说明的是,虽然本书致力于对比岱的哲学思想及其前后变化的内在逻辑做一个全面梳理,但考虑到其中涉及的相关文本与思想线索较多,学科领域有所交叉,加之作者自身学术水平有限,因此难免存在失误与不足之处,恳请各位师长与同仁批评指正。

之所以选择雅克·比岱的哲学思想研究为题,我想除了重要的学术考量以外,直接的原因便是导师的指引。自从硕士阶段跟随唐正东教授以来,恩师始终在做并且一直引导自己学生做的一项工作便是,从基础理论与文本阐释出发深化对历史唯物主义哲学的思考。其中尤为突出的是,强调《资本论》的哲学意义以及政治经济学批判在马克思主义哲学史中的重要地位。近年来,唐老师把奈格里、克里弗与比岱等人共同定位为国际学界政治式地解读《资本论》的代表人物,并且就比岱解读《资本论》的理论特点、学术贡献与局限做了高屋建瓴的分析。可以说,是老师的学术追求逐渐引导我把自己的理论兴趣聚焦到比岱身上。本书得以最终完成,同老师的指导与督促密不可分。依稀记得由于自己的懒惰使得研究推进相当缓慢时,是老师的斥责与勉励鞭策我继续前行。跟随老师六年多的时光,老师的治学态度与治学方法深深影响了我。我想,这六年中我取得的任何进步都离不开老师的关心与帮助。

与此同时,我还要感谢南京大学马哲学科的诸位老师和同学。感谢张一兵教授、刘怀玉教授、胡大平教授、姜迎春教授、尚庆飞教授、张亮教授、蓝江教授、周嘉昕教授、孙乐强教授,各位老师深厚的学术功力以及学科提供的优质资源,对我的学业成长有着很大的帮助。在博士论文的开题构思阶段,刘怀玉教授和蓝江教授就比岱哲学思想在当代法国哲学中的大体定位对我进行了指导,姜迎春教授在论文的结构布局方面提出了宝贵建议。在论文的答辩过程中,国防大学政治学院的何怀远教授、南京大学马克思主义学院的王浩斌教授、南京师范大学公共管理学院的吴静教授都对论文的修改提出了重要的指导意见,使得我的研究能够进一步深入下去。特别感谢法国巴黎索邦大学的冯镜元博士,她在本书有关的文献资料收集方面付出了不少心血。在写作过程中,除了导师与诸位师长的关怀以外,张福公、黄璐、刘林娟、姜宇、张小龙、孙月、章衍等同门还给了我精神上的鼓励,在此一并感谢。

最后还要谢谢我的家人,是你们承担了许多生活中的繁杂事务,使得我能够安心写作。

王一成

2020 年 5 月 10 日

于苏州大学独墅湖校区